ジョブ型人材マネジメントのその先へ

スキルベース組織の教科書

EY Japan
ピープル・コンサルティング
鵜澤 慎一郎◉監修

Skills-Based Organization

日本能率協会マネジメントセンター

スキルベース組織の教科書　目次

第1章　スキルベース組織到来の社会的インパクト

1 **ジョブ型人材マネジメントのその先へ** 10
　ジョブ型人材マネジメントの効能 10
　ジョブ型人材マネジメントの課題 11

2 **スキルベース組織の考え方が広がる背景** 12
　日本も人手余りと人手不足が共存する矛盾社会に 12

3 **スキルを起点にした人材マネジメントとは** 14
　仕事をモジュール化し、従業員のスキルとマッチング 14
　職能型への回帰ではなく、ジョブ型の延長と考えるべき 16

4 **スキルを起点にした人材マネジメントの具体化** 18
　スキルの管理→スキルの評価→キャリア開発に活用 19

5 **スキルベース組織の活用方法と留意点** 24
　海外のアプローチに創意工夫を加える必要 24
　運用のハードルを下げる各社の工夫 25
　スキルの管理には現場の理解と協力が不可欠 26

6 **属性ありきの人材マネジメントを変える起爆剤になりうる** 27
　継続的な成長努力が評価される健全な労働市場へ 27

7 **本書の基本構成** 29
　概論→事例→実践ノウハウの共有 29

第2章　スキルベース組織の　　グローバルトレンド

1 **スキルベース発展の歴史** ……………………………………… 32
　　スキル管理が必要になった理由 ………………………………… 32
2 **グローバル企業の歩みに見るスキルベース組織の進化** …………………………………………………………………………… 34
　　タレントマーケットプレイス ─ユニリーバ社 ……………… 34
　　スキルマネジメント／タレントインテリジェンス─
　　チューリッヒ社 …………………………………………………… 35
　　AI推論─HSBC社、ノキア社 …………………………………… 37
3 **導入支援者の見解から見る変遷と現状** ……………………… 40
　　議論の活性化と成功例の展開状況は ……………………………… 40
4 **変遷と現状からの学び** ………………………………………… 43
　　単なる「専門職処遇制度」にしないために ……………………… 43

第3章　スキルベース組織実現に　　向けたスキル可視化

1 **スキル可視化の成否を握るポイント** ………………………… 48
　　スキル活用の目的を明確にする ………………………………… 48
　　人材ポートフォリオでスキル活用領域を特定 ………………… 50
2 **スキルベース実現に向けたスキル可視化の
　　アプローチ** ………………………………………………………… 54
　　ジョブとタレント双方の観点で可視化する …………………… 54

| 3 | 継続的なスキルアップデートの重要性 ……………………………… 60
　　常に変化するスキルを最新に保つための注意と工夫 ……………… 60

第4章　人材マネジメント領域別 スキルベース活用の効能と課題

| 1 | スキルベース採用とは ………………………………………………… 66
　　スキルベース採用は従来の採用手法と何が違うのか ……………… 66
　　スキルベース採用は日本企業に必要か ……………………………… 69
　　スキルベース採用の実践 ……………………………………………… 72
| 2 | スキルベースのキャリア開発・能力開発とは ……………………… 78
　　スキルベースのキャリア開発・能力開発が必要な理由 …………… 78
　　スキルベースのキャリア開発・能力開発の効能 …………………… 80
　　実践に立ちはだかる3つの課題 ……………………………………… 81
　　課題解決にはテクノロジーとアナログの融合、
　　仕事の仕方の変更が必要 ……………………………………………… 84
| 3 | スキルベースの配置・人事異動（人材マッチング）
　　とは ……………………………………………………………………… 90
　　配置・異動は要員確保の手段の1つ ………………………………… 90
　　スキルベースで配置・異動を考えるとはどういうことか ………… 92
　　マッチング度の高い配置・異動を実現する3ステップ …………… 95
| 4 | スキルベース報酬制度における認識すべき課題 …………………… 99
　　スキルベース報酬制度の効用と課題 ………………………………… 99

第5章　スキルベース組織への チェンジマネジメント

1 従業員の視点から見える経営課題 ………………………… 108
　　変化疲れの中、働く場を選ぶ従業員たち ………………………… 108
2 企業の視点から見える経営課題 ……………………………… 111
　　選び、選ばれる企業へ ………………………………………………… 111
3 スキルベース組織へのチェンジマネジメントとは …… 114
　　人を中心に考える …………………………………………………… 114

第6章　EYのスキル戦略と 変革ジャーニー

1 EYがスキルベース組織への旅を始めた背景 …………… 124
　　スキルは新しい共通通貨である ………………………………… 124
　　なぜスキルが中核にあるのか …………………………………… 125
2 変革のフェーズとアプローチ ……………………………… 127
　　スキルとリソースを強化する3つのフェーズ ………………… 127
　　文化の違いという課題 …………………………………………… 130
3 導入を検討する組織へのアドバイス …………………… 131
　　スキルと役割をビジネスニーズに整合させる ……………… 131
　　成功体験を共有 …………………………………………………… 132

第7章 さらなる進化を遂げるための3つのポイント

1 進化の方向性① 精度の向上 …………………………………… 136
　　ツール側はアウトプットの精度向上を競う ………………………… 136
　　真に精度が高くあるべき情報は何か ………………………………… 137
2 進化の方向性② 対象項目の拡大 ……………………………… 139
　　ハードスキルからソフトスキルへの拡大 …………………………… 139
　　スキル以外の判断要素への拡大 ……………………………………… 140
3 進化の方向性③ 不確実性への対応 …………………………… 142
　　スキルベースがはまりやすい落とし穴 ……………………………… 142
　　「反脆弱性」を高める方法 …………………………………………… 143

第8章 先進日本企業の事例集

SMBC日興証券株式会社 …………………………………………… 146
　　経営・人事・ビジネス部門・システム部門が一枚岩となり、スキルベースのタレントマネジメントを実現
KDDI株式会社 ……………………………………………………… 158
　　1万3,000人規模で社員のスキルを見える化し、人材育成に活用
　　今後は要員計画や人材配置に活かす
ソニー株式会社 ……………………………………………………… 170
　　部門別のスキル分布やロールモデルのキャリアを全社に公開し
　　ソニーらしい未来志向で自律的なキャリア形成に繋げる

テルモ株式会社 179
　　タレントマーケットプレイスをグローバルに構築し、多様な人財の発掘・活躍機会を拡大

ニューホライズンコレクティブ合同会社 191
　　「学びと仲間」を得て企業を越えて「出番」をつくるプラットフォーム

富士フイルムホールディングス株式会社 200
　　人材ポートフォリオ変革に向けて自己成長マインドの醸成と組織共通の課題解決力向上に注力

株式会社ローソン 212
　　「育成型人財マネジメント」をベースコンセプトにスキルを様々な場面で活用

第9章　スキルテック企業に聞く最新動向

SAPジャパン株式会社 224
　　「エンタープライズ型スキル管理」であらゆる人事プロセスの意思決定を変革する

LG CNS 235
　　AIを駆使したスキル可視化・スキルベース人材マネジメントにより、従業員エクスペリエンスを向上

SkyHive 一般社団法人ジャパン・リスキリング・イニシアチブ
.... 247
　　AIを活用した動的スキル管理により、スキルベース社会の土台を構築

株式会社Skillnote ……………………………………………………… **259**
　　スキル管理を通じて日本の製造業を人材の面から強くする
株式会社ビズリーチ …………………………………………………… **271**
　　ビズリーチで培ったノウハウを活かしタレントマネジメントの未来を創る
Beatrust株式会社 ……………………………………………………… **284**
　　日本企業のイノベーション創出目的でスキルおよびKnowWho情報を可視化・利活用

謝辞 ……………………………………………………………………… **301**

参考文献 ………………………………………………………………… **304**

執筆者紹介 ……………………………………………………………… **306**

第1章 スキルベース組織到来の社会的インパクト

本書はスキルを起点とした人材の採用・育成・配置・評価を行う「スキルベース組織」への転換を勧めるものである。近年、スキルを起点とした人材マネジメントへの注目が世界的な高まりを見せているが、それはなぜなのか。ジョブ型やその他の人事制度、人材マネジメントとの関係や、スキル起点にすることの利点等を概説すると共に、本書の構成を紹介する。

1 ジョブ型人材マネジメントのその先へ

　本書はスキルを起点にした新しい人材マネジメントの考え方である「スキルベース組織」が主題であるが、最初に昨今日本で注目されているジョブ型人材マネジメントとの関係性について触れておきたい。

■ ジョブ型人材マネジメントの効能

　まず最初に、ジョブ型人材マネジメントがもたらした効能として以下を挙げることができる。

- ジョブディスクリプション（職務記述書、以下JD）作成等により、仕事の見える化が進む
  - ▶ 長年ブラックボックス化していたホワイトカラー業務の整理と言語化（具体的な役割の明確化）が可能になった。

- ポジションマネジメント導入による組織の肥大化抑制とヘッドカウント管理強化への動き
  - ▶「人ありき」から、「事業ありき・組織ありき」への発想の転換をすることになる。結果として、組織サイズの最適化や要員人件費管理への道筋づくりに繋がる。

- 社内における市場価値（ポジションや報酬）の適正化への第一歩に
  - ▶ ジョブ型の評価制度では、職能制度よりは社内で報酬の下方/上方調整がしやすい。これは本来の貢献度に対して報酬が高止まりしたシニア層と、相対的に報酬が抑制されてきた若年層のバランス調整がしやすいということを指す。

■ ジョブ型人材マネジメントの課題

他方、ジョブ型人材マネジメント導入後の過程で課題に直面する日本企業が少なくない。例えば以下が挙げられる。

- 名ばかり制度（形骸化）になりつつある懸念
  - ▶ 各現場でたくさんのJDを作っただけで実際の働き方はあまり変わらないケースも散見される。
  - ▶ ジョブの役割を定義し、職務範囲を明確化し、その仕事に人を割り当てるやり方自体が、限られた人員でやり繰りする現場では機能しないという声もある（また、先行してきた海外でもガチガチなJDありきの働き方なわけではないという実態もある）。

- JD要件を満たす人材の獲得・配置がそもそも困難
  - ▶ 業務が複雑・高度化しており、記載した期待要件が現実的ではなく、職務記述にフィットする人材がそもそも社内にも市場にも居ない。

- 報酬が外部の市場価値に連動していない場合も多い
  - ▶ ジョブ型といって等級制度や評価制度が市場価値連動に代わっても、報酬制度は社内独自にいまだ閉じているものになっているケースが多い（報酬水準の妥当性で外部の市場価値〈ベンチマーク〉を取り込むようになれば、社内では人事制度への信頼感が向上し、マーケット全体では雇用流動性の向上に良い影響を与えるのではないかと考えるが、特に日本企業の実態は程遠い）。

このようなジョブ型人材マネジメントの効能と課題を踏まえて、日本大手企業でもジョブ型のその先を模索する動きが既に出てきている。それが海外、とりわけ米国を中心に着目されているスキルベース、あるいはスキルファーストと言われるような「スキルを起点にした新たな人材マネジメント」である。

2 スキルベース組織の考え方が広がる背景

　海外ではスキルベース組織の考え方が広がっている背景を端的にTalent Shortages（人材の量的不足）、あるいはSkill Shortages（人材の質的不足）という言葉で語られることが多い（図1-1）。シンプルに人材不足、加えて仕事の複雑化・高度化、AI等のデジタルスキルの興隆からそれらを保有する人材ミスマッチの問題も多く、もはやジョブ起点の人材マネジメントだけではうまくいかないという背景があり、必要な人材の量的不足と質的不足の問題を解消する新たな打ち手が求められている。

■ 日本も人手余りと人手不足が共存する矛盾社会に

　人材の量的不足と質的不足は、海外のみならず日本市場でも深刻な問題と言えよう。詳細は図1-2に記載するが、「人手余り問題」としては、

図1-1　スキルベース組織の考え方が広がる背景

人材不足、仕事の複雑化・高度化、AI等の興隆からジョブ起点だけではうまくいかなくなってきている

	Talent shortages （人材の量的観点）	Skill Shortages （人材の質的観点）	Skill Shortages （人材の質的観点）
主な背景	多くの先進国では人口減、労働力不足の顕在化	業務（働き方）の複雑化と高度化	AIを筆頭にデジタルスキルの興隆と活用ニーズ高
結果	JDを明確にして公募しても十分な数を採用できない	1人の人間がすべての期待要件をこなすこと自体が限界	仕事の担い手と役割の再考。加えて、新たなジョブが増える傾向

・ジョブを起点にした人材マネジメントだけでは期待する採用・配置・活用がもはや困難に
・ジョブからタスクへ、ヒトからスキルへと細分化されたレベルのマッチングが必要

図1-2　人手余りと人手不足の矛盾

"大量の人手余りと人手不足"という矛盾が日本社会全体や各企業の中で起こっている。この解消に向けて、人材流動化、生産性向上、新たな人材マッチング（最適配置）が課題

人手余り問題

- 「ホワイトカラー消滅」（冨山和彦氏）時代の到来
- 多くの企業が好業績であっても事業ポートフォリオ再編や間接部門の縮小を目的としたリストラクチャリングや早期退職制度を実施中
- 生成AIをはじめとするDXの進展で今後は定型的な業務、単純業務はもとより、ホワイトカラーのかなり多くの仕事で省人化が見込まれる
- 政府指針による定年延長傾向からシニア層の活用や出口戦略に企業の悩み（シニア層過多の人材ポートフォリオで過半が50代以上の大企業も）

人手不足問題

- 30代、40代の働き盛り世代の転職率上昇（各企業で引く手あまた）
- デジタル人材、グローバル人材など特定の職種に求人が殺到し、報酬はうなぎ登り
- 新卒学生は年功要素が少なく、報酬の高いコンサル、外資系金融、商社などに殺到し、製造業や小売業などは採用に大苦戦
- 国家公務員希望者が10年で3割減少、官僚機構の弱体化懸念
- エッセンシャルワーカー（医療、介護、教育等）や生活ライフライン関連（コンビニ、ゴミ収集、飲食業等）には慢性的に人が集まらず、営業時間短縮や休業が発生

流動性の壁　生産性の壁　スキルアンマッチの壁

生成AIをはじめとするDXの進展で、ホワイトカラーのかなりの仕事で省人化が見込まれる。「人手不足問題」としては、特定の職種に求人が殺到する中、特定の職種に求職者からの応募が集中したりといったアンマッチな事象が起きている。

この解消、つまり人材流動化、生産性向上、新たな人材マッチング（最適配置）という課題の解決に向けて、従来の"ジョブ対人"という大括りのマッチングから、"タスク対スキル"という粒度の細かいマッチングへと移行する動きとなっている。これがスキルベース組織の考え方が日本でも注目される所以である。

3 スキルを起点にした人材マネジメントとは

■ 仕事をモジュール化し、従業員のスキルとマッチング

　ここで改めて、スキルを起点にした人材マネジメントの具体的なイメージをご紹介したい。

　これまでのジョブ起点の考え方を、図1-3の左側のようにジョブAを遂行するのにスキルAが3つ必要と簡略化すると、Xさんの力量では単独で遂行ができない。加えてXさんが持つ別のスキルBという能力は埋もれたままとなる。これをスキルベースの考え方に転換すると、図の右側のように、Xさんが持つスキルA×2とYさんが持つスキルAを組み合わせれば、ジョブAが遂行できる。加えてXさんに埋もれていたスキルBも、YさんのスキルBと組み合わせればジョブBも遂行が可能となるというわけである。

　ジョブ（仕事）をモジュール化（細分化）し、ジョブをいわばタスクと

図1-3　スキルを起点にした人材マネジメントのイメージ

仕事をモジュール化（細分化）し、スキルマッチングを通じて、最適な役割分担でジョブ（タスクの集合体）を遂行すること。つまり、スキル起点はジョブ型の否定ではなく、進化系

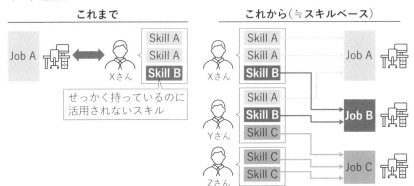

いう一段小さいものまで砕き、一方で人材もその人が持つスキル要件で詳細化する。つまり、これまで行われてきたジョブ（デマンド側）と人（サプライ側）という組み合わせよりも粒度の細かいタスク（デマンド側）とスキル（サプライ側）で組み合わせを行うことができれば、最適配置の促進と人材の活躍機会が増えるという考え方である。

　一見これは理想論であり、考え方も簡略化されすぎと思われる方もいるであろう。しかし日本でも人手不足でアルバイト確保に悩む店舗などではこれまでの働き手の代替手段として、スキマバイトという形態でタイミーなどの企業の利用が台頭してきている。これは働き手である人材側が労働時間を切り売りしてマッチングしているという解釈ができる。今は運送業や飲食店におけるスポットワークで単純労働が中心であるが、これがスキルドワーカーの世界に拡大されていった時には**図1-3**の

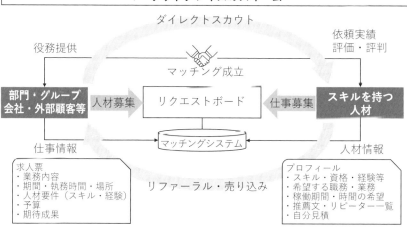

図1-4　タレントマーケットプレイス

タスクとスキルとのマッチングの先には、さらに大きな世界観で社内で「タレントマーケットプレイス」を構築するといった先進企業も出てきている

ようなタスクとスキルのマッチングになりえると言えないだろうか。

加えて、社内でも20%の時間を社内副業に使うことを認めるケースが出ているが、これも従業員の埋もれたスキルの活用や最適配置のきっかけづくりという意味では図のような世界観に近しいとも言えるだろう。また「タレントマーケットプレイス」（figure 1-4）という未来志向の概念も人事の世界で語られるようになってきているが、これもいわば社外に存在する転職市場、雇用流動性の実現を社内でも再現しようというものであり、スキルベースの考え方と親和性が高い。

職能型への回帰ではなく、ジョブ型の延長と考えるべき

ところで、このスキルベースという考え方は目新しいものであろうか。日本で戦後から高度成長期において主流であった職能型人材マネジメントは職能が起点とすると、職能とはつまりスキルなので、一見これもスキルベースであったという解釈もできる。しかし当時の職能とはジェネラリストとしての総合的な業務遂行スキルを前提としており、何でも一通りできる（はず）というオールラウンド型スキル要件の難易度を段階的に上げていくという仕組みであった。そのため、現在のような特定の職務を遂行するためのスキルを起点とする考え方とは別物という解釈が妥当であろう。

対して、現代のスキルベースの考え方でいうスキルは、ジョブ型で定義されたジョブやロール（役割）の延長線で必要とされるコンピテンシー（行動特性）とスキルという構造で、特定のジョブに紐づけられたスキルというものである（figure 1-5）。

図1-5 ジョブ型とスキルベース

海外で語られるスキルは日本的な職能主義(○○ができるという抽象概念)とは異なり、ジョブと紐づけられた業務遂行に必要な要素技術という位置付け

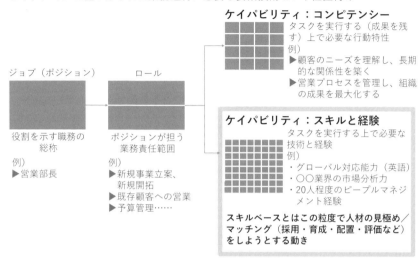

4 スキルを起点にした人材マネジメントの具体化

　ここからは概論的な解説から踏み込み、より具体的なイメージを想起していただくように進めたい。EYは世界で150以上の国と地域、約40万人の監査・税務・コンサルティング・M&Aアドバイザリーに関する専門家を擁するプロフェッショナルファームであり、我々自身も全世界規模で既にスキルベース組織への移行を始めている。「My Career Hub(MCH)」という仕組みで「Eightfold」というスキルテックを活用したEYのグローバル展開事例を第6章に詳しく記載しているのでご参照いただきたい。もちろんこのような取り組みは英語圏が先に進むのが常であり、日本の市場ではまだ実験段階というのが実情だ。しかしそれでも日本市場での活用イメージは掴んでいただけるので、本章ではMCHによるスキルベース組織化への基本的な業務フローや、実務的な運用イメージを中心にご紹介したい。

図1-6　My Career Hubの機能

「スキルの管理」「スキルの評価」「キャリアの探索」の3つに分類

スキルの管理	スキルの評価	キャリアの探索
■ 周辺システムとのデータ連携や、AI推奨機能を活用し、従業員とスキルを紐づける ■ 事前定義のロールを従業員に割り当てることで間接的にスキルを紐づけることも可	■ 従業員に紐づいているスキルのレベルを評価する ■ 他従業員からのスキル承認機能有	■ 割り当てられたロールを起点とする複数のキャリアの可能性をAIが提示 ■ 評価されたスキルと目指したいロールの"スキル"のギャップを可視化

スキルレポート・ダッシュボード
■ ビジネスリーダーと人事部門は、スキルの分布などを可視化

■ スキルの管理→スキルの評価→キャリア開発に活用

一般的には「スキルの管理」→「スキルの評価」→「キャリア開発に活用（キャリアの探索）」というステップを踏むことになる。もちろん将来的にはタレントマーケットプレイスなどジョブマッチング領域への期待は広がるが、現時点ではマッチングよりもキャリア開発や育成にスキル起点の考え方や活用が有効であるというのが、我々が実際に社内で運用してみた上での手応えであり、後段の第8章での日系先進企業事例の内容とも符合する。

■ スキルの管理

まず「スキルの管理」においては、ロールに対して事前定義されているスキル（**図1-7**の「ロールベース」）と従業員の属性情報をインプットとするスキル（**図1-7**の「従業員ベース」）の2種類を従業員に割り当てることができる。しかし多くの日本企業はジョブ型人材マネジメントへの移行過程にあり、ジョブ→ロールからスキルを導出するというマーケットプラクティス（市場慣行）に合わせるまでは追い付いておらず、そこから導出されるスキルが自分の経験したスキルと符合するかはやや不安が残るというのが現時点の実態ではないだろうか。そこで現時点では従業員の属性情報をインプットとしてスキルを導出する方が多く使われているように思われる。

弊社では本格的なスキルテックを導入する前からイントラ上でスキルを棚卸しする仕掛けがあったため、それとリンクさせる方法をとることができた。他社では社外のビジネスSNS（例：LinkedIn）で自身が登録したスキルを自動連係することで省力化を図るケースもあると聞く。

もう1つの代表的な方法は手動登録である。これは簡単に見えるが実は一番やっかいな進め方とも言える。自分がどのような経験を経て、どのようなスキルを有しているのかを自力で整理して登録することは容易ではない。現実的には人材開発部門が企画する定期的なキャリア開発研

修のような場で、これまでの仕事経験を時系列に整理し、その過程で自分は具体的なスキルとして何を身につけることができたのかを内省するような機会づくりの支援が必要であろう。

　第3の方法は今後スキルテックが持つ機能として大いに期待されるAIの活用である。自分のスキルを自力で棚卸しすることは容易ではないが、自身の職務履歴書を書くことはそんなに大変ではないだろう。転職するつもりでこれまでの職務でどんな仕事をしてきたか、どんな立場や責任があったかを時系列に書き出す。これをAIが分析して、類似の職務経験のある方のスキル情報から最も可能性の高いスキルを自動的に導出してくれるわけである。もちろん全部が当たっているわけではない

図1-7　2種類のスキル

MCH上では、ロールに対して事前定義されているスキルと従業員の属性情報をインプットとするスキルの2種類を従業員に割り当てることができる

ロールベース	従業員ベース
EY Career Frameworkのロールを従業員に割り当てることで、ロールに定義されているスキル（Technical／Business）を間接的に従業員と紐づける。 事前定義のスキルレベルはベンチマークとして表示される。	従業員ベースのスキルは以下4経路から紐づける。※本人のみ可 ①社内イントラから連携（初回セットアップ時のみ） ②手動登録（フリーテキスト） ③AI推奨（履歴書やSF LMSをソースに推奨） ④MCH内、勤務経験ごとの獲得スキルと連動（フリーテキスト）

が、自分の頭でゼロから考えるよりもサジェストされたスキルの中から納得感のあるものを選ぶことは容易にできる。またLMS（ラーニングマネジメントシステム）に学習履歴が多く保管されている企業であれば、LMSのデータからも同様にAIによって関連スキルをサジェストさせることも技術的には現在可能となっている。ただし、現時点でのスキルテック製品成熟度で、かつ日本市場の場合、日本語というハードルが一定のレベルであることも事実である。グローバル製品では当然ながら英語による充分なデータ蓄積があり、職務履歴書からスキルの導出には一定の品質担保がある。しかし日本語のデータ蓄積はスキルテック製品によって差があるため、実際の運用場面では英語だけで運用するか、日英を想定するか、どの程度の品質を日本語のケースで許容できるかは社内で最初に検討が必要である。

■ **スキルの評価**

次のステップは「スキルの評価」である。これは自己評価に留める場合と、自己評価の先に上司評価までを行うケースがありうる。ここでの注意点は、スキル評価の正確性を確実に担保するのは難しいということである。どこまでいっても自己認識の延長であるし、人事評価には使わず、あくまで能力開発、キャリア開発の助言と割り切ってスタートするのがよいと考える。数回の面談などを通じて上司と個人のスキル評価のズレは補正が進むし、時間が経過すれば実際のアサインメント場面でのフィードバックを通じてその評価の妥当性は収れんされていくと割り切ることをお勧めしたい。

また、**図1-8**の右側のように他者が「イイネ」を押すというポジティブ思考かつインタラクティブ性のある仕掛けもある。SNSでは見慣れた光景ではあるが、社内のプラットフォームでどこまで互いのスキルに関する認知を気軽にできそうかは企業文化によって違いが出てきそうだ。

図1-8　スキルの評価と承認

本人とカウンセラーは、従業員に紐づいたスキルに対してレベルを評価することができる。他の従業員は、従業員ベースのスキルに対して承認（イイネ）ができる機能もある

スキルレベルの評価	スキルの承認（イイネ）
本人またはカウンセラーは、従業員ベース／ロールベースのスキルに対してスキルレベルの評価を登録することができる。 評価結果が他の従業員に見られることはない。 システムの裏側で持っているスキルマスタにヒットしたものは、従業員のランク情報を参照して推測されるスキルレベルを表示。	本人またはカウンセラー以外は、従業員のプロフィール画面からスキルの承認（イイネ）が可能。 スキルの承認状況は他の従業員からも確認することが可能。

■ キャリア開発に活用

　最後の「キャリア開発に活用」という段階であるが、もちろんスキル評価の結果やギャップに焦点を当てて、上司部下の1on1ミーティングに活かすというのが一番イメージしやすいだろう。従来のコミュニケーションよりもスキルが介在することで互いの認識ギャップや将来の能力開発への道筋がつけやすいメリットがある。さらにAIの進化によって、紐づいているロールをベースに、「あなたは将来のキャリアのためにこのようなスキルをこの段階(レベル)まで身につけることが望ましい」とサジェストするような、キャリアの先を見据えた機能まで現時点で実装されている（図1-9）。

興味深いことに日本は海外主要国に比べて、次のキャリアに必要なキャリア認識が低いという調査結果がある。多くの日本型雇用の現状整理と示唆を含むリクルートワークス研究所「Global Career Survey 2024 日本型雇用の問題は何か」[1]（2024年11月）で、「次のキャリアに必要なスキルがわかっている」という設問に対して、「あてはまる」と回答した割合は米国が74.1％、英国が81.6％、ドイツが77.7％、フランスが74.4％、中国が84.2％に対して、日本は32.0％と低さが際立っているのである。逆に言えば、AIが将来のキャリア開発とスキルを結びつけて気づきを与えるという領域には、特に日本において大きな伸びしろがあり、期待ができると言えるだろう。

図1-9　AIによるキャリアの推奨

MCH上では、ロールに対して事前定義されているスキルと従業員の属性情報をインプットとするスキルの2種類を従業員に割り当てることができる

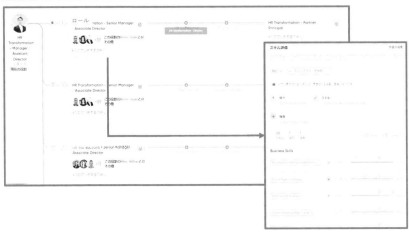

---

[1] リクルートワークス研究所（2024）「日本型雇用の問題は何か」P20より。https://www.works-i.com/research/report/gcs2024_report2.html

5 スキルベース組織の活用方法と留意点

■ 海外のアプローチに創意工夫を加える必要

　このようなスキルベース組織の取り組みについての、現実的な活用方法と留意点についても触れておきたい。弊社で過去に進めてきたスキル関連の各種プロジェクトおよび、本書執筆のために行った先進企業の事例インタビュー、最新のスキルテックカンパニーへのインタビューを通じて、私（監修者の鵜澤）自身の最大の気づきは、日本においては海外のスキルベース組織の考え方やアプローチをある程度踏襲しながらも、日本市場の特異性を鑑み、特に従業員への動機付けやスキルの定義、活用方法に独自の創意工夫をしているケースが多いということである。

　日本に加えて、アジアパシフィックの組織も管掌し、米国のグローバルリーダーにダイレクトレポートしている私自身の当事者意識としても、正直に言えば海外のアプローチは構造的かつ洗練されてはいるが、同時に無機質なもので、とっつきにくい感じがしてしまう。海外では「ジョブファミリー」や「ジョブアーキテクチャ」と言われるように、職務（ジョブ）と役割（ロール）が市場の中で共通言語として浸透しており、そのジョブ→ロールに紐づく形で必要なスキルが既に導出されており、そのようなスキルタクソノミーと呼ばれる汎用的なスキルマップに沿って、スキルを起点にした人材マネジメントを行っているのである。他方で日本はジョブ型人材マネジメントが始まり、ポジションマネジメントや各種のジョブの定義が各社各様に整理され始めた段階であり、ジョブの先にある必要なスキルや経験を整理・構造化するにはまだ時間がかかる企業が多いというのが、コンサルティング現場から見た現在地である。

■■■ 運用のハードルを下げる各社の工夫

　加えて、仮に自社で仕組みが整っていても実際に運用上のハードルが高い。日本でも転職に関する抵抗感も薄らぎ、社内でも会社主導でなく、従業員主導の自律的なキャリア形成が必要と言われて久しい。だが、そのために社内のスキルプラットフォームに自主的に自らのスキルや経験を棚卸しし、それを公開し、より成長できる機会を社内公募などから自ら見つけ出すという一連のプロセスに進むことは、多くの従業員にとっては業務負荷があることであり、さらに必要以上に社内で自己アピールをしているようで恥ずかしい、気後れしてしまうという心理的なハードルが高いと聞く。

　そこで各社はその心理的ハードルを下げたり、この取り組み自体を面白いと感じさせる各種の工夫を行っている。第8章「先進日本企業の事例集」にて詳細をご確認いただきたいが、例えば富士フイルム社では「価値観ワード」という、汎用スキルとは異なる個人の志や価値観といった部分をタグ付けして、上司部下との対話に活かしている。KDDI社では「ジョブ図鑑」という、ジョブに必要なスキルが一見してわかりやすい図解式の整理をしたハンドブックをリリースしている。スキルベースの一連の取り組みは「書いてあることが正しくてもどうにも辞書のようで読みにくい」、「とっつきにくい」というある意味、普段使いにはそぐわないイメージを持たれがちだが、その敷居を下げているのだ。またソニー社では、「あの人すげー」を分解するという取り組みで、技術部門で圧倒的に秀でたリーダー層が数多くイントラに登場し、自身のスキルの系譜を解説するのみならず、今何を学んでいるのか、将来どうしていきたいかという未来志向のメッセージを発することで、次世代の方がスキルを棚卸しして、自主的に学ぶという行為の動機付けをうまく行っている。さらには部門単位で蓄積されたスキル情報や学習情報を公開することで、部門間での健全な競争意識を高める工夫も行っている。

　このようなグローバルなスタンダードアプローチに加えて、日本企業

の価値観や行動特性に合わせた創意工夫が浸透や定着において大事となる。業種や各企業のカルチャーによって取り組み方も変わってくるはずであり、今後スキルベース組織がうまくいくかどうかの鍵となるだろう。

■ スキルの管理には現場の理解と協力が不可欠

　もう１つの留意点は、人事部門単体でなく、事業部門とバディを組んで伴走するやり方が効果的であり、人事部門単体の取り組みでは徒労に終わるリスクがあるという点である。人事データをOデータ(Operational Data)とXデータ(Experience Data)と大別した場合、人事部門が人事システムに保有するデータは圧倒的に学歴、人事評価、TOEICスコアや簿記検定などの公的資格、異動履歴などのOデータである。他方でスキルデータの本質は鮮度であり、日々の経験を通じて常に更新されていくものであること、どこまでいっても当事者の自己認識が起点となるのでエンゲージメントデータと同様にXデータに近い属性と解釈すべきであろう。Xデータは現場に近いところでないと認知できないし、運用管理が難しい。それゆえスキルベース組織の運用には現場の理解と協力が不可欠である。プロジェクト当初から事業部門側の巻き込みが鍵であることも強調しておきたい。

　なお、スキルベース組織が万能ではないこともお伝えしておきたい。先行する海外でも試行錯誤が続いている。やはりデジタル職のようにジョブとスキルの連動性がわかりやすい、保有しているスキルと成果発揮に連動性が高い職務ではうまく機能しており、スキルベースの採用や能力開発は一定の実績もある。一方で汎用的なスキルの導出が難しい職種では、海外でも適用が難しいという見解もある。

　また採用や人材育成には機能しても、プロジェクトアサインメントや異動・配置というマッチング領域に関してはスキル要素以外の様々な要件が存在し、期待に反してそこまで広がっていないという見方もある。

6 属性ありきの人材マネジメントを変える起爆剤になりうる

■ 継続的な成長努力が評価される健全な労働市場へ

　それでも私自身がスキルベース組織への移行に高い期待を抱いているのは、この取り組みが採用、育成、配置、評価や報酬といった一連の人材マネジメントをこれまで以上にフェアで持続可能なものとするポテンシャルを秘めているからである。日本の人材マネジメントの変遷を振り返ると、戦後から高度経済成長期はジョブローテーションを通じたジェネラリスト育成を目的にした職能制度が主体であり、バブル崩壊後は成果主義人事への移行として役割を明確にする役割等級制度、近年では職務に密接に連動したジョブ型制度への移行が一般的であった。どのような手法であれ、現実的には「属性」を重視してきたことは否めない。属性とは年齢、性別、国籍、学歴、社格といったものであり、後天的にはアップデートが難しい要件である。しかし「スキル」が起点となれば、努力次第で後天的にアップデートできるし、労働市場で自分の価値を常にアップデートすることが意味のあることだという認識が広がればリスキリングの意義も高まる。少子高齢化社会に悩む日本の労働市場においても、属性に拠らない健全で持続可能性の高い人材マネジメントが機能するきっかけになりうるからである。

　2022年に日本政府は「人材への投資が日本経済再興の鍵」として、個人のリスキリング支援に5年間で1兆円投資すると表明した。補助金施策などを経て、このリスキリングという言葉は組織・人事部門のみならず多くの従業員に認知されるまでになった。しかし果たして皆さんの効果実感はいかがであろうか。リスキリングというHOWの話をいきなりされても、それをすることで自分のキャリアがどうなるのか、それが賃金やポジションの向上につながるのか。そのようにWHATとWHYの

部分が曖昧のままでは企業側も従業員側も動機付けには限界があるだろう。そこで改めてスキルを起点にした人材マネジメントの適用を進めていくことで、リスキリングにも新たな意義が生まれ、実際の生産性向上や雇用流動性の高まりへの連動が始まることを期待している。

7 本書の基本構成

■ 概論→事例→実践ノウハウの共有

　最後に本書の基本構成について簡単に触れておきたい。第2章は世界の潮流として、海外での先進事例の紹介と、弊社のような導入を支援する立場の領域専門家たちのスタンスからスキルベース組織の変遷と現状を記載している。第3章はスキルベース組織のはじめの一歩となるスキルの棚卸しと可視化について、第4章はその先にある1．採用、2．キャリア開発・能力開発、3．配置・人事異動（人材マッチング）、4．人事評価・報酬という一連の人材マネジメントサイクルの個別に光を当てた。第5章はこのようなスキルベース組織に変えていくためには、個人の能力開発と企業が組織風土を変えるための組織開発の両面が大切ということでチェンジマネジメントに言及している。第6章は、EYが数年来にわたってグローバル共通で進めてきたスキルベース組織への転換の推移を参考までに紹介している。第7章では今後のスキルベース組織に関する期待や見通し、さらなる進化のためのポイントをまとめた。

　そして、第8章ではスキルベースに取り組む先進日本企業の事例集、第9章ではスキルテックの最新動向を取り上げている。各業界における第一人者の方々にご登場いただき、実務家およびスキルテック企業双方から見た課題や最新トレンドの提供に加えて、実践する際の苦労や成功させるための工夫などの示唆を大いに語っていただいた。章立てに沿って読んでいただくと全体の構成が捉えやすいと思うが、本書の最大の示唆は実践ノウハウの共有であるため、第8章、第9章からお読みいただくことも有用と考える。

第1章　まとめ

- 近年、人材の量的側面で言えば同一組織内で人手不足と人手余りが併存するという矛盾した状態に置かれる企業が増えており、要員構造の適正化や人材ポートフォリオの組み替えが求められている。

- 人材の質的側面で言えば、業務の高度化やAIなど新しいテクノロジー活用を背景に仕事を分業・協業する機会が増えている。

- そのような背景から、これまでは仕事（ジョブ）と人材間のマッチングが基本構造であったが、今後はさらに比較の粒度を細かくし、仕事を分業してタスクレベルに砕き、人材は保有するスキルを棚卸しし、新たにタスクとスキル間のマッチングによって適所適材と要員構造の適正化を模索しようというのが、一連のスキルベース組織への流れである。

- スキルベース組織は万能ではない。例えばエンジニアやコンサルタント職のように、ジョブのアーキテクチャに紐づく汎用スキルが市場の中で構造的に整理されている職種は適用性が高いが、自社独自の働き方に依存するような職種では適用が困難である。

- これまでは後天的にアップデートが難しい属性によって、採用・配置・評価・報酬などが決まってきた傾向がある。属性によらず後天的に獲得できるスキル要件を起点に一連の人材マネジメントが進むことによって、よりフェアかつ健全で、持続可能な競争を企業と従業員ができる環境に変われば、スキルを起点にした人材マネジメントの社会的意義は高くなる。

第2章

スキルベース組織の
グローバルトレンド

前章で述べたように、スキルベース組織とはスキル単位で人材と職務（ポジション）の双方を管理し、スキルをキードライバーとしてそれらをマッチングしていく組織管理の手法を言う。しかしこの考え方は時代の変化に応じて徐々に進化を遂げた結果であり、最初からこのような管理手法が理想論として掲げられたわけではない。

1 スキルベース発展の歴史

■ スキル管理が必要になった理由

　スキルベース組織という考え方が、事例こそ出ないものの学説として出始めたのは1990年代の前半と意外に古い。当時、どのような世界状況であったかを一緒に振り返ってみていただきたい。欧米企業は学歴や知能、スキルだけでは成果が創出されないという研究結果に立脚し、コンピテンシーベースという組織管理手法を積極的に採用していた。コンピテンシーベースというのは組織全体としての成果創出力、競争優位性を高めるため、個人の能力も総合的に上げることを目指すものである。すなわち、いくつかのコンピテンシーという必須項目（その行動が成果創出に繋がると信じられている項目）が設定され、それらの全ての、いわば「総合力」を各々の従業員が1人で一定水準以上を満たすように要求される。そして優れた成果創出力を有する従業員が集まれば組織としても優れた結果を生むであろう、という考えだと言える。

　社会情勢としては、1980年代にパーソナルコンピュータの企業導入が進み、いわゆる「IT職」と呼ばれるポジションが徐々に増え始めた時期を迎える（日本は1993年にバブルが崩壊し、ようやく年功からコンピテンシーへの転換を目指し始める）。新たに生まれることとなったシステム管理者やITサポート、開発エンジニアなどのIT職は、それまでのような総合力を必ずしも求めない。それよりも専門領域における高度な知識のほうが重視されるため、ここにスキルベースという考え方が自然発生することとなる。

　IT職に端を発することもあり、当時考えられていたスキルベース組織とは、個々の従業員が持つスキル・能力に力点を置き、役職や階層などの組織管理に依存しない個の能力発揮・成果創出を最大化させる手法

である。この管理手法を組織全体に広げられると組織の柔軟性が高まり、適材適所も実現しやすくなるだろうという議論は当時もあったものの、実際には個人の知識が重視され、かつ個人の成果貢献度が高い業務（つまり個人に大きな裁量がある業務）に効果的だろうという見解が通説であった。また、スキルを保有しているだけで報酬・処遇するのは理に反するという考えが一般的であったこともあり、大きく広がることはなかった。

　この状況に転換が見られたのは2010年代の半ば頃である。コンピテンシーベースという根幹に加え、現在の日本で言うところのジョブ型、つまりまず組織に職務があり、そこに人材を当てはめるという手法を採用していた欧米企業のタレントマネジメントに限界が見え始めた。その背景は様々あると考えられるが、例えば求められるスキルが高度化・細分化されてきたことも要因であろうし、より柔軟に人材配置を変更できる組織のアジリティが求められるようになってきたことも影響している。つまり誤解を恐れずに端的にまとめれば、「必要スキル」の管理なしに組織運営が立ち行かなくなってきたため、どのようにスキルを管理すればよいか、という議論が生じることになったと言える。そのためには「スキルインベントリ」と呼ばれるスキル一覧を作成し、メンテナンスすることが不可避だが、これがディープラーニングという新しい技術でなんとかできるのではないかという期待が高まったこともスキルベースの歴史を語る上では言及せねばならないだろう（AlphaGoが人に勝ったのが2015年である）。

　このような変遷を経て、個々のスキルを把握・開発し、そのスキルに合わせてタスクを当ててゆくというスキルベースの基本形が完成する。そしてこのあたりから、単なる理想論、理屈ではなく実際に組織管理手法としてスキルベースを導入する企業事例が出始めることとなった。

　以降の進化は、具体的な企業事例で整理したい。職能との違いに関しては前章に譲り、本章では割愛する。

2　グローバル企業の歩みに見るスキルベース組織の進化

■ タレントマーケットプレイス──ユニリーバ社

　ユニリーバ社は大々的にスキルベースを導入したと発表しているグローバル企業の中でも古参に該当する企業である。2019年、同社はAIを活用したタレントマーケットプレイス「FLEX Experiences」の導入を発表した。このプラットフォームは従業員のスキル、経験、学習領域に応じ、社内にある能力開発機会やプロジェクト機会をマッチングさせることを目的としたものである。

　同社ではまず、「Future Fit Plan」と呼ばれるキャリアプランを棚卸しする仕組みを用いることで、従業員が各々のキャリア目標、健康、リーダーシップ行動に沿ったスキル開発計画を検討する。これはマクロ視点で企業の将来スキルニーズとの整合をとるように設計・活用されており、2023年時点ではデータサイエンス、アジャイルな働き方、デジタル専門知識の3領域が特に重視されているとのことである。そしてこれらの情報は、効果的な研修内容の決定や、個人への能力開発機会のレコメンド、特定スキルの需要分析などへと繋げられる。学習コンテンツ自体は「Degreed」というラーニングポータル上で管理されており、FLEX ExperiencesがFuture Fit Planで棚卸しされた個人のスキル状況データと、Degreedの学習コンテンツ、そして各事業部署から社内公募されるアサイン機会の情報をマッチングさせる。この双方向マッチングが行われる場をタレントマーケットプレイスと呼ぶ。つまり、従業員側からは能力開発や活躍の機会の探索を、そして事業・部門側には適任者たり得るスキル保有者の横断検索を可能とする仕組みである。

　言い換えれば従業員一覧とジョブ一覧が同一データベースに統合され、従業員側もマネジメント側もそれを活用できるということであり、

取り立てて特別なことを目指しているわけではない。より平易に表現すれば、従業員は自分のキャリア願望やスキル・専門分野をプロフィールとして登録する、マネージャーは人材補充リクエストを要件と共に登録する、その間をマッチングAIが取り持つ、ということだ。しかしそれでもスキルベースと言えばユニリーバ、とまで言われる同社の特徴は「スキル」という軸でこれらを結んだ点と、そして過去の蓄積としての個人のスキル・経験だけではなく、将来のスキル、将来の組織ニーズという時間概念を取り込もうとした点にある。これは前節で示したアジリティの獲得にも繋がっており、これまでのように1ポジション1アサインという形ではないプロジェクトや、ギグと呼ばれる多様なアサイン・人材活用形態の機動的な実現を可能としている。

　いや、逆にそのような多様なアサイン・人材活用形態にしか活用できていない、とも言える。同社には世界で13万人近い従業員が在籍しているが、FLEX Experiences導入年で4万人、2年後の2021年に6万人と約半数が活用するまでは数値の公表があったものの、以降は情報が公開されていない。また、対象としている職種もマーケティング、財務、IT、サプライチェーン、研究開発等の専門職は明示されるものの、あらゆる職種をカバーできたという報告もない。加えて、学習コンテンツはともかくとして業務とのマッチングに関してはその大半が半年以内のパートタイムタスクであり、社内副業を通じた能力開発には活用されているが、タレントマネジメントシステムそのものを根本的に作り変えるレベルに至るまでには、まだまだ解決すべき課題も大きいということであろう。

■ スキルマネジメント/タレントインテリジェンス
──チューリッヒ社

　ユニリーバ社がスキルベースのタレントマーケットプレイスを導入した2019年の暮れ、中国武漢を起点にCOVID-19が世界的なパンデミックを起こした。連動する形で世界の労働市場は混乱を起こし、低賃金層、

女性といった労働市場における社会的弱者においては失業や労働時間の減少を、その他の層でタスク・稼働日数の減少やワークスタイルの変化を誘発した。企業はより少ない人数でこれまでと同等のアウトプットを志向するようになり、自動化やリモート化を進めるため、これまで以上にデジタルスキルが重宝されることとなった。そのようにして新たに生まれたデジタルポジションは当該領域のハイスペック人材を奪い合う採用競争を生み、Great Resignation（大退職時代）と呼ばれる人材枯渇へと至ることとなる。そこで企業側は、当該スキルを保有する人を特定し、必要とするポジションに充当していく、あるいは現在および近い将来に必要となるスキルを量的・質的に捉え、計画的に採用・育成してゆく取り組みが必要となった。

　チューリッヒ社はCOVID-19以前からピープルアナリティクスを要員計画に応用する取り組みを進めていた。アナリティクスは人のスペックをデジタルデータとして表現することが求められるもので、伝統的には前職や適性検査、過去のアサイン歴、人事考課結果、そして360度評価のようなものが用いられてきた。前述の背景を踏まえ、ここに「スキル」という要素を入れようとしたのが同社の取り組みのベースである。デジタル化と新技術置換のサイクルが加速する中で、LMS（学習管理システム）に万単位のコンテンツを用意するだけでは従業員にとっても組織にとっても有益性は低い。そこでどのようなスキルが必要で、そして現状どのスキルが不足しており、その開発・育成には何をすればよいのか、という一連のカスタマイズプランを組織として提供することを志向し、その結果をアナリティクスへと還元してゆく仕組みの構築に取り組んでいる。

　このような背景から、同社の取り組みは根本的にスキルの把握と開発に照準が当てられている。2021年から22年にかけて出された記事によれば、「Faethm」というAI分析プラットフォームを活用し、今後5年間で需要が高まるスキル、そして充足されないリスクがあるスキル・役割を特定することにチャレンジしているらしい。また、外部ベンダーを活

用してスキル動向のデータとインサイトを収集、スキルのトレンドと自組織で優先すべきスキルの見直しを頻繁に実施しているとのことである。加えて人事が主体となり各組織にカスタマイズされたスキルフレームワークやスキル分類を用意するということも実施中と公表されている。そのようにして整理されたスキル体系は重要度と共に4段階のコンピテンシーレベル定義へと落とされ、「My Journey」というプラットフォーム上でマッチング軸として活用される。My JourneyはFLEX Experiencesのようなマッチングプラットフォームであり、従業員はここで業務の側にラベリングされたスキルバッジの情報を元に自身のスキルの現状を把握し、ギグ（社内副業）を含むスキルアップの機会を活用する。

このように、チューリッヒ社はユニリーバ社のタレントマーケットプレイスに、スキルの流動性という観点からの迅速対応を目的としたスキル体系化努力を上乗せした形の取り組みと解釈されよう。他方、このアプローチでは必然的に「新興スキル」への注目度が高まることとなり、結果としてロボティクス、サイバーなどのデジタル系専門領域のスキル体系が充実する。加えて体系化され、データ化されたスキル情報をアナリティクスで活用するにはデータ活用ソリューションが必要となるため、新技術が多く発表される採用関連での活用は進んでいるようだが、その他の領域でどこまで浸透しているのかは明確にはされていない。

■■ AI推論──HSBC社、ノキア社

COVID-19の影響で労働環境が大きな変化を見せ始めた2022年、ChatGPT 3.5というゲームチェンジャーが発表された。当時、機械学習技術は既にディープラーニングへと進化していたが、演算はCPUが中心であったために大量の学習には相応の時間が必要で、かつ結果に対する根拠が不明という理由からその活用は停滞していた。ChatGPTはこの状況を、GPUの活用、大規模言語モデルの構築、そして何よりもプロンプトという会話型UIの採用を通じ、「不自然さ」を消しつつ生成結

果をあたかも「回答」であるかのように見せるということを可能とした。当初こそハルシネーション（事実に基づかない情報を生成すること）が懸念されたものの、出典データの付記など改良を重ね、結果的に膨大なデータから「モデル回答」を得る仕組みを作り上げたのである（モデル回答というのは一般的な用語ではなく、ここでは正しい回答ではないが平均的な回答を集めて成型したものという意味で用いている）。

　どの領域であってもこの面白そうな技術を使わない手はない、ということで人事の世界、スキルベースの世界でもAI活用を模索する事例が増えることとなる。その一例がHSBC社だ。基本形は変わらない。「HSBC Talent Marketplace」と呼ばれるタレントマーケットプレイスとラーニングポータルを「HSBCキャリア開発アプリ」という専用ツールで接続し、学習と成長の機会に関する推薦を得る。ここまではユニリーバ社と同じである。そこに「HSBC University」という社内アカデミーのコンテンツを組み入れ、さらに「SAP Recruitment」というATS（採用管理システム）を統合させることで社外にも視野を広げる構えとなっている。チューリッヒ社の目指す将来予測に関してHSBC社は「Skill Insight Hub」というものを導入して将来予測とギャップ分析に取り組んでいる。そして肝心のAIは「TechWolf」というソリューションを活用し、社内の各種データをもとに従業員のスキル状況の推定をしようとしているようだ。TechWolfは自己申告や研修受講履歴といった伝統的な手法だけでなく、職歴、出席会議、社内イントラへの投稿、アサインプロジェクト、そして年度目標など、社内に散在する個人データをインプット情報に、AIに個人が保有するスキルをアウトプットさせる、というチャレンジに取り組んでいる新興ソリューションである。

　HSBC Talent Marketplaceはほぼ全従業員にオープンになっているようであるが（利用率については公表されていない）、問題はAI活用の成果がどの程度出せているのかだろう。2024年10月の時点でAIの成果としてはジョブディスクリプション（職務記述書）やオンボーディングコンテンツの生成、採用要件とプロファイルの生成、報酬分析と改善提案、コー

チング・フィードバック提供等とされ、スキル推定は含まれない。ただ単にTechWolfがスキル推定を目指すツールというだけで、同社はそれを分析ツールとして活用しているだけなのかもしれないが、であればそのツールを導入すべき理由はあまりないため、成果が出ることを期待しつつもまだこれから、という状況と見るのが自然だろう。

　類似事例にノキア社もある。ノキア社の場合は「My Growth Portal」というポータルに、「Skills Profile」というツールを介して従業員が自身のスキルを登録する（自己推薦）。それによりパーソナライズされたキャリアレコメンデーションと学習機会の推奨、そして短期プロジェクトであるギグにもこのポータルからアクセスが可能となっている。どちらかと言えば公表資料は従業員向けポータルとしての説明が多く、ビジネス側から適任者を探すような活用をしているかまではわからないが、いわゆるタレントマーケットプレイスと同等と見ても差し支えはないだろう。そしてこのSkills Profileに、スキル推定の機能がついている。ただしTechWolfほど大上段ではなく、人事データに登録された従業員情報、従業員の自己評価スキルとそのレート、そしてチームからのフィードバックをもとに、登録されていないが保有している可能性のあるスキルをリストアップする、というレコメンド型を採用している。結果、従業員本人が確かにそのスキルもあったなと思えば登録するし、スルーすることもある、という形でプロセスに組み入れているのであろう。そのため精度や成果までは明らかにされていないが、これはこれでAI推論の活用モデルとしては言及に値する事例である。

3 導入支援者の見解から見る変遷と現状

■ 議論の活性化と成功例の展開状況は

　前節のように事例を通じ振り返ってみると、スキルベース組織にとっては直近5年が大きな転換期であったことがわかる。ではこの期間中、組織転換や組織開発を支援するコンサルティングファームの、スキルベース導入に関する見解はどのように推移したのであろうか。

　グローバルに大手と言われる10ファーム（戦略系3社、総合・会計系5社、人事系2社）が出したスキルベース関連の記事（skill(s)-based、skill(s)-first、skill(s)-focused、skill(s)-orientedなど、ファームにより呼称は異なる）を集計すると図2-1のようになる。

図2-1　スキルベースに関する記事数

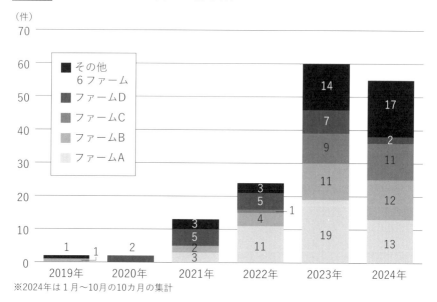

※2024年は1月～10月の10カ月の集計

一見してわかるように、特定の３ファームが非常に熱心に記事を出している一方で、他の７ファームは2023年、2024年と若干の増加傾向は認められるものの、前出３ファームと比べるとその熱量には大きな開きがある。従って本章における「コンサルティングファームの見解」とは、特定３社の見解の影響を大きく受けていることを先に明記しておく。

　さて、これら10ファームの「スキルベースレポート」が何について語っているかを分析してみた結果が**図2-2**である（図2-1および図2-2の調査手法は注を参照[2]）。

図2-2 スキルベースに関する記事における「機能」と「スキル」の言及割合

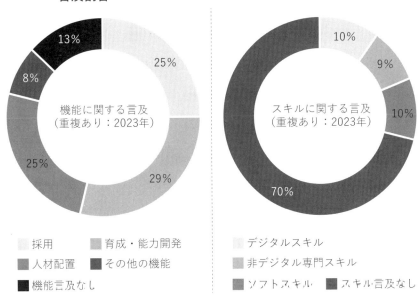

機能に関する言及（重複あり：2023年）
- 採用 25%
- 育成・能力開発 29%
- 人材配置 25%
- その他の機能 8%
- 機能言及なし 13%

スキルに関する言及（重複あり：2023年）
- デジタルスキル 10%
- 非デジタル専門スキル 9%
- ソフトスキル 10%
- スキル言及なし 70%

[2] 図2-1および図2-2の調査手法は以下の通り。
Accenture、Bain & Company、Boston Consulting Group、Deloitte、EY、Korn Ferry、KPMG、McKinsey & Company、Mercer、PwCの10ファーム（アルファベット順）のグローバルサイトおよびUSサイトをドメイン指定した状態で検索。
skill(s)-based、skill(s)-first、skill(s)-focused、skill(s)-orientedのいずれかのキーワードとorganizationまたはmanagementのキーワードを指定。
発行日、または最終更新日が2019年1月1日から2024年10月31日までのものに限定。
PDFまたはウェブで内容が閲覧可能なもののうち、スキルベースに関する記述が最低でも1段落以上含まれるものを抽出。

機能に関して見ると、採用と育成・能力開発、そして人材配置に関する言及が主であり、これら３領域で４分の３を占めることがわかる。その他にはキャリアパスや報酬、要員計画などが該当するが、それらに関する言及が見られる記事は多くなく、スキルベースの考え方は人事全体に適用されているというよりも、主要３領域で注目され始めたばかりと言えるだろう。

　対象としているスキルがどのようなものかという視点で見てみると、実は具体的なスキルへの言及があるもの自体が３割程度しかなく、全体として抽象論に終始している印象が拭えない。少ないながら言及内容としてはデジタルスキルと非デジタル専門スキル、そしてソフトスキルがほぼ均等に扱われており、導入支援の立場からはスキルの種類に対するスタンスの違いはあまり認められない。ただ、これはデジタルスキルが対象となるのであれば他のスキルでも同様のスキームが活用できるのではないか、といった推論であっても言及は可能なため、実際にどのスキルで導入例が多いか、とはあまり関係がないものと理解した方がよい。

　これらの結果から、制度導入を支援するコンサルティングファームとしては、採用、育成・能力開発、人材配置におけるスキルベース導入のアイデアが語られてはいるが、具体的な対象スキルなどの議論は始まったばかりであり、また主要ファームの総論としてスキルベースが語られるまでには至っていないことから、スキルベースというのは現時点ではアイデアが先行しており、具体的な成功例からの展開は今後に期待されるところであると結論づけられる。

4 変遷と現状からの学び

■ 単なる「専門職処遇制度」にしないために

　スキルベース組織はまだ道半ばの取り組みであるため、教訓（Lessons Learned）とはいかないが、現時点での学び、Lesson Learningを整理してみたい。

　第一に、スキルベースには一定の活用段階があるということが言える。まずはコアスキルとでも呼ぶ、業務上必須となるスキルが特定・定義されること。次いでそれが従業員情報とトレーニングコンテンツ、そしてポジション・職務情報に紐づけられること。そしてタレントマーケットプレイスという形で組織横断的に人材が動くこと。このそれぞれについて高度化、自動化、精度向上が図られているとまとめられる。

　第二のポイントは、その活用段階は領域ごとに異なるという点にある。当たり前なのだがスキルベースはスキルがものを言う領域で活用されやすい。それもソフトスキルというフワフワした評価の難しいものではなく、デジタルや財務など、明確に定義と計測が可能なスキルが必須となる領域での活用に限る。限る、というのはより広範に全社レベルで同じ仕組みを適用しようという目論見はあるものの、現時点でそれは実現されていない、という意味だ。そう考えればデジタルを中心とした専門職ではタレントマーケットプレイスまで実現してスキル軸で人が動いていたとしても、セールスやマネジメントなどではスキル定義で苦戦している、というような状況も十分起こりうる。

　第三のポイントとしては、今はまだ本業を左右するレベルにはないという点を挙げたい。目指すところは本業、つまりキャリアを左右するレベルで組織内外を縦横無尽に人が異動していくような世界なのだろうが、現時点では大本命のデジタル系キャリアであってもそこまでには

至っていない。どちらかと言えばキャリア開発のためのトレーニングや、実務経験の場としてギグ（社内副業）のようなパートタイムの機会を提供する点が強調される例が多い。もちろんプロジェクトアサインのために適任者を探すという用途も各所で言及はされるものの、推察するにプロジェクト組成のタイミングではある程度顔が見えている範囲で人が決まりがちで発掘するまでにはなっていない、組織をまたいだ異動や職群をまたいだキャリアチェンジというのがそもそもそこまで頻発していない、という状況ではないかと考えられる。ただ、重ねるがスキルベース組織の理想形はそういう現状も打破するところにあるので、これはいずれチャレンジし、成功する事例が出るものと期待される。

　そしてもう1点重要な視点として、10年後が見えているか、ということを挙げる。サイバーセキュリティやAIエンジニアなど、希少価値のあるスキルを処遇するためにスキルベースという仕組みを活用することは否定しないが、そのスキルの希少性は時間軸で変化するものであり、かつ今後その変化スピードはこれまで以上に速くなってゆくと考えられる。その前提で見た時に10年後の自組織は、評価のままならないソフトスキルなどへの同一スキームの展開を志向しているのか、あるいは測定可能なデジタルスキルを全てのポジションで求めるような役割・体制へと組織を変化させているのか、そしてその仕組みの中で従業員はどの程度の希望を持って組織内を動いているのか。このような論点に正面から答える事例は今のところ見当たらないのだが、それなしに導入を急いでもスキルベースは単なる「専門職処遇制度」としての機能しか持てない可能性が高い。

　以上、具体的な導入企業の事例と、それらを支援する領域専門家たちのスタンスという点からスキルベース組織の変遷と現状について考察してきた。次章以降、具体的な導入・活用手法について深掘りしていきたい。

第 2 章　まとめ

- 個人の能力を総合的に高めることで組織全体の成果創出力を向上させようとするコンピテンシーベースの組織管理手法が中心であった1990年代前半に、IT職の増加を受けて総合力より専門知識を重視するスキルベースの考え方が提唱され始めた。

- 社会変化スピードの早まりやAI技術の進化などの背景要因の影響もあり、2010年代半ばには欧米企業の従来型タレントマネジメントに限界が見え始め、インベントリを作成して組織的にスキルを管理していく手法が現実味を帯びることとなった。

- ユニリーバ社、チューリッヒ社、HSBC社、ノキア社の事例から、スキルベース組織はスキルの特定・定義、トレーニング・業務とスキルの紐づけ、人材の横断的な移動を目指すものと理解される。

- デジタル職や専門知識が必要な職群を中心に、採用と教育・能力開発領域での導入が進むが、ソフトスキルへの展開は未だ少なく、またキャリア開発の一環としての活用が主であり本業への影響は現時点では大きくない。

- その現状に照らし、自組織が10年後、どのような人材マネジメントを志向しているのかを想定しつつ導入を検討することが重要と考えられる。

第 3 章

スキルベース組織実現に向けたスキル可視化

▼

　スキルベース組織実現の大前提として、組織やポジションが求めるスキルニーズに加え、従業員一人ひとりのスキル保有状況が可視化されていることが必須である。一方で、スキル情報は通常の企業活動の中で自然発生的かつ体系的に蓄積されていくものではなく、少なくとも現状においては意図的にスキルに関わる情報を収集・蓄積し、体系的に整理して可視化していく必要が生じる。
　また、全従業員のスキルを棚卸し・可視化することは会社側・従業員側双方に相応の負担を強いるケースも多く、スムーズにスキルベース組織へと移行するにあたっては、いかにして精度を保ちながら効率的に組織と人材のスキルを可視化するかが成否を握るといっても差し支えないだろう。

スキル可視化の成否を握る
ポイント

■ スキル活用の目的を明確にする

　スキルベース組織に移行しようという局面において、従業員のスキル可視化から取り組もうというのは自然な流れだろう。ただし、ここで陥りがちなのが、「とりあえず全従業員のスキル保有状況を網羅的に棚卸した上で、その結果を見て何ができるか考えてみよう」というアプローチである。既に一定の課題仮説を持っている場合においては、このアプローチもあながち間違いではないのだが、そうでなければ、いざ実践的にスキルデータの活用を行おうとした時に、可視化されたスキル情報が帯に短し襷に長しで活用しきれないという状態に陥る可能性がある。また、スキル分析に関わるデータプラットフォームが整備されていない場合は、従業員や各部門・組織に少なくない負担を掛けてスキル可視化を実施することにもなる。その労力をかけた結果、期待されたアクションに繋がらない場合、スキルの可視化・活用自体に懐疑的な目を向けられ、スキルベース組織の実現がとん挫してしまう恐れもあるだろう。

　そのため、スキル可視化を目的化してしまわないよう、予めスキルをどのように活用するのか、その目的を明確にすることが重要である。例えば、全社の人材流動化を目的とする場合は、領域横断で汎用的に使える粒度のスキルで可視化することを重視すべきであるし、製造業の現場など特定の職場での技能継承や適材配置を目的とするのであれば、個々の業務・作業単位で要求される詳細なスキルまで落とし込んで可視化しないとその実現は難しいであろう。目的が異なれば、自ずと可視化すべきスキルの範囲や粒度感も全く異なってくるのである。また、先述したように、スキル情報は自ずと可視化されるものではないため、従業員を巻き込みながらスキル情報の収集・蓄積を行う必要がある。このため、

スキル関連情報を常に最新化し続けることの必要性について従業員に深く理解・納得してもらう上でも、スキル可視化の目的を事前に明確化し、その大義名分をクリアなメッセージと共に伝えるコミュニケーションが重要となる。

スキルベース人材マネジメントの目的としては、**図3-1**に示すような、従業員体験のサイクルにおけるいずれかのシーンで活用することを想定されるのが一般的であろう。スキルベースの特徴は、従業員それぞれのスキル保有状況に合わせ、より「個」にフォーカスした人材マネジメントなどが可能となることである。従来は経歴や評価など個別の人材情報を繋ぎ合わせることで漠然としか捉えられていなかった従業員一人ひとりの状態が、スキルを軸にした能力や特性等によって、より解像度高く捉えられ、個々の人材に即した育成や配置などが実現できるのである。

だが、その目的や活用イメージが明確になっていなければ、いかにス

図3-1　従業員体験（Employee Experience）におけるスキル活用のイメージ

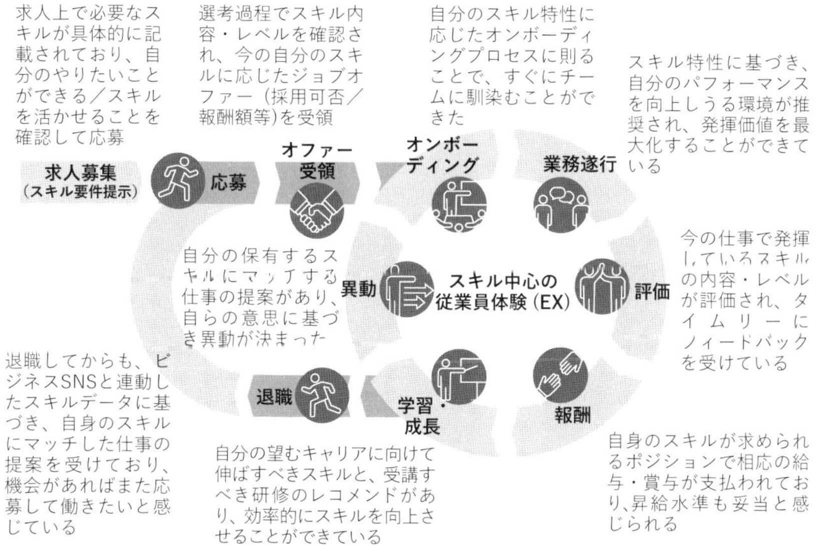

求人上で必要なスキルが具体的に記載されており、自分のやりたいことができる／スキルを活かせることを確認して応募

選考過程でスキル内容・レベルを確認され、今の自分のスキルに応じたジョブオファー（採用可否／報酬額等）を受領

自分のスキル特性に応じたオンボーディングプロセスに則ることで、すぐにチームに馴染むことができた

スキル特性に基づき、自分のパフォーマンスを向上しうる環境が推奨され、発揮価値を最大化することができている

求人募集（スキル要件提示）　**応募**　**オファー受領**　**オンボーディング**　**業務遂行**

スキル中心の従業員体験（EX）

異動　**退職**　**学習・成長**　**報酬**　**評価**

自分の保有するスキルにマッチする仕事の提案があり、自らの意思に基づき異動が決まった

退職してからも、ビジネスSNSと連動したスキルデータに基づき、自身のスキルにマッチした仕事の提案を受けており、機会があればまた応募して働きたいと感じている

自分の望むキャリアに向けて伸ばすべきスキルと、受講すべき研修のレコメンドがあり、効率的にスキルを向上させることができている

自身のスキルが求められるポジションで相応の給与・賞与が支払われており、昇給水準も妥当と感じられる

今の仕事で発揮しているスキルの内容・レベルが評価され、タイムリーにフィードバックを受けている

キルを可視化し、分析しても、そのスキル情報が従業員体験に沿った人材マネジメントに活用できるものにならず、会社や従業員が望むような効果が得られない恐れがある。

このような事態を避けるため、まず「個」の人材にアプローチするスキルベース人材マネジメントに取り掛かる前に、デジタル人材や商品開発・マーケティング・営業……といった職種など一定規模の人材群単位でのスキル過不足を俯瞰的に分析し、「組織」としてのスキルの活用余地を明らかにすることが必要である。例えば、高度なビジネスセンスと業務遂行力を持った企画系の人材群が現状不足しており、その確保が喫緊の課題となっていることが明確になれば、将来において企画系人材に求められるスキルを定義・可視化することで、スキルを軸にしたケイパビリティの底上げを図ることができる。また同時にそのような人材に求められるソフトスキルも特定することで、素養のある人材を早期に見定め中長期的な育成トラックに乗せることも可能となるだろう。

このようにまず人材群単位での中長期的なスキル需給ギャップを明らかにし、「組織」としてとるべきスキルベース人材マネジメントの道筋を導出する手法が、次に述べる「人材ポートフォリオ」である。

■ 人材ポートフォリオでスキル活用領域を特定

前述の通り、スキルの活用目的、およびそれを実現するためのスキル可視化の在り方が明確になっていないケースにおいては、まずその目的・方向性を導出し、コンセンサスを得ることが必要である。このような局面においては、人材ポートフォリオ分析を通じて、全社俯瞰的に人材構造の中長期的変化を明らかにし、スキル活用の余地がある領域・人材群や、強化対象となるスキル等を炙り出すことが効果的である。

人材ポートフォリオという考え方自体は目新しいものではなく、従前からご存知の方も多いだろうが、特定の人材区分・人材群ごとに中長期

的な要員の変動を明らかにするものである。昨今はこの人材ポートフォリオ分析を行うにあたって、人材の「量（＝要員数）」だけでなく、スキルなどの「質」的側面を含めた変動を可視化したいという要望が多くなってきている。この背景としては、VUCAの時代においてビジネス環境変化のスピードと不確実性が増し、事業ポートフォリオの早期転換を余儀なくされるケースが増えてきたこと、国内において労働人口が縮小し、採用に頼った人材確保が難しくなってきたこと、労働者が終身雇用を前提としたキャリア形成から個人のスキルアップの機会を重視するようになるなど価値観が多様化してきたことが挙げられる。単に要員数を揃えるだけでビジネスが成り立つという構図ではなくなり、要員数を揃えることもままならない中で、現有人財の質的転換のニーズなどが以前より高まっているのである。

　新たな人材ポートフォリオの考え方は、これらの背景を元に事業の中長期戦略に沿って全社的な人材構造の変化を「量」・「質」両面から明らかにするものであり、事業の変化を人材の変化にいかに置き換えるかがポイントとなる。具体的には、以下の３点でその変化を捉えていくことになる。

①**組織のミッションの変化**：例えば、守りの組織から攻めの組織への変化など組織のミッションが変化することで、人材に求められる役割もオペレーション主体の業務から企画・提案を中心とした業務へと変化が求められる、等

②**事業の方向性の変化**：例えば、既存事業から脱却し新規事業領域への参入が求められているのであれば、フロンティア精神に溢れたアイデア創発型の人材が求められる、等

③**組織に要求されるケイパビリティの変化**：例えば、事業企画・推進において、これまで以上にデジタルのケイパビリティが求められるようになってきたことで、IT部門以外の人材においてもデジタルスキルが求められる、等

図3-2 人材ポートフォリオ分析において人材の変化を捉える観点

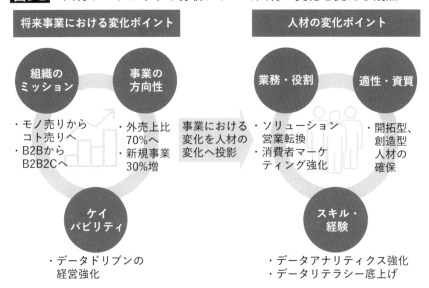

　これらの変化を捉える観点の1つとして、現状の保有スキル分布を可視化し、将来におけるスキル需要を人材ポートフォリオの中で明らかにしていくのである。人材ポートフォリオにおけるスキル分析では、長期的・マクロ的な視点で全社人材のスキルを捉えることが目的となるため、事業運営上必須となる「コアスキル」（多くとも数十程度）をベースに可視化することを推奨する。これは、人材ポートフォリオ分析の目的が、個人レベルでの育成・配置などではなく、あくまで「人材群」の単位でスキル需給における過不足を把握することにあるためである。

　このような人材ポートフォリオ分析を経て、特に人材のスキルギャップ（スキル保有者数/スキルレベルの需給差）が大きく生じる領域を特定し、スキル強化の重点領域を明らかにすることが可能となる。特に、特定の人材群やスキル領域においてギャップが生じていることが明らかになった場合、多大な労力を要する全社全量的な詳細スキル可視化ではなく、目的に即して対象を絞った可視化を行えばよいということにも繋がる。

例えば、全社でのデジタル人材の強化という漠然とした課題があった際に、全社的に求められるデジタルスキルはあくまで基礎的なITリテラシーや、デジタルツールの活用スキルであるということ、より高度なデジタルスキルは事業企画やマーケティングなど特定の事業領域でのみ要求されること、またIT部門においてもデジタルスキルが不足しており、人材強化のためにはサイバーセキュリティやアーキテクチャなど、より技術的に細分化されたデジタルスキルの把握が必要となること、などが人材ポートフォリオ分析を通じて明らかになるのである。また別の例では、将来的に一定数の事業企画人材の確保が必要となる場合、社内で中長期的に育成を仕掛けていくためにロジカルシンキングやアジリティなどといった適性能力を有する人材を選抜するためのスキル可視化が有効となることもあるだろう。

　ただし、あくまでも人材ポートフォリオから導き出されるものは人材群に対する「組織」としてのアクションである。これを個々の人材における「個」のアクションに繋げ、真のスキルベース組織へ移行するためには、次に述べる、より詳細なスキル可視化が必要となってくるのである。

2 スキルベース実現に向けた スキル可視化のアプローチ

■ ジョブとタレント双方の観点で可視化する

　スキルベース組織を実現するための「スキル可視化」にあたって、企業が実施しなければいけないことは何なのであろうか。それは、ジョブサイド（仕事≒需要）とタレントサイド（人材≒供給）の双方についてスキルをベースに可視化することである。

　ジョブサイドにおいては、職務の遂行に必要なスキル要件の定義が必要である。このスキル要件定義を全社の職務に対して実施することで、全社で事業を推進するために必要とされるスキルの全貌が明らかになるのである。

　一方、タレントサイドにおいては、適材適所のマッチングを実現するため、個々の人材のスキルを常にアップデートして可視化することが求められる。ここでは、スキルベースの運用に耐えうるだけの精度と鮮度をいかに保つのかが焦点になってくる。

　また、重要なポイントとして、これらジョブサイドとタレントサイドのスキル定義およびデータは統合された状態でなければならない。それぞれが個別に管理されている状態では、スキルを軸にしたジョブと人材のマッチングなど望めないからである。

■ジョブサイドのスキル可視化

　まずはジョブサイドのスキル可視化について述べよう。前章でも述べた通り、欧米ではジョブ型の運用限界からスキルベース組織への流れが生まれている。もともと、ジョブ型ではジョブごとに必要なスキルや経験などの要件も定義されていたため、既にジョブ型が浸透している欧米

企業において、その移行はハードルが高いものではないのだろう。国内においては一部の企業でジョブ型導入が進んできたものの、その導入範囲が限定的である等、未だ従来のメンバーシップ型の人材マネジメントをしている企業が大半を占めている。だが、一方で事業環境の変化だけでなく世界的な人材不足を背景に欧米企業がスキルベースへシフトしている流れについては、日本企業にも等しく、いやむしろ国内の労働人口動態を考慮すると、より一層の重圧が課せられているようにも思える。

では、国内企業がスキルベースへシフトするためには、その前段として必ずジョブ型を導入しなければいけないのか？　答えは否である。実際ジョブ型においても、スキルはジョブに対して直接設定されているわけではなく、ジョブ（職務）の遂行に必要なタスクに対して設定されているのである。ということは、ジョブ型を導入していない企業にとってジョブを定義することは必須ではなく、スキルを用いた「タスク」を定義すればよいことになる。言い換えるのであれば、「どのような職務・役割」であるのかではなく、「何をする」のかを明確にするということである。

例えば、ジョブ型では、部長というポジションに必要なジョブディスクリプション（職務記述書）を作成するにあたり、職務のミッション、担当領域・組織、職務内容、権限・責任、スキル、業務経験、コンピテンシーなど多くの要素をナラティブに記載し、ひとまとめにパッケージするということが必要であった。

一方で、部長としての部門運営に必要となるスキルを可視化したいのであれば、下図のようにジョブをタスクに要素分解することでスキルを導出すればよいのである。この方法であれば、ジョブの職務記述書がなくとも、ジョブの遂行に必要なスキルを定義することが可能となる。

なお、一口にスキルと言っても、大まかにソフトスキルとハードスキ

図3-3 ジョブ・タスクからのスキル導出イメージ

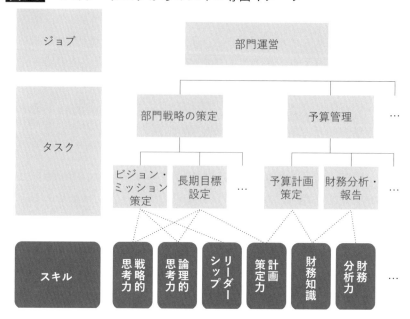

ルに分類される。ソフトスキルは所謂カッツモデル[3]で言うところのヒューマンスキル、コンセプチュアルスキルに該当し、コミュニケーションや対人関係、思考力など仕事をする上で必要な非技術的な能力を指す。ソフトスキルは人材のポテンシャルや汎用性を見ることに適している。一方でハードスキルはカッツモデルで言えばテクニカルスキルにあたり、特定の職種や業務に直接関連する技術的な能力や知識を指しており、より実践的に組織・人材の業務遂行能力を見ることに適していると言えよう。

　これらスキルの特性を踏まえた上で、どのような目的でスキルベースを実現するかによって、スキルの可視化における重点の置き方も変わってくる。例えば、人材配置において、長期的目線で全社の人材流動化や能力の底上げを図るのであれば、人材のポテンシャルを測るソフトスキ

---

[3] 1950年代に米経営学者ロバート・L・カッツが提唱した、役職に応じて求められるスキルを「テクニカルスキル」「ヒューマンスキル」「コンセプチュアルスキル」の3つに分類した理論。

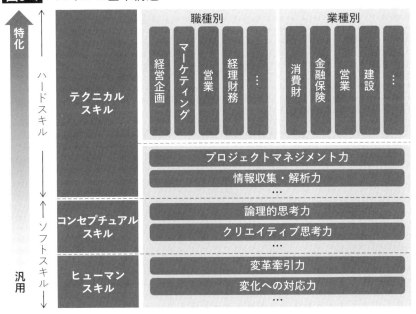

図3-4 スキルの基本構造

ルの可視化が必要となり、短中期目線で即戦力人材を揃えたい場合は、より実践的なハードスキルの可視化により力点を置くべきである。

■ タレントサイドのスキル可視化

次に、タレントサイドのスキルをどのようにして可視化するのかを記す。現在のところ、人材のスキルを可視化する手法はそれほど多岐にわたるわけではない。代表的な手法としては、おおまかに①主観的な判断に基づく「自己申告形式」、②一定の基準に沿った評価により客観性を高めた「アセスメント形式」、③属人性を極力排除したデータに基づく「AIによるスキル解析」の3つがある。

まずは自己申告について、これは本人が自身のスキル・経験の保有状況を申告するものである。利点として、スキル申告が自身の成長やキャリア形成に繋がることが明らかになっていれば、より従業員の自律的成

長とスキルへの関心を促進することにはなるが、積極的にスキルを申告する人材とそうでない人材の二極化は避けられないであろう。また、自己申告の際に利用する「スキルタクソノミー」（スキル一覧）を事前に整備しておかないと、個々の申告による雑多なスキルが乱立し、ジョブサイドのスキル要件とのマッチングが困難となり、運用に耐えうるスキルデータとはならないであろう。スキルタクソノミーとは、その会社で必要とされるスキルを体系化したリストであるが、まずはこれを準備しなければならない。これによって全人材同一の軸でスキルを可視化することが可能となるのである。

　次にアセスメントであるが、これはスキルレベル定義や業務経験年数などの一定の基準をベースに、本人、あるいは上司が実施した評価によってスキルを可視化するものである。自己申告と比べた利点は、一定の客観性を持ってスキルの高低について判断が可能となることである。特に、ハードスキルについては、特定業務における経験年数により、ある程度理にかなったファクトベースでのスキルレベルの可視化が期待できる。必ずしも経験年数がスキルの高低に直結しないのではないか、という考え方もあるだろうが、経験年数に加えて経験時の役職等の情報も加えて見ることでより精度を高くすることも可能である。

　また、ソフトスキルについては、マインドセットなど表面的に見えにくい部分もあるため、ハードスキルほど客観的な可視化は難しいものの、人事評価で使われるコンピテンシー評価や行動評価などと同様、行動発揮状況を元に判断するケースが多い。評価型のアセスメントだけでなく、思考力を試す認知度テストや、特定状況下における状況判断力などを問うビジネスオケージョンテスト、リーダーシップなどの適性を測るQA診断など総合的なアセスメントによる可視化も可能である。ただし、いずれにしてもスキル可視化のために従業員に様々なアセスメント、診断を課すことで負担を掛けないよう、既存の人事プロセスに組み込む工夫は必要である。

これらいわば属人的な可視化手法に加え、昨今のテクノロジー進化と共に出現してきたのがAIによるスキルの可視化である。職務経歴情報や人事評価情報などのインプットデータをAIに読み込ませることにより、スキル保有状況やスキルレベルを自動的に可視化することが可能になってきているのである。ただし、AIは万能ではないことは理解しておかなければならない。少なくとも現時点では、AIが何もないところからゼロベースで個々人のスキル保有状況を的確に診断することは不可能である。一般的にAIがスキル診断を行う上では、最低限、スキルタクソノミーとインプットとなる人材データ（職務経歴情報、評価情報等）が必要である。これらのインプットの質によって、AIによるスキル診断の精度は変わってくるのである。スキルテック企業によっては、業界別や採用市場のデータを元にした汎用的なスキルタクソノミーを保有しているケースもあるため、これらをベースとして用いることは可能だろう。一方で、職務経歴情報など人材に紐づくデータは、必ず自社で準備しなければならない。インプットに含まれるスキル関連の情報量が少なく、またタイムリーに更新されていなければ期待していた精度でのスキル可視化は見込めないであろう。AIを活用するにしても、従業員の職務経歴情報を継続的にアップデートしていくため仕掛けは必要なのである。

　なお、いかなる手法を採ったとしても、個々人のスキルを完璧な精度で可視化することは困難であり、人による評価はもちろんのこと、たとえデータに基づくAI分析であろうが100％の正確性を担保することには限界がある。ゆえに、可視化の精度を殊更に追求するのではなく、常にアップデートしていくこととのバランスを考えて最適なスキル可視化の方法を選択し、運用を構築していくことが重要なのである。

3 継続的なスキルアップデートの重要性

■ 常に変化するスキルを最新に保つための注意と工夫

　ここまでスキルの可視化について述べてきたが、真にスキルベース組織へと移行するには一過性の可視化に留まらず、継続的なスキル情報のアップデートが求められる。ジョブサイドに関しては、事業環境の変化やテクノロジーの発展等により、刻々と変化していく職務や技術に応じたスキルのアップデートが必要となるし、タレントサイドに関しても、日々伸長する個々人のスキルを最新の状態に保つ必要がある。

■ ジョブサイドにおけるスキル更新の注意と工夫

　ジョブサイドに関しては、ある職務に対して求められるスキルセットは常に固定的ではなく、動的なものであることを前提に考えなければならない。例えば、かつてはビジネスに関わるスキルとIT/デジタルに関わるスキルは、それぞれの専門分野でのみ求められるスキルセットと見られてきたが、DXが深く浸透してきた現在においては、ビジネスとIT/デジタルのスキル・知識を融合することが必須となっている。このため、事業環境の動向や社内の変革方針などを捉え、職務に紐づくスキルセットの継続的な更新を行っていくことが必要となるのである。

　また、各企業内において、事業再編、組織改編などの機に応じて、それまでの職務を見直し、新たな職務に応じたスキルセットの更新を行っていくことが必要となるが、全社の職務情報の更新を人事部などが集約して行うことは現実的に困難であり、各部門（現場）でそれぞれジョブサイドのスキルアップデートをしていくことが鍵となる。そのためにも、各部門で、職務のスキルアップデートを適切に行うことが適性人材の採用・配置・育成に繋がること、ひいてはそれが組織としてのケイパビリ

ティを高め競争力を維持する源泉となること、などの利点を啓蒙することが重要である。

　一方で、スキルの追加・更新を完全に各部門任せにしてしまうと、管理すべきスキルが際限なく増えてしまうことになりかねない。そのため、スキルタクソノミーは必ず中央集権的に管理していく必要があるものの、同時に現場の意見・要望も吸い上げる仕組みは考慮しておかなければならない。また、世間一般的な動向に沿ったスキルセットの見直しに関しては、外部のスキルタクソノミーを活用することも有用である。EYではグローバル全体の公開求人情報などを元に、約7万におよぶジョブおよび、各ジョブに紐づくスキルセットを常に最新の状態にアップデートするスキルデータベース（EY Workforce Platform）を保有しているが、もちろんEYに限らず外部のスキルテックが保有するスキルデータを参考に自社のスキルタクソノミーを更新していくことも可能である。特に、このような外部の汎用的なスキルタクソノミーを活用することで、内部労働市場と外部労働市場とを同じスキル定義を持って可視化することができる。これにより、内外の人材流動の垣根が低くなり、より柔軟性を持って人材活用ができる可能性は高まるだろう。

■**タレントサイドにおけるスキル更新の注意と工夫**

　タレントサイドのスキルアップデートに関しては、アセスメントを行うにせよ、AIを活用するにせよ、定期的にスキル情報（あるいは、そのインプット情報）を登録・更新していく運用の確立が必要である。

　ただし、本章冒頭でも述べた通り、明確な目的なきスキル関連のデータ登録・更新は従業員にとって負担になるだけである。ジョブサイドで各部門組織に対して職務のスキルアップデートの価値を説くことが重要であったのと同様に、従業員に対しても、スキルの登録や更新が自身のキャリアや成長にどのように恩恵をもたらすのか、スキルの価値を正しく理解してもらうことは重要である。そのためには、会社や人事として、実際どのようにスキルデータを活用した人材マネジメントを進めている

のか、その実例を社内の情報開示やコミュニケーションを通じて見せていく必要がある。それによって、自らスキルを更新しないと取り残される、損をするという従業員の意識を醸成していくのである。

　また、従業員へ過度な負担感を抱かせないために押さえておくべきポイントは、スキル登録・更新だけを目的とした業務を増やさず、既存のプロセスの中にスキル登録・更新に関わる業務を融和させることである。

　特にスキル情報収集との親和性が高いのは人事評価関連のプロセスであろう。目標設定、評価、フィードバックなど定期的に実施する各活動の中で自然とスキル登録・更新、もしくはそのインプットとなる情報が収集できるようなサイクルを作り上げるのである。また、人事制度上のプロセスだけではなく、教育・研修などのイベントを使ってスキルを棚卸しするのも有効である。例えば、階層別研修やプロモーション研修などの場を使って、受講者に自身のキャリア棚卸しの一環としてスキルの棚卸しも行わせることで、スキル保有状況を可視化するだけでなく、スキルについての意識を高めることにも繋がるだろう。

　AIを活用したスキル診断を行う場合は、加えて従業員の職務経歴情報の更新が重要となる。現時点において多くのスキルテック企業が提供しているAIスキル診断のデータソースが職務経歴情報となっているためだ。職務経歴については、配属年数と所属部署など最低限の情報だけを管理している企業が多いと思われるが、限られた情報だけではいかにAIといえども精度の高いスキル可視化を行うことはできない。精度を高めるためには、所属部署の遍歴だけではなく、毎年どのような業務を担い、どのような成果を出して来たのか、といった情報を記録していくことがポイントとなる。このため、職務経歴情報と合わせて、MBOの目標設定とその評価コメント等もAIスキル診断の重要なインプットとなる。MBOの記述の中にある「具体的にどのような業務に従事し、どのような成果を上げたのか」という結果を含めることで、より詳細なデータ解析ができる可能性があるためだ。従って、定期的に実施される評価プロセスにスキル関連情報のインプットを組み込み、上司と従業員がス

キルベースに繋がる記録を残していく運用構築が重要となるのである。例えば、会社によっては配属希望やキャリアシートなど様々な形で本人の希望を聞くプロセスを持っているが、情報を取ったものの実際に個々のデータを活用しきれていないケースは多々見受けられる。これを機に、プロセスやフォーマットを見直して、スキルベースに必要な質の高いインプットの1つにするというのは、社内に眠っていたスキルデータという資産を掘り起こす上で大いに意義のあるものになるだろう。

第3章　まとめ

- スキルベース組織を実現する上では、ジョブサイドのスキル要件（需要）と、タレントサイドのスキル保有状況（供給）を可視化することが大前提となるが、スキル可視化そのものを目的化することに陥らないことが重要である。

- スキル活用・可視化の目的が明確になっていない場合は、まずは人材ポートフォリオなどを通じて、全社の中長期的なスキル需給動向を把握し、俯瞰的にスキル強化・活用領域を特定するところからスタートするべきである。

- ジョブサイドのスキル需要可視化においては、必ずしもジョブ型の導入を経る必要はなく、ジョブに必要なタスクを定義してスキルを導出することが可能である。加えて、人事主導ではなく、各部署で主体的にスキル要件・需要を定めることが重要である。

- タレントサイドのスキル可視化には、いくつかの手法があるが、いかに従業員の負担を最小化できるかが重要であり、AIによるスキル自動診断がトレンドになりつつある。

- いずれにせよ、スキルニーズも人材のスキル保有状況も動的に変化するものであるため、一過性のものではなく、継続的にスキル関連情報が蓄積・更新される運用作りが重要である。

第4章
人材マネジメント領域別スキルベース活用の効能と課題

▼

　前章にて、スキルベース組織の実現の根幹となるスキルの可視化においては、どうスキルを活用するのかその目的に応じたスキル定義が必要であると述べた。すなわち、可視化したスキルを「採用」、「キャリア開発・能力開発」、「配置」においてどう効果的に活用し、スキルをどう「評価・処遇」していくのかに落とし込んでいく必要がある。本章ではその4つの領域における落とし込み方について述べる。

　従来行われてきた「人」や「ジョブ（仕事）」単位よりも細かいスキルを軸としたマネジメントは、うまく活用すればメリットがある反面、難易度が低いわけではない。

1 スキルベース採用とは

スキルベース採用は従来の採用手法と何が違うのか

　スキルベースの採用と聞いて、「今までもスキルを評価して採用してきたが、何が違うのか？」という疑問を持った読者の方もいるのではないだろうか。スキルベース採用は、これまでの採用で行われてきた大卒等の学位や職歴ではなく、特定のスキル、能力、コンピテンシーに基づいて候補者を評価・選択する採用を指す。特に、スキルベースの採用が進みつつあるアメリカにおいては、従来行われてきた学位の提出、保有によるスクリーニングを行わず、採用プロセスにおいてスキルを評価・採用することを意味している。

　例えば、エンジニアの採用において、プログラム言語の適正を見るために理系学部の大学卒業を条件として募集していた募集条件をなくし、大卒ではないがPythonやJava言語のスキルの保有者を募集、そのスキルを見極めて採用することが典型的なスキルベース採用の例である。スキルベースの採用を行うことで、これまで理系の大卒条件によって除外されていたプログラミングスキルを保有した文系学部卒や高卒の人材を採用できるようになる。こうしたメリットを踏まえ、LightcastとBCGの行った調査によると、アメリカでは2017年と2022年の比較において、ほぼ全領域において学位要件のない採用が増加している[4]。

　スキルベースと従来の採用手法とは、何が異なるのか、日本企業においては伝統的なメンバーシップ型の採用、最近のトレンドであったジョブ型の採用との比較をすることで、その違いをクリアにする。

---

[4] Lightcast, Boston Consulting Group,「Competence over Credentials」https://lightcast.io/resources/research/bcg-paper-ceiling

両者との共通の違いを**図4-1**に整理した。スキルベースの採用は、自社に必要なポジションへの適合性に着目し、そのスキルに評価の視点を向ける。ポジションへの適合性を評価するという点では、ジョブ型に近いが、ジョブ型では、類似の職種経験（ジョブ）を見る。他方スキルベース採用では、同じ職種ではなくとも求めるポジションに必要なスキルを保有していればよい点が異なる。また、スキル・コンピテンシーに目を向ける点では、メンバーシップ型に近い側面もある。しかしメンバーシップ型では、いわゆるジョブの概念が定義されていないことが多く、自社内の広範な職務の土台となる基礎能力の部分に焦点を当てるが、スキルベースではジョブ型と同じく、ポジションに対しての必要スキルが定義されていることが違いである。

このように評価焦点が異なる結果、評価プロセスにも当然のことながら違いが出る。スキルベースでは、スキル保有者を特定の学位、経験に

図4-1　スキルベース採用と従来型の採用手法との違い

	スキルベース	メンバーシップ型 （主に新卒）	ジョブ型 （主に中途）
評価観点	スキル・コンピテンシー	基礎能力 カルチャーフィット	同職種の経験有無
評価プロセス	スキルを持つ可能性がある人材を広く拾いあげ、採用プロセスによりスキルの有無を評価・見極め 学歴／職歴／資格／スキル証明 ↓ 書類選考 （スクリーンイン） ↓ 面接／テスト ↓ 内定	学位や基礎スキルテストにより応募者をふるい落とし、面接によりカルチャーフィットや能力を見極め 学歴／資格 ↓ テスト・書類選考 （スクリーンアウト） ↓ 面接 ↓ 内定	過去の職歴、経験を基に候補者を見極め、面接を通じて各ジョブに対する適合性を見極め 職歴 ↓ 書類選考 （スクリーンアウト） ↓ 面接 ↓ 内定
育成との関係	短期スキル育成 （研修）	中長期育成 （階層型研修OJT＋）	ジョブ単位の育成 （研修＋OJT）

頼らずに見極めるため、スキル獲得が想定される学位、職歴、資格、スキル証明（民間のスキルアセスメント結果やスクールの卒業歴等）から広く候補者を抽出する。一方、メンバーシップ型やジョブ型では、先に述べた通り、いわゆる履歴書や職務経歴書で必要要件を満たさない応募者をスクリーンアウトで除外するため、本来ほしいスキルを持った人材まで除外してしまうこともある。一次選考を経て、メンバーシップ型やジョブ型では、会社またはジョブにフィットする人材を見極めるための面接を行うが、スキルベースでは、上記に加え本当にスキルを保有しているか、どの程度のレベルを持っているか等、スキルのアセスメントのステップを置く。やり方については後続で具体的に触れるが、面接だけでなく、ペアプログラミングのような疑似ワークや、アセスメントテストにより、経験の有無ではなく、実践的なスキルの有無を見極めることに主眼を置いた評価を行う。

　また、採用プロセスの違いにより、オンボード、育成においても違いがある。メンバーシップ型やジョブ型が、ある種同質性の高い経験を保有する従業員を採用しているのに対し、スキルベースでは、コアスキルを保有する人材を多様な層から獲得してくる。このため、コアスキル以外のスキルを短期で育成するための研修や、従来とは違う層からの採用を行うことから、より自社の価値観、カルチャーの浸透や、ダイバーシティに対する理解を促すオンボードプロセスに力を入れることが必要となる。

　スキルベース採用がイメージできたところで、どのような効果と課題があるのかポイントを整理する。
　スキルベース採用の効果は、大きく3つ挙げられる。1つ目は、先にエンジニア採用の例で述べたように、従来対象としていなかった人材を含め候補者プールを拡大することで、早期の採用を実現できることである。2つ目はスキルの評価を行うことで、適正の高い人材を確実に採用でき、離職率の低下と早期活躍が期待できることである。3つ目は採用

者の多様性を確保することができることである。TestGorilla社の行ったアンケート調査[5]によると、調査した企業のうち81%が総採用時間の短縮を経験しており、また90%が誤雇用率の低下を、90%がダイバーシティの改善を実感したと回答している。

　一方の課題についても大きく３つの観点がある。１つ目は、応募者のスキルの可視化と評価の難しさである。短時間で応募者のスキルをアセスメントするためには、その評価手法の確立と評価者自体の見極めのスキルも重要となる。２つ目は、採用者および応募者側の負担の大きさである。スキルを評価するためのアセスメントにはいろいろな手法があるが、従来の書類＋面接による評価と比較すると、多くの時間を費やすことになる。最後が、適用可能な職種が限定的であることである。１つ目の評価の難しさや、採用に係る負担の大きさを踏まえると、負担が小さくアセスメント可能で、重要なスキルを見極めることができる職種や、工数を投下してもよいと判断できる重要なポジションに限定される。効果と同様に課題についてもTestGorilla社の調査結果を引用すると、41%が多数の候補者からの評価の難しさ、38%が採用プロセスの冗長化に対する懸念を挙げている。

スキルベース採用は日本企業に必要か

スキルベース採用が拡大する海外

　スキルベースによる採用について、先行する海外の状況をみると、アメリカで2014年から2023年にかけて、学位要件を削除した年間の求人数がほぼ４倍に増加しているという調査結果がある[6]。この背景には、企業側の求人≒需要と、供給側となる労働者≒供給の２つの側面から要因が存在する。

5　TestGorilla「The State of Skills based hiring 2024」

6　The Burning glass Institute & Harvard Business School「Skills-Based Hiring: The Long Road from Pronouncements to Practice」

企業の求人サイドとしては、専門性や熟練したスキル保有者に対するニーズの増大が主たる要因としてある。コーン・フェリーの調査によると、2030年までの間に、半導体産業の拡大に伴いアメリカだけで100万人の熟練労働者が必要になると推計されている[7]。また、別の調査では、労働者採用に関して、中小企業の雇用主の約6割が「大学が今日のビジネスニーズに関連するスキルを保有しているか」の問いに対し「いいえ」と答えており、スキル保有者に対するニーズの増大に対して、従来からの学位を中心とした採用手法では適正な人材を確保できないと考え始めている[8]。

　また、労働者側の側面を見ると、そもそも大学の学位を保有する労働者の壁が存在する。アメリカでは、大卒の学位を保有する労働者は約6割にとどまる。加えてこの10年間で大学の学費は25%増加しており、学位の取得についての壁になりつつある。こうした中、MOOC（Massive Open Online Courses）等を活用した大学、企業が提供する学習プログラムを活用したスキル習得を行う人が増えている。スタンフォード大学が開始した「Coursera」は、世界中で利用者数が1億4,800万人（25年1月）の登録者を保有し、マサチューセッツ工科大学とハーバード大学の協同開発の「edX」も8,600万人が利用している[9]。MOOCに対して、グーグル、アマゾン、マイクロソフトなどの大手IT企業も無料のプログラムを通じてスキル獲得機会を提供することで、企業が必要とするスキルを労働者が獲得することを支援し始めている。

　このように、企業において専門的なスキルを保有する人材に対する需要が増える一方、大学が供給する人材は量的にも質的にも十分ではなく、評価の難しさや採用プロセスの工数というデメリットはありつつも、スキルベースの採用が拡大してきた。

---

[7] KORN FERRY「Skills-based hiring: Finding hidden talent at scale」

[8] PublicSquare、RedBallon.workの共同調査、RedBallon「October Freedom Economy Index Reveals US Headed Toward Recession; Supplier Prices Continue to Climb」

[9] 2025年1月時点のCoursera、edXの公開情報より

■ 日本企業も人材不足からスキルベースが必要に

　転じて、日本企業について考えた場合、スキルベースの採用は必要となるのだろうか。海外の事例と同様に、需要サイドである企業側の変化、供給サイドである労働者マーケットの変化から考察する。

　まず、需要サイドである日本企業の変化に目を向ける。日本においても、アメリカ同様にデジタル分野・IT分野を中心に大きなスキル人材不足が予測されている。令和5年版 情報通信白書[10]によると、デジタル化を進める上で約4割の企業が人材の不足を課題として挙げており、本調査におけるデジタル化に関する課題の中で最も比率が高い問題になっている。加えて、経済産業省の調査によると、本書の発行年である2025年を区切りとして、多くのIT技術者がリタイアすることに伴う技術者不足が発生する「2025年の崖」により、2030年には79万人の人材が不足する可能性があると推定されており、スキルを保有する人材ニーズが高まると言える[11]。

　また、採用手法についても変化が起きつつある。伝統的な新卒一括採用から、中途採用の比率が高まり、リクルートワークス研究所の統計によると、2013年において中途採用を行った企業は約6割弱であったが、2023年には8割近い割合に増えている。伝統的に新卒採用を中心に採用を行ってきた銀行においても、近年、中途採用を拡大してきている。日本経済新聞によると24年度、「3メガ銀全体で中途比率は45％と5割」に迫り[12]、特にグローバルやデジタル人材の強化を図ろうとしている。これは、変化し続けるビジネス環境に対応し、必要なスキルを持った人材を即戦力に近い形で採用し、ビジネスを強化していく意図が背景にある。テクノロジーの進化は銀行業に限らず、あらゆる産業に影響してき

10　総務省「令和5年版 情報通信白書」

11　経済産業省デジタルトランスフォーメーションに向けた研究会「DXレポート 〜ITシステム「2025年の崖」の克服とDXの本格的な展開」

12　日本経済新聞　電子版(24/5/1)　「3メガバンク中途採用5割に迫る　24年度、三菱UFJは6割」

ており、こうした傾向は強まっていくと考えられる。

次に供給サイドである労働者に目を向ける。日本全体として労働者人口が減少していくことは、人口構造から明白である。2018年時点で6,830万人であったのに対し、2040年には6,195万人と、１割近くの労働力人口が減少すると予測されている[13]。この労働力人口不足に対し、海外の労働者や、60歳以上のシニア層の活用およびギグワーカー等の短期労働力の活用も始まりつつある。

このようなビジネス環境の変化を踏まえると、日本企業においても、高度人材に対するニーズ、特定スキルを持った人材を精度高く確保していくニーズが高まる一方、供給の母集団となる労働者数は減少していくことが予測されるため、スキルベースを活用し学歴、職歴によらず幅広い人材プールから採用が可能なスキルベース採用の手法の検討が必要になると考えられる。また、経済がグローバル化し、労働者市場もグローバル化していく中で、既にスキルベース採用を進める海外企業との人材獲得競争を行っていくことを踏まえれば、日本企業においてもスキルベース採用の導入を検討する必要が高まっていくのではないだろうか。

■ スキルベース採用の実践

■スキルベース採用の導入方法

スキルベース採用を導入しようと考えた際に、一番のハードルとなるのは、応募者のスキルアセスメント方法を担保することである。その開発・導入、運用負荷は決して低くはないことから、採用ポジション全てをスキルベースに転換するのではなく、DX人材等、戦略的に採用強化が必要なポジションであり、マーケットにおいても枯渇する人材にターゲットを絞った上で、採用手法の一つとして導入していくことが望まし

---

[13] 厚生労働省、令和2年版厚生労働白書資料編（本文掲載図表）1厚生労働全般〜3生活環境｜労働力人口の推移 [34KB]｜e-Govデータポータル
https://www.mhlw.go.jp/wp/hakusyo/kousei/19-2/kousei-data/siryou/xls/sh0100-05-b1.xls

図4-2 スキルベース採用のプロセス

ジョブとスキルの定義	・採用ポジションに必要なスキルの定義 ・コアスキルとGreat to Have Skillの切り分け
スキルの評価	・コアスキル保有者のスクリーニング方法の確立 ・スクリーニングした候補者のコアスキルの見極め方法の確立
採用	・スキルベース採用実施のプロモーション、期待値と魅力の訴求 ・スキル保有のわかるレジュメ提出の誘導
採用・オンボーディング	・スキルに基づく報酬の提示 ・オンボーディングに向けたトレーニングと職場環境の整備
パフォーマンスの追跡と分析	・スキルベース採用者のパフォーマンス分析 ・スキル評価やオンボーディングプロセスの見直し

いと考える。

　導入にあたっては、スキルベースの採用をどう実施していくのか、その運用を設計し、導入を進めていく必要がある。先行するアメリカの商務省と労働省では、「Skill-First Hiring Starter Kit」[14]を整備し、スキルベース採用を行う企業に標準的なアプローチを提供している。このStarter Kitに基づいて整理したプロセスを**図4-2**に示し、以降、このプロセスに沿ってその手法について説明していく。

　最初のプロセスは、採用ポジションにおいて必要となるスキルを定義することである。また、その上で根幹となるコアスキルを特定することで、採用プロセスにおいて評価するスキルを特定する必要がある。スキルの特定は、採用のみならず、スキルベースの育成、配置、処遇・評価全ての根幹になる部分であり、詳述は3章で解説した通りであるが、採用の側面を踏まえた際には、極力標準のスキルセットを活用することが

14　UNITED STATES DEPARTMENT OF LABOR、UNITED STATES DEPARTMENT OF COMMERCE「SKILLS-FIRST HIRING STARTER KIT A guide for hiring better,faster」

重要である。アメリカでは、職業情報ネットワーク（O*NET：Occupational Information Network）にて、1,000種に関する職種の詳細情報が整理されていたり、個人の大学等の学習データ、職業訓練データを記録・蓄積するLearning and Employment Record（LER）の整備が始まりつつある。また、民間でもタレントマネジメントシステム上においてスキルタクソノミーの整備が進みつつあり、SuccessFactorsの「Skills ontology」では、従業員の役割、担当、経験、成果を基にスキルを自動的に特定する機能を提供し始めている。日本においても、デジタルスキルであれば、IPA（情報処理推進機構）と経済産業省が定義する「デジタルスキル標準」[15]など、専門職種におけるスキル標準が整備されつつある。企業としては、こうしたスキル標準を活用することで、スキルをオリジナルで特定することの負担を減らすことができる。応募側にとっても標準的なスキル体系に基づくスキルであるほうが、自身の理解と企業に求められるスキルのギャップなく応募が可能となる。

　２つ目に、核となるコアスキルのアセスメント方法の定義が必要となる。コアスキルのアセスメントは、スクリーニングとスキルレベルの評価という２段階のステップの設計が必要となる。

　１つ目のスクリーニングについては、従来の学位や職歴が果たしてきた採用面接に至るまでのふるい落としを、スキル情報から行うことが必要となる。スクリーニングを行う上では、従来行ってきた履歴書・職務経歴書からの見極めと、スキルテストによる評価の大きく２つのアプローチがとられている。履歴書、職務経歴については、特定のスキルを活用すると想定される職務や経験、資格等をリスト化し、同じ目線で拾い上げられるようにすることが必要である。従来の書類選考において、学歴、職歴をスタンプ的に見てきたところから、これまで見逃していたようなスキル保有者を見逃さないようにするための、経験や資格のリストを整理する必要がある。例えば、デジタルマーケティングの経験者を

15　独立行政法人情報処理推進機構、経済産業省「デジタルスキル標準 ver.1.2」

採用する際に、コアスキルとして顧客思考のスキルを持つ人材に広げることで、営業職の経験、商品企画の経験者をリストアップすることが可能になる。

スキルテストによる評価については、アメリカでは「HackerRank」、「CodeSignal」、「TestGorilla」等の外部ツールの活用したスキルアセスメントも進んでいる。比較的短時間のアセスメントで離脱者が少ないことがポイントであるが、アセスメントの精度を高めるには、自社で開発試験を行う事例もあり、タタ・コンサルタンシー・サービシズ社では認知能力、ITキャリア適正、技術知識の3段階を評価する入社試験を導入している。

2つ目のスキルレベル評価では、スクリーニングした候補者のスキルが、自社が求めるエントリーラインに達しているか、レベルの見極めを行う。スキルベース採用を実現しうるかどうかの肝は、これをいかにフィージブルかつ、実態のスキルを測れるものにできるかである。

マニュライフ生命では、デジタル人材を採用する中で、前述のHackerRankの結果でスクリーニングをした上で、ペアプログラミングによる評価を実施し、プログラミング自体のスキルに加え、問題解決力と論理思考力をアセスメントしている。カナダライフ社では、技術面接を通じて、どのように技術的な問題を解決したか、その際の思考を掘り下げることで、経験だけでなく問題解決能能力を測る採用を行っている。また、同じ職種を多数採用する際には、ハッカソンを行い業務遂行能力の確認をしている。

このように、先行する企業群では一般の面接による志望動機、キャリア等の確認に加え、スキルの有無を掘り下げるための採用手法を確立し採用を行っている。ペアプログラミングやハッカソンを行うには、時間と工数が必要となる一方で、実作業を通じてスキルの有無を確実に見極めることができる。技術面接ではこれらの手法と比べれば簡易的ではあるが、スキルをケース質問を通じて見極めるため、面接者による評価の

甘辛やバイアスの懸念があり、面接官の力量の平準化が必要となる。

　スキル評価の設計に続いて、求人のプロセス設計も新たに見直しが必要となる。せっかくスキルベースの採用を行っても、それが求職者に伝わらなければ意味がないし、求職者も未経験の職種に対する応募はイメージを持ちにくいケースもある。自社にスキルを持った人材がアプライをしてもらえるような誘導、魅力付けが重要となる。つまりは、応募者が学位や職歴なしに応募できることを明確にした求人募集にし、応募者にそのこと自体を意識させない求人のスキームが大事である。
　シーメンス社では、応募者が職務経歴書を自社の採用ホームページにアップロードすることで、どの募集ポジションにマッチするのか、なぜその仕事がマッチするか、自身のスキルや経験がリストアップされ理解できる。応募者は、その簡易な手続きだけで、経験がないものの自分のスキルがマッチしうるのかを知ったり、自身が想像もしていなかったポジションへの適合に気づいたりすることができる。このことでシーメンス社と応募者両者がこれまで想定していなかったようなポジションでの採用を誘導している。このように、スキルベースを実践する企業では、スキルを持ったターゲット層に応募してもらいやすい求人プロセスを設計する必要がある。

　4つ目のプロセスは、採用からオンボーディングである。ここでは、スキル保有者に対する適切な処遇と、早期活躍に向けたオンボーディングの拡充の2点が重要となる。
　1つ目のスキル保有者に対する適切な処遇については、ジョブ型で役割に応じた処遇ができていた企業であれば、経験、スキルではなく職務の重みに応じた適切な処遇が可能だと考えられるが、年齢や経験に応じた評価を主としてきた日本企業にとっては重要なポイントになると考える。海外企業をはじめとして、報酬の根拠となるものは成果、役割が主流となる中、年齢や業務経験のなさから、スキルがあるもののまだ経験

がない人材の処遇水準を下げてしまえば、採用における競争力が低くなってしまう。役割に応じ、市場に合わせて適切な報酬水準を設定することが、タレントの確保には重要になる。

　２つ目のオンボーディングについては、スキルの側面とカルチャーフィットの側面での適合の２つの観点がある。スキル面については、人材によっては、コアスキルは保有するものの、それ以上やそれ以外の"Great to Have Skill"はまだ未成熟な人材を採用することもある。この場合を見据え、早期に戦力化するためのスキルトレーニングを拡充することが必要となる。

　また、カルチャー面については、これまで一定の学位、職務経験というキャリアの共通性を持った人材だけではなく、異なるキャリアを歩んできた人材を受け入れるということは、これまでの自社の従業員とは異なる価値観を保有していたり、自社の従業員にとっての当たり前が、当たり前ではなく感じる従業員が増えることも想定される。こうした、価値観や経験のバックグラウンドの多様性は、新しいアイデア創出には本来望ましいことではあるが、新卒一括採用により同質性の高い企業文化を醸成してきた日本企業としては、コアとなる価値観であるパーパス、ミッション、ビジョンの策定・共有や、異なる価値観を取り込んだ働き方のカルチャー醸成がより重要となる。

　最後に、スキルベース採用の効果を測定し、次のスキルベース採用にフィードバックしていくことが重要である。スキルベース採用による採用者は、適合性が高く、離職率も低い傾向にあることは既に述べた。このような成果が得られたか、スキルベース採用によりこれまでとは異なる人材が採用できたかは検証すべきポイントである。検証結果を踏まえ、より成果に適合しやすいスキルは何か、どのような経験がよりスキルを見極めるために重要なファクターであったのか、スキルベース採用の仕組みを一度構築して終わるのではなく、検証結果を振り返り進化させていくことが必要である。

第４章　人材マネジメント領域別スキルベース活用の効能と課題

2 スキルベースのキャリア開発・能力開発とは

■ スキルベースのキャリア開発・能力開発が必要な理由

　スキルベースのキャリア開発・能力開発とは、各人材に対して、「保有するスキルで可能となるキャリアの明確化」と、「キャリアに必要なスキルを増やすための方策の提供」と、「スキルに見合うキャリアの機会の提供」のそれぞれを実現するものである（図4-3）。

　説明に入る前に、スキルベースのキャリア開発・能力開発が日本企業で必要とされる背景について述べておきたい。

　これまで日本企業では、均質的な人材に対して、一定の制限が設けられたキャリアが提示され、そのために必要な能力開発についてはジョブローテーションや階層的な研修にて習得してもらう、ということが一般的であった。近年、新たな専門的スキルの必要性や、専門人材を中心と

図4-3　スキルベースのキャリア開発・能力開発とは

した人材の流動性、ならびにキャリアの多様性のそれぞれが急速に高まっている。これがまさに、スキルベースのキャリア開発・能力開発が必要とされる理由である。

　新たな専門的スキルの必要性は、AIやデジタル技術の発展、カーボンニュートラルの気運の高まり等による、新たな業務の誕生や、既存業務の変化によって高まっている。その流れが加速していくことが予想される中で、これまでのような、金太郎飴的な育成や、上司と考え方や行動特性等が似ている人を高く評価し登用するといった慣習が残るキャリア開発では組織は立ち行かなくなっており、各組織にて先々求められるスキルを予測し、そのスキルに直結する育成が必要になっている。また各人材としても、その時その時で求められるスキルと自身のスキルの双方を勘案して新たなキャリアを構築していくこと、またそのキャリアのために新たなスキルを磨いていくことが必要となっている。

　また、人材の流動性・キャリアの多様性が高まっていることも理由の1つだ。日本においても終身雇用・年功序列の崩壊が叫ばれ出して久しく、新卒から同一の企業で定年まで勤め上げようと考える人は年々低下しており、キャリア採用は既に一般的なものとなっている。これは、メガバンク等の伝統的日本企業においても、年間のキャリア採用者が新卒採用者を超えている企業があることからも顕著であり、今後さらに進んでいくことが考えられる。また、専門人材を中心に、これまでの画一的なローテーションの枠組みには収まらず、独自のキャリアを欲する人材も増えており、需要の大きいデジタル人材等を中心に、そのようなキャリアを用意しなければ採用できない状況が生まれている。

　そのような中で、各人材にて、自身のキャリアをどのように描くのか、そのために必要なスキルは何であるのかを自ら考えていくことが重要になってきており、また組織としても、そのような各人材の考えを尊重したキャリアや、各人材のスキル向上に資する能力開発プログラムを提供しなければ、専門人材を採用できず、また離職を大量に発生させてしま

うことになる。

　以上のように、新たな専門的スキルの必要性や、専門人材を中心とした人材の流動性、ならびにキャリアの多様性のそれぞれの急速な高まりを受け、日本企業においてもスキルベースのキャリア開発・能力開発が必要とされている。

■ スキルベースのキャリア開発・能力開発の効能

　先述の通り、多くの日本企業や公共団体ではこれまで、新卒で一括採用した人材を定期的に異動させると共に、均一的な階層別の教育にてそれぞれの能力を向上させてきた。また、ジョブ型の組織に移行していく中でも、各ジョブの要件を満たす人材を登用していくことでのキャリア開発や、要件を満たす人材に向けた能力開発を実施してきたが、スキルベースの組織では、各人材の自発的なスキルの向上を促進させ、向上したスキルに応じてキャリアを提示し、登用していく仕組みが求められる。

　こうしたスキルベースのキャリア開発・能力開発は、現在、多くの日本企業が悩む、専門スキルの向上やエンゲージメントの向上に対して効能がある。
　まず、各人材へのキャリア実現に直結する育成プログラムの提供によって、自発的な専門的スキルの向上が促進されることが、組織全体における専門スキル向上に寄与する。
　キャリア実現に直結する育成プログラムの提供が自発的な専門スキル向上を促進するという点については、LinkedIn社が実施した「Workplace Learning Report 2021」[16]の中でも定量的に述べられており、Z世代の就業者における8割以上が「現在の役割でのパフォーマンス向上に役立つなら学習に時間を費やすだろう」、また全世代の就業者の3分の1以上

---

[16] LinkedIn「Workplace Learning Report 2021」

が「新しい役割でのパフォーマンス発揮のために育成プログラムを利用した」とそれぞれ回答しており、各人材の自発的な専門スキル向上にはキャリアに直結する育成プログラムの提供が必要であると言える。

また、スキルに基づいた適切かつ平等なキャリア機会の提供が、各人材のエンゲージメント向上に寄与する。現在多くの日本企業ではデジタル人材等といった専門人材のエンゲージメント向上に向け、多様なキャリア機会の提供を検討しているが、従来では考えられなかったキャリアが提示され、それに対して正当な理由や根拠を持ってチャレンジする機会が与えられることは、このキャリア機会の検討をより高度化したものである。

実践に立ちはだかる3つの課題

一方で、以前より日本企業では、そもそも①必要なスキルの定義や評価が正しくできないという根底の課題や、②各人材の自発的な能力開発やキャリア構築の促進に関する課題、③個人のキャリア志向と組織の目指す姿とのギャップ解消に関する課題をそれぞれ抱えているが、スキルベースのキャリア開発・能力開発においても、これらの課題を克服しな

図4-4　日本企業が抱えるキャリア開発・能力開発上の3課題

スキルの定義や評価が正しくできない	【スキル定義】 ・そもそも求められるスキルがわからない ・求められるスキルのレベル感を適切に定められない 【スキル評価】 ・信ぴょう性が担保できない
各人材の自発的な能力開発・キャリア開発を促進できない	各人材の志向に合致したキャリア候補を提示できない 能力開発に対するモチベーションを向上させられない
個人のキャリア志向と組織の目指す姿にギャップがある	個人のキャリア志向よりも組織の都合が優先された場合に、個人の納得感を醸成できない

ければ前述の効能を十分に得ることはできない。

■課題1　スキルの定義や評価が正しくできない

　1つ目の、必要なスキルの定義に関する課題としては、そもそも求められるスキルがわからないという声を多くの企業からお聞きしてきた。このことは、日進月歩で新しい職種が誕生し、またこれまでの職種においても、新技術によって求められるスキルが変わってくる昨今では特に多く耳にする。そしてこれが、スキルベース組織そのものの親和性が職種によって異なる要因と考える。例えばデジタル領域であれば、独立行政法人情報処理推進機構や経済産業省から出されている「デジタルスキル標準」などの活用可能なベースが存在している。R&D領域であれば、異なる分野が掛け合わさり新たな分野が派生していく中で、分野間の関係性が各人の中で共通認識として存在しており、これらの存在が両領域をスキルベース組織との親和性が高いものにしているが、他の領域ではこういったものが存在しないことから求められるスキルの定義に課題が生じている。

　また、スキルの定義に関する課題としてもう1点、求められるスキルのレベル感を適切に定められず、効果が限定的になってしまうという声もお聞きする。具体的な例としては、スキルの定義を特定の製品名（SAP HCMなど）や、プロジェクトマネジメントといった粒度とし、そのレベルも4〜5段階のざっくりとした形での定義としたために、各人材が具体的に"何ができるのか"が明らかにならず、キャリアの可能性としては一部参考程度となる情報が提示できるものの、それに向けて適正化された育成プログラムを提供できない、といったことが起きている。

　スキルの評価に際しては、信ぴょう性担保に係る課題が存在する。多くの場合、本人による自己評価がベースとなるが、自己評価には当然ながら客観性がない。そこに日本人のアピール下手という国民性も相まって、正しい評価がなされないリスクが生じる。また、その解決のために、上司の評価も合わせるケースも存在するが、その場合においても、上司

間での整合性担保が必要となる他、複数のポジションを兼務する場合等では上司が不明瞭となることもある。これらの結果として正しい評価がなされないリスクが残存する。

■ 課題2　各人材の自発的な能力開発・キャリア開発を促進できない

　各人材の自発的な能力開発・キャリア構築の促進に関する課題としては、各人材の志向に合致したキャリア候補を提示できないことと、能力開発に対するモチベーションを向上させられないことの2点が挙げられる。

　各人材の志向に合致したキャリアを提示できない点について、各人材に提示するキャリアは、現在保有しているスキルの評価に基づくものであるため、前述のスキル定義や評価が適切でなければ、当然ながら正しいキャリアは提示できない。

　また、スキル定義や評価が適切であったとしても、キャリア候補としては、現在のキャリアに紐づくスキルが反映されたものとして、現在のキャリアの延長線上にあるものを上位に提示することとなる。この結果は各人材の志向を必ずしも反映したものではなく、また新たな気づきを与えられるものではないことが多い。

　能力開発に対するモチベーションを向上させられない点については、スキル定義や評価の具体性欠如により、各人材に不足するスキルを提示しても、具体的に何をどの程度伸ばせばよいかまでは示すことができず、結果として自発的な開発の促進に結び付けられない。

　加えて、スキルベース組織が議論される以前、リスキリングの重要性が叫ばれ出した頃から、多くの日本企業では、各人材の"学びっぱなし"が課題として挙げられていたが、このことにも留意が必要である。これは各人材がリスキリング施策にてスキルを向上させたものの、その結果がスキル保有状況に関するデータや、社内でのキャリアに反映されない

ために、結局各人材の自発的なスキル向上に繋がらない、もしくは各人材がスキルを向上させた結果として社外へと活躍の場を移してしまうという課題である。

■課題３　個人のキャリア志向と組織の目指す姿にギャップがある

　個人のキャリア志向と組織の目指す姿とのギャップ解消に関する課題としては、個人のキャリア志向よりも組織の都合が優先された場合に、個人の納得感を醸成できないことが挙げられる。

　この点については、各人材のキャリア志向を優先すれば、組織としての最適なスキルの総量の確保や、人材配置は困難となり、経営目標や事業目標の達成に影響が及んでしまうことから、時には組織としての都合を優先しなければならないこともある。この際に、自発的にキャリア開発や能力開発に臨む各人材のモチベーションを著しく低下させてしまうことが多い。

　これらスキルベースのキャリア開発・能力開発の実現に向けた課題の解決に向けて、どのように進んでいくとよいのだろうか。

課題解決にはテクノロジーとアナログの融合、仕事の仕方の変更が必要

　ここでは、説明してきた３つの課題を解決するための方策について、事例を交えて述べていきたい。

■方策１　スキルの定義や評価の有効性向上には

　まず、スキル定義においては、前述の通り人材育成を正しく行っていくための正しい粒度や具体性を持たせることが必要となる。また、そのスキルが部署を、時には企業組織を越えて共通言語として用いられることが求められるため、汎用性を持ち、かつ長期的な視点を勘案していることも求められる。

　この解決策として、海外では、スキルの定義のベースとなるものとし

て、世界経済フォーラム（World Economic Forum：WEF[17]）やシンガポール[18]等の国の政府機関にて、汎用的なスキルタクソノミー（スキル一覧）が定義されており、こういった政府機関の提示するスキル一覧を、各組織の特性を勘案しながら活用することで、スキルの定義を実施している。

国内では、IT・システム人材やデジタル人材の需要の高まりを受けて、独立行政法人情報処理推進機構、ならびに経済産業省が「デジタルスキル標準」を発行していることは先に述べた。先行する各社ではこれを活用し、必要とする人材に求められるスキルの項目やレベルの定義がなされている。今後国内においても、国内の事情を勘案した汎用的なスキルタクソノミーが誕生し、IT・システムやデジタルから他の領域へとスキル定義が拡がっていくことが想定される。

続いて、スキル評価においては、自己評価による信ぴょう性・正確性を担保する仕組みが必要となるが、そのための機能を有するツールが既に存在している。

例えば、Eightfold AI社が提供する「Talent Intelligence Platform」[19]では、各人材がアップロードした履歴書や、過去の職務経歴、現在のポジションを基に、保有するスキルとそのレベルをAIが判断し、各人材に推奨する。この機能を用いることで、アピール下手な日本人に対する自己評価の促進や、信ぴょう性や正確性担保の向上を図ることができる。

一方で、こういった機能を用いたとしても、信ぴょう性が完全に担保されたとは言えず、やはり上司等の信頼できる第三者の評価は必要と考える。その際には、前述の通り、複数の職種を跨いで従事している従業員の場合、上司が不明確になるといった課題が残る。我々コンサルティング会社のように、プロジェクトベースでの仕事が全社にて浸透してい

---

[17] World Economic Forum「Building a Common Language for Skills at Work A Global Taxonomy」

[18] シンガポール政府「Skills Frameworks」https://www.skillsfuture.gov.sg/skills-framework

[19] Eightfold AI「Talent Intelligence Platform」https://eightfold.ai/learn/talent-intelligence-platform/

る場合には上司が明確であるが、多くの日本企業ではそのような形にはなっておらず、課題の解決には仕事のやり方そのものを変えていくことが求められる。

　また、上司の評価にもバラつきは発生する。その抑制には、上司間での評価に対する目線合わせも必要となる。弊社では、人事評価を年3回のペースで実施しており、上司の中にある評価の基準が日々の業務の中でリセットされることを防いでいる。また、多くの部署では人事評価の度に上司間での目線合わせを実施し、上司による評価のバラつきを極力減らしている。このような上司間の評価水準を合わせていくアナログな仕組みは依然として必要と考える。

■方策2　各人の自発的な能力開発・キャリア開発を促進するには
　こうしたスキルの定義や評価に基づき、自発的な能力開発・キャリア構築を促す仕組みをどのようにして作り上げていくかだが、ここには先述の通り、各人材の志向に合致したキャリアを提示できないという課題と、能力開発に対するモチベーションを向上させられないという課題が存在する。

　まず各人材の志向に合致したキャリアの提示だが、イギリスの政府機関「National Careers Service[20]」は、各人材のキャリアの可能性を広げるための支援として、各人材の志向性・性格診断結果から、特定のキャリアを提示するシステムを公開している。このサービスでは、業界別の仕事一覧や、それぞれの仕事にて求められるスキルが提示される他、その仕事の次のキャリアの在り方も提示される。

　また、海外の先進企業ではタレントマーケットプレイス（図4-5）を構築し、各人材のキャリア志向を反映したキャリアに関する機会を提示し、各人材が向上させたスキルについて実践の場を提供することで、能力開

20　UK-National Careers Service「National Careers Service」

図4-5 タレントマーケットプレイスの仕組み

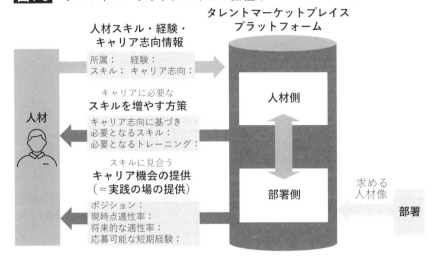

発に対するモチベーションを高めている。

　イギリスを本拠地とするスタンダードチャータード銀行やスイスを本拠地とする製薬企業ノバルティス社がその例だ。固定的な職務定義や上下関係にとらわれず、各人材が持つスキル・能力を最大限に活用し、組織全体で迅速なイノベーションと柔軟な業務遂行を実現することを目指し、Gloat社のタレントマーケットプレイス・プラットフォームを導入し、キャリア開発・能力開発と人材配置とを連動させた仕組みを構築しているのである[21,22]。

　この仕組みによって、各人材に対して、社内に存在するキャリアに関する機会（プロジェクトや短期ミッション、新規ポジション、学習プログラム等）と、各人材が保持するスキル、経験をマッチングする環境を提供しているが、その際に各人材のキャリア志向も組み込むことで、提示する機会を絞り込んでいる。

　またこの仕組みによって、各人材は身につけたスキルに関する実践の

21　Gloat「How Novartis put skills at the center of their workforce transformation」

22　Gloat「How Standard Chartered unlocked potential to get future-ready」

場を得ることができ、能力開発に対するモチベーションについて高い状態を保つことができる。これはまさに前述の"学びっぱなし"に関する課題を解決する仕組みである。

　こういったタレントマーケットプレイス・プラットフォームを各企業にて導入する場合にも、各人材のキャリア志向の具体化は必要となるが、そのためには、各人材に対してその具体化をフォローする要員を介在させ、各人のキャリア志向についてカウンセリングを通じて吸い上げていき、それを基にしたアドバイスを提供することが有効である。弊社を含む多くのコンサルティング会社では、各人材に対して必ず1名キャリアカウンセラーとして仕事上の上司とは異なる先輩社員を配置させ、キャリア志向の吸い上げや、それに基づくアドバイスを実施している。テクノロジーの導入に際して、ここでもアナログな仕組みが依然として有効である。タレントマーケットプレイス・プラットフォームの導入以外にも、各人材が受講した能力開発プログラムの結果が、各人の保有するスキルに反映されていく仕組みを構築していくことも1つの手段であり、そこからの着手も有効である。

　仕組みの構築に向けては、スキル定義やレベル定義の中で、スキルやレベルを可能な限り具体的に分解し、分解されたスキルと社内外の能力開発プログラムや仕事の経験とを体系的に紐づけ、かつプログラムの受講に紐づく社内認定や検定を充実させていくことが必要になる。

　この点に関して、日本企業の中には、ITやデジタルの領域においては特定の人材育成のために体系立った能力開発プログラムやOJTを設計し、それを経た人材に対してキャリアの機会を提供しているものもある。一方で、ITやデジタル以外の領域においては、多くの日本企業ではまだ明確な人材像として求められるスキルや経験を定義しようとしている段階であり、能力開発プログラムとしては総花的なトレーニングを提供するところに留まっているため、まずは求められるスキルやレベルを具体的に定義した上で、それに紐づく体系だった能力開発プログラムを整

理していくことから着手すべきである。

■方策3　個人のキャリア志向と組織の目指す姿のギャップ解消には
　個人のキャリア志向と組織の目指す姿とのギャップの解消には、組織の都合が優先された場合の個人の納得感醸成についての課題が存在する。この納得感醸成のためには、テクノロジーによる解よりも、上司や、前述のキャリアカウンセラーのような要員との日常的なコミュニケーションといったアナログな仕組みが依然として重要となる。特に、各人材のスキルが適切に定義、評価され、人材配置が検討されていく中で組織の都合が優先された場合、各人材にとってそのことが明確になってしまうため、日常的なコミュニケーションの重要性はより高まると考える。

3 スキルベースの配置・人事異動（人材マッチング）とは

■ 配置・異動は要員確保の手段の1つ

いわゆる大企業におけるこれまでの配置・異動は、企業による差はあれど概ね次のような点が挙げられる。定期異動（多くは4月、10月に実施される大規模な異動）が慣行的に実施されている。配置・異動を検討するにあたっては、部門長が管掌している範囲において知っている（人づての情報含め）人の中から配置・異動案を検討し、部門をまたぐような異動があれば人事に相談を持ち掛けて調整を行う。慣行的な定期異動であるがゆえ、「あの人は今の部門に3年いるからそろそろ異動させた方がよい時期だろう」のように、「長く同じ部門にいるから」という、同じ部門にいる期間の長さと誰しもが異動するものという考え方によって、人の配置が実施される場面は少なくないだろう。

そのような配置・異動を実施することでどのような問題が生じるのだろうか。例えば、個々人の成長やキャリアパスを考えどのような異動が望ましいのかということを考える側面が弱くなる。従業員本人としては、会社都合の突然の異動が命じられることから計画的にスキル・知識習得を行えず、スキル・知識習得に努力しても異動があるから、と身が入らなくなる。さらには昨今の社外の転職市場の流動性の高さから、自分の希望に合わない、スキル・経験のためにならない異動があれば外にそれを求めて退職することも想像にかたくない。また、部門長の視点からは同様のパフォーマンスを発揮してくれる人を代替として確保したいが、必要なスキル・経験が定義できていない状況の中では、「知っている人の中」から選ぶことが無難であるし、それは会社・組織全体で見ると、従業員というリソースを十分に活かしきれている状態とは言いがたい。

これまでの配置・異動と、ここで述べるスキルベースで配置・異動を考えることは異なる。まずは組織としての「戦い方」を考えることからスタートする。組織としての「戦い方」を考えるためには、組織として数年先を見据えたありたい姿・実現したい目標を設定しなければならない。そのありたい姿や目標を実現するためにどのような人材、つまりどのようなスキル・経験を有する人材が必要か（質的側面）、またその人材はどの程度の要員数（量的側面）が必要かを検討する。このありたい姿・目標を実現するためにどのような要員を組み合わせる必要があるのか、をここでは「戦い方」と表現している。

　この要員の組み合わせを考えるにあたっては、必ずしも社内の人材のみを想定するのではなく、業務委託や資本提携等の社外リソースの活用も視野に入れた検討が必要である。

　いずれにしても数年先を見据えた姿に対し現状どの程度ギャップが生じているのかを可視化する（ここにスキル・経験も踏まえた現状把握が必要となる）。このギャップを埋める方法の手段の1つが「配置・異動」である。

　補足まで、ギャップを埋める方法としては、必要なスキル・経験が一時的か恒常的か、どの程度希少かなどを勘案し、社外リソースを活用す

図4-6　要員計画と配置

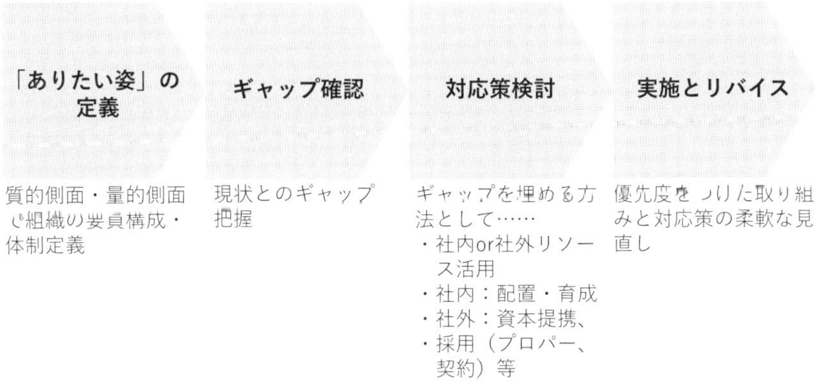

「ありたい姿」の定義	ギャップ確認	対応策検討	実施とリバイス
質的側面・量的側面の組織の要員構成・体制定義	現状とのギャップ把握	ギャップを埋める方法として…… ・社内or社外リソース活用 ・社内：配置・育成 ・社外：資本提携、 ・採用（プロパー、契約）等	優先度をつけた取り組みと対応策の柔軟な見直し

るのかプロパー社員で充足すべきなのかを検討する。プロパー社員によって充足するにあたっては、社内人材の保有スキル・経験とのギャップ度（育成によってカバーできるのか、必要な時間軸とマッチするのか等）を検討し、配置・異動によるリソース調達か外部採用を行うのかを検討する。

■ スキルベースで配置・異動を考えるとはどういうことか

　部門としては、前にも述べたように組織としての「戦い方」を考えることからスタートする。組織のミッションがあり、それをリードする人材、ミッションを実現するために実行しなければならない各種業務があり、その業務を遂行するために必要なスキル（メンバー）を考えることになる。

　まずはこれまでのジョブ型における仕事と人材のマッチングと、スキルベースの違いについて触れておく。

　ジョブ型においては、まずは各ポジションの職務を定義し、その職務を担うために必要なスキル・経験を定義する（職務記述書の作成）。その職務記述書にセットされるスキルの条件に合致する人材を探し、配置・登用することとなる。しかし、昨今においては職務の内容が複雑化・広範化し、さらには変化が激しく、職務を定義しても必要なスキル・経験が複数にわたり、そのようなスキルを要する人材が社内にはいない。その解決策として外部からの採用を試みるが社外にもそのような人材が存在しない、など現実的に運用していくには限界を迎えつつある。

　他方、スキルベースでは、組織・チームの在り方をもう少し柔軟に捉えていくことになる。考える起点としては、ジョブ型と同様に職務を定義し必要なスキル・経験を定義することにはなるが、人材のマッチングのさせ方が異なる。この時点で社内の人材の保有スキル・経験を確認し、マッチングが難しければ当該ポジションの職務や各種業務を有するスキル・経験を踏まえて再構成する。そうすることで、前述のジョブ型のように社内に必要なスキルを保有した人材がいないため社外にすぐに目を

向けるのではなく、社内の人材が有するスキルを発揮しきる（活用しきる）ことを検討していく。

例えば、ある部長の職務をA業務、B業務、Cプロジェクトマネジメント業務、D人材育成として定義し、それぞれの業務遂行に必要なスキル・経験もA、B、C、Dと定義し、再構成のイメージについて説明したい（図4-7）。まずはABCおよびDにも長けている人材が社内にいるかどうかを確認する。確認したところ、AおよびBに要するスキルを保有しているがCと人材育成に長けているとは言いがたい人材がいることが確認でき、またCや人材育成に長けている人材がいることが確認できたとしよう。このような状況であれば、当該部長の職務を分解し、組織運営上の組織長としての部長と、それとは切り分け部内のリソースマネジメントおよび人材育成を担う職務に職務を再構成することで、前者・後者の人材のスキルを活かしていく。ここにジョブ型との違いがある。

このようにスキル・経験を把握しながら職務を再定義していくことで、配置・異動はジョブ型の考え方より柔軟性が向上することとなる。

次に、人材を「マッチング」させるとはどういうことかについて見ていきたい。配置・異動が、組織としてありたい姿・目標実現のために必

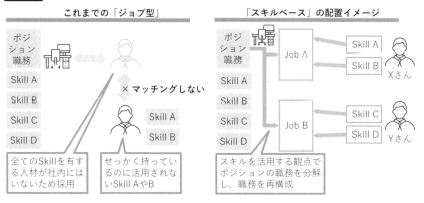

図4-7 業務の再構成とスキルのマッチングイメージ

要なスキル・経験、人数を組み合わせるための手段であることは前に述べた通りである。ただし、組織として業務に合わせて人材を「パズル」のように組み合わせるだけで、組織としての目標が実現・達成できる、ということにはならないだろう。組織としての目標を実現するためには、個々人のパフォーマンスを最大限引き出す・高めていく必要も当然にあるためである。つまり、個々人の仕事に対するモチベーションを高めることも求められるということである。

　組織による一方的な配置理論では、異動先の部門・業務が、従業員本人の仕事に対する希望（キャリアや習得したい知識・経験）とは異なることも当然にあり得る。それではモチベーションが伴わず個人のパフォーマンスが十分には発揮されないだろう。さらには、昨今の転職市場が流動化している状況においては、自分のキャリアや成長に繋がらないと本人が感じてしまえば、配置・異動を実施したことが人材の流出に繋がりかねない。

　そのため、部門としては必要なスキル・経験が得られるということ、従業員としても「自身の希望に叶う」というメリットがある配置・異動であることが理想的である。この理想的な状態を、部門と従業員の「マッチング度」が高い状態と定義することとする。

図4-8 パフォーマンスの構成要素

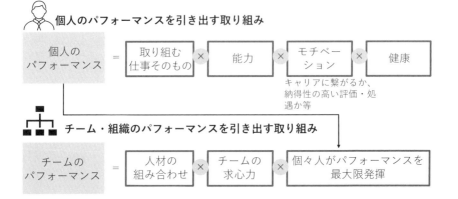

「マッチング度」の高い配置・異動を実行するためには、以下のような３つのステップが必要となる。

ステップ1. 誰が候補者かを把握する

　部門（および人事）として、必要なスキル・経験を有する人材が社内に候補者としてどれだけ存在しているのか、を確認する。その際、どのような情報があれば「候補者」たるのか、どのように情報を収集するのかについては後段で述べる。

ステップ2. 部門として最適な人材を判断する

　候補者の中から、「マッチング度」を勘案し、異動する人材を部門長が意思決定する。部門としての準備と人事からのサポートの在り方などについて後段で述べる。

ステップ3. 配置・異動を実行する

　配置・異動を実行するということは、異動の内示・通知をするということではなく、できるだけスムーズにパフォーマンスを発揮してもらうことまで含めている。異動に関わる受け入れ部門や当人、人事のサポートの在り方などについて後段で述べる。

マッチング度の高い配置・異動を実現する3ステップ

■ステップ１：誰が候補者かを把握する

　まずは必要なスキル・経験とはどのようなものかを部門として、部門長が中心となって定義することとなるが、その言語化が課題となる。例えば、「スキル」と言っても粒度の表現次第ではとてつもない量のスキルが抽出されることになり、また表現のぶれによって同様のスキルでも異なるものと判定されてしまうといった、スキルを定義していく上で留意しなければならないことがいくつか挙げられる。

　そのため、人事部門が当該の取り組みをサポートする必要がある。どのようにスキルを抽出し定義していくのかについては、フレームワークやガイドラインを人事が準備することで、全社による複数部門のスキル言語化のバラつきをなるべく抑制し効率的に推進していくことが望まれる。

また、フレームワークに沿ったスキルを従業員がどの程度保有しているのかについての情報を整理する（データベース化する）にあたっては、その初期段階の情報収集に労力を要する。従業員一人ひとりが入力ガイドなどを参考にしながら各自のスキルを決まったフォーマット（システム等）に入力する方法や、上司がメンバーの保有スキルを判断して入力する方法などがあるが、いずれにしてもそのスキルに関する情報の活用意義について本人や部門（長）と共通認識が持てていなければ情報収集・整理が進められない点には留意が必要である。

　これらの情報が整って、部門として必要なスキル・経験を有する人材を候補者としてピックアップすることができる。部門として必要な人材と個人としての希望も含めたマッチング度を踏まえる必要がある。また、全社横断的に最適配置を検討するにあたり、必要なスキル・経験が複数部門から要望されるケースもあり得るため、部門ごとに候補者はマッチング度の高い人材から複数名をピックアップすることになる。

■ステップ２：部門として最適な人材を判断する

　前述のように部門として候補者をリストにピックアップするにあたっては、今後AIなどを活用することで推奨リストの作成までは容易になってくるだろう。しかし、最もマッチング度の高い候補者をそのまま最適な人材として機械的に決定してよいのかについては疑問が残る。最適な人材を複数の候補者から絞り込むにあたり、改めて部門としてのあるべき姿やその実現までの時間軸、候補者の現時点のスキルの充足度を踏まえた育成方法や育成に要する時間軸との整合性なども考慮する必要があり、そこには部門長としての意思が求められると考える。そこに部門長としての意思があるため、当人に対する当該異動や新しい部門における仕事の意義が言語化され、上司と当人の関係性の強化にも繋がるのではないだろうか（そのようなコミュニケーションが必要だと考える）。そのため、必ずしも候補者リストの最初に来る従業員が機械的に最適人材に該当するとは限らないのではないか。

リストの中から誰が最適な人材か、を部門長として判断する必要がある点は、これまでの配置・異動の在り方のあるべき姿と本質的には変わらず、判断のための情報がより多面的になるため、その情報を活用する能力が部門長としては求められることとなるだろう。このような部門長にとって悩ましい状況に対しては、人事は全社単位で多様な配置・異動の検討やアドバイス、調整を実施することになるため、その検討の観点やノウハウなど必要なアドバイスを部門に提供し、部門長の判断をサポートすることが期待される。

■ステップ3：配置・異動を実行する

　配置・異動は人事業務においては4月や10月といった「定期異動」がある。スキルベースの展開によって定期異動はなくなるだろうか。

　会社目標と組織改編、組織としての目標とその実現のための要員構成は連動することから、部門として検討しなければならない事項と人事とのコミュニケーションを適切なタイミングで実施する必要があり、また人事としても配置・異動の人事業務の効率的な展開が求められることを考えると、基本的にはこれまでの「定期異動」の仕組みは残るものと考えられる。その上で、スキルベースによって前述のような業務の再構成などによる流動性が高まるため、定期異動以外の配置・異動がこれまで以上に増えてくるだろう。そのため、いわゆる社内「ジョブマッチング制度」や「FA制度」の仕組みを整備し、活用を促進していく必要がある。

　ここで、ジョブマッチング制度とFA制度について簡単に触れておく。ジョブマッチング制度とは、部門として実施したい業務やプロジェクト等が生じた際、必要な人材を自組織外から確保するために求人票を作成し、社内募集をかける仕組みである。FA制度については、従業員が自発的に自身の知見の活用の場を広げるため、自身が有するスキルや知見を公表し、部門からのオファーを募集する仕組みである。

　ジョブマッチングの活用を促進していくにあたっては、社内の人材獲得競争となることも想定されることから、部門としては募集するスキル・

経験の定義・提示に留まらず、自部門で仕事をすることの魅力発信（どのような業務が経験でき、どのようなスキルが習得できるのか等）を積極的に行い、自部門の「求心力」を高めていくことが求められるだろう。FA制度の活用を促進していくにあたっては、従業員個人が普段から自身のキャリアの在り方や必要なスキル・経験、現状を認識し、それをデータベースにアップデートしている状態が望ましい。

　これらの制度活用を促進していくにあたり、課題としては、「自発的な異動が他者から許容される環境」があることが挙げられる。具体的には、従業員の自発的な異動希望となると、「所属組織（上司や周囲）からどのように思われるだろうか」や「新しい組織に受け入れられるだろうか」といった組織風土に該当する心理的不安が生じる。各社、組織によって風土は異なるため、人事としては自社・組織の風土を踏まえ、人材を差し出す部門や受け入れ部門、当事者の心理的ハードルをなるべく排除できるようにサポートを行うことが求められる。例えば、部門として戦力となっている人材が、他部門から必要な人材として候補者となった場合には、部門長としては自部門の戦力ダウンとなるため異動させたくないという心理が生まれ、候補者は本心としては異動してもよいと考えても上司や周囲の前向きではないであろう反応を推察し、異動したいとは言い出せない、このような状況はよく見受けられる場面なのではないだろうか。対応例としては、部門長に対しては前述の候補者リストを用いた代替人材の交渉と組織目標のターゲット・人事評価に対し考慮することや、当事者に対してはジョブマッチングやFA制度を活用した異動の決定までのプロセスにおいて、所属部門長が関与する要否・タイミングや方法を工夫することなどが挙げられる。
　また、スキルベースの配置・異動においては、業務の組み合わせを柔軟に実施しスキルの活用を優先することで、必ずしも異動することなく兼務することで保有スキルを発揮できる場面も散見されるようになるだろう。

4 スキルベース報酬制度における認識すべき課題

■ スキルベース報酬制度の効用と課題

　本節では、スキルベースの報酬制度とは、どのような在り様になるのかについて見ていく。

　業務を要素分解してモジュール化し、人材の持つスキルを「見える化」してからスキルマッチングを行い、最適な役割分担でジョブを遂行するというモデルに基づくと、従業員に求められ、奨励されるのはスキルの習得であると言える。従業員側にとっては、スキルの習得により業務の幅、ひいてはキャリアの幅が広がるので自律的なキャリア形成が可能となる。さらにスキルの習得により報酬もアップするのであれば、業務に対するモチベーションも上がる。加えて、部下の評価・育成責任を負っている上長にとっても、「このスキルを習得・レベルアップすれば報酬が上がる」という仕組みを部下に示せることで、部下の成長意欲喚起やモチベーションマネジメントがしやすくなると言える。

　ただし、スキルベースの報酬制度導入に際しては、下方硬直性が高く、ローテーションを阻害するような報酬制度にならないよう、下記論点について十分に検討すべきである。

論点1　報酬は保有スキル、発揮スキルのどちらに対して支払うのか
論点2　部門/職種間でスキル数/深さに相応の差があるが、どのように報酬水準の差を整理するのか
論点3　スキルが陳腐化したら報酬を下げるのか

　本論点について、事例に基づいた解決の方向性を踏まえ解説していく。

■論点1　報酬は保有スキル、発揮スキルのどちらに対して支払うのか

　まず、人事基準の類型は「人基準」と「仕事基準」がある。人基準の代表的なものは能力主義人事であり、人事制度では職能資格制度が挙げられる。職能資格制度でいう「能力」とは、職務を遂行するにあたり必要な能力であり、職種別等級別職能要件（＝等級基準）を定めることで、各等級でどのような知識やスキルを身につけることが期待されているかを明示する。一方、仕事基準はいわゆる「ジョブ型」であり、仕事に人をつけるという考え方である。そうすると、スキルベース人事はいずれに該当するのか。従業員が有するスキルを見える化する、という側面でみると人基準と言えるが、ジョブを要素分解して必要スキルを明確にする、という側面でみると仕事基準とも言える。ただし、スキルベース人事が複雑化し日々進化する業務への対応ということを目的にしているのであれば、従業員が有するスキルに着目し、それらの習得・深化を求める人基準の人事と位置付けるべきであろう。上記の前提より、スキルベースの報酬制度は、従業員の有するスキルの幅とその水準に応じて報酬を決定するという形となる。

　ここでポイントとなるのは「保有スキル」、つまり発揮度合いの如何にかかわらず、当該従業員が有しているスキルに対して支払うという点である。ただ、そうした時、スキルを保有しているからといって、必ずしも実務において求められるレベルでの職務遂行ができるとは限らない、という問題が浮上する。もっと手前のところで、当該従業員の保有スキルの全てが現在の業務で活用されているとは限らない（一部のみの活用に留まっている）、という問題もある。では、発揮スキルに絞り、かつ発揮度合いに基づき支払うのか、というと、それはそれで別の問題が出てくる。1つのジョブを複数の必要スキル（A、B、C）に分解して、AとBが得意なXさんとCが得意なYさんで1つのジョブを担うという構造から、担うジョブにより報酬が激しく変動することになる。図4-9の例で言えば、Yさんの有するスキルはCだけではなく、DもEもあるわけだが、それらはこのジョブでは発揮しないので考慮に入れてもらえないとなる

図4-9 スキルに支払う際に生じる問題

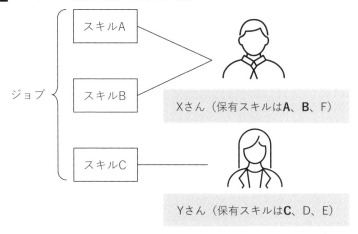

と、Yさんの報酬は低くなることが想定される。また、Yさんは自分の有するスキルをフルに活用できるジョブ（報酬が高くなるジョブ）を優先的に選ぼうとし、そうでないジョブに対しては消極的になることが予想される。そうすると、スキルベースの長所である人材配置の柔軟性が損なわれることになる。加えて、発揮度合いに基づいて支払うというのは、当該ジョブの出来栄えを見てから（例えば期末に）報酬の最終決定をするという運用が想定されるが、従業員側からするとかなり不安定な状態に置かれることとなる。

では、保有スキルに対して報酬を支払うことができるのはどのようなケースか。それは、保有スキルが限りなく発揮スキルとイコールであり、発揮度合いのバラつきが少ない職種であれば機能すると思われる。IT関連職種が代表的であるが、例えば技術職の電気工事士等もそのスキルがないと業務そのものを行えない。加えて、経験によりスキルの水準が上がると業務の質も上がる。そういった職種であれば、保有スキルに対して報酬を支払うことは妥当だと言える。

■論点2　部門/職種間でスキル数/深さに相応の差があるが、どのように報酬水準の差を整理するのか

　仮に全社あるいは複数部門でスキルベース報酬制度を導入する場合、部門/職種間で必要スキルの種類（項目数）および求められる水準には相応の差があることが想定されるため、どのように報酬水準の差を整理するのかが課題となる。

　例えばITスキル標準[23]の「マーケティング」と「ITスペシャリスト」を比べてみよう。マーケティングの専門分野固有スキル項目は3つ（マーケティングマネジメント、販売チャネル戦略、マーケットコミュニケーション）、ITスペシャリストは6つ（プラットフォーム、ネットワーク、データベース、アプリケーション共通基盤、システム管理、セキュリティ）であり、項目数はITスペシャリストが多い。一方で、「スキル熟達度」を見てみると、マーケティング固有スキルは最高位のレベル7が定義されているものがあるが、ITスペシャリスト固有スキルにレベル7は定義されていない（レベル6が最高）。報酬をスキル項目数・水準をベースに支払うという前提に立つと、保有スキルであれ発揮スキルであれ、上記のような職種間のバラつきをできる限り解消しなければ、「お得部門/職種」なるものが発生してしまう。つまり、「ITスペシャリストだと必要スキル数が多いので、給与を上げるために新しいスキルをどんどん習得しよう。でもマーケティングだと必要スキル数はITスペシャリストのそれと比べ少なく習得幅が狭い。できればそういった職種は避けたい（異動したくない）」ということになってしまう可能性がある。そもそも求められているものが異なるので、部門・職種間で報酬差が出るのは当然、とすることも一案だが、人材配置やアサインの柔軟性を担保するためには一定の差の調整が必要となろう。

　差の調整方法の事例として、月例給全てをスキルに基づいた給与とするのではなく、月例給を「基本給」と「スキル給」の二段構成とし、ス

---
[23] 独立行政法人情報処理推進機構「ITスキル標準」

キル給の全体に占めるインパクトを阻害しない程度に基本給部分の割合を高めるという設計をしている企業もある（図4-10）。そうすることで、部門・職種間のスキル項目数・水準のバラつきが従業員個々人の報酬水準に与える影響を低減することができる。

また、スキルの単価そのものを調整する方法もある。先の例でいくと、ITスペシャリストのスキル項目の単価を下げる（あるいはマーケティングのスキル項目の単価を上げる）ことで、両職種の差を埋めていくのである。

ただし、ここで問題となるのは、スキル単価を決定する妥当性である。ジョブであれば、コンサルティングファームが有している報酬サーベイのデータなどから精緻な市場水準を把握することができるが、スキル一つひとつの市場水準なるものはない。ゆえに、苦肉の策ではあるが、ジョブの市場報酬水準を根拠にスキル単価を決めていくという方法になる。マーケティング職とITスペシャリスト職の平均的な市場報酬水準を比較して、マーケティング職を100とした時に、ITスペシャリスト職が95であったら、それをベースにスキル単価を調整するというイメージである。しかしながら、この調整の目的は職種間のスキル項目数・水準の差異からくる報酬水準差の低減であるので、市場報酬水準に沿ってスキ

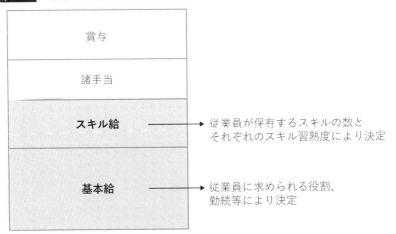

図4-10 報酬差を調整する給与の例

単価を調整した結果として、かえって差が広がるという可能性もある。

　従って前者、月例給におけるスキル給の割合を、スキル給の全体に占めるインパクトを阻害しない程度に抑えるといった方法が妥当であろう。

■論点3　スキルが陳腐化したら報酬を下げるのか

　ジョブ型の運用に限界がきている要因の1つが、業務内容が急速に複雑かつ高度化しているため、ジョブを明文化してジョブディスクリプション（JD）を作っても、すぐに陳腐化するという点であることを考えると、会社として必要なスキルも変容していき、従業員個々人も常にスキルをアップデートしていく必要がある。また、スキルの陳腐化スピードも速いと言える。ゆえに、自社のスキルマップを定期的に見直し、従業員は新たなスキルの習得に励まなければならない。

　では、スキルが陳腐化したら、そのスキルを有している従業員の報酬を下げるのか。この点については労務リスクも踏まえ慎重に検討する必要がある。まず、就業規則にスキルベース報酬制度が規定されていること、スキルの見直しに伴う等級あるいは報酬ランクの引き下げ等により降給が予定されていることについて規定されていることが必要である。次に、就業規則の周知と合理性の要件を満たしていること、および労働契約の内容にも反映されていることが求められる[24]。この「スキルの陳腐化による降給」の実施にあたっては、具体的な等級/報酬ランク・給与引き下げ措置がその手続きも含め就業規則/労働契約内容に沿っているかどうか、法律上禁じられている差別や不利益扱い、権利濫用にあたる事情はないか等、十分に確認しながら進めることが求められる。

　今挙げたような観点で問題がなければ有効といえるが、実務上の判断は非常に難しいと考える。それは、「スキルが陳腐化している」という判断が客観的に見て合理性があるか、という点をクリアする必要がある

24　厚生労働省 労働契約法　第7、10条

からである。誰がどのタイミングでどうやって判断するのか、この運用設計が要となる。海外の企業では、事業が停滞すると早い段階で関連ポジションがクローズとなりジョブ自体がなくなるため、そのジョブに紐づくスキルが「自社では必要がなくなった」と客観的に判断できる。しかしながら、日本においてそのような人事運用は想定しにくいと言える。

　スキルの陳腐化による降給は非常にハードルが高いと言えるが、下方硬直性の高い報酬制度とならないよう、規定化・仕組み化を詳細検討することが求められる。

第4章 まとめ

- スキルベースの人材マネジメントは、「採用」、「キャリア・能力開発」、「配置」において、従来よりも細かいスキルの目線で「人」と「仕事」を分解することで、変化するビジネスに対し機動的に必要な「スキル」を充当していくことを目指したマネジメント手法である。企業で働く個々人が自発的にスキルを伸ばすことを促すためには、「処遇」の整備も必要不可欠である。

- 一方、「人」、「組織」両面で必要なスキル、保有するスキル可視化の粒度、評価の適切さの担保が高度になることは避けられず、またピンポイントでスキルを持った人材を活用するような働き方、人材活用自体の高度化も必要になることが予想される。

- さらに、スキルベースの報酬制度は保有スキルに対して支払うという点、労務リスクの観点からスキルの陳腐化に応じて報酬を安易に下げられないという点より下方硬直性が高い。加えて、部門/職種間で相応のスキル数・水準差が発生することが想定される。

- このような課題を踏まえ、実践していくビジネス部門のマネジメント層の人材マネジメントスキルの向上と、高度な運用を実現していく制度や人材マネジメントプラットフォームの整備も踏まえた体制整備が重要である。

第5章

スキルベース組織への
チェンジマネジメント

▼

　ここまで、スキルベース組織にシフトするために必要なスキルの可視化、人材マネジメントプロセスの各領域におけるスキルデータの適用方法を見てきた。本章では、スキルベース組織への変革の成否を左右しうるチェンジマネジメントについて考察する。変革の担い手の従業員と企業経営の視点双方における背景と経営課題を踏まえた上で、具体的なチェンジマネジメントのアプローチについて述べる。

1 従業員の視点から見える経営課題

■ 変化疲れの中、働く場を選ぶ従業員たち

■従業員は高い変化圧力にさらされている

　働く人々を取り巻く環境は目まぐるしく変わっている。新型コロナウィルス感染症をきっかけに普及したオンラインワークやAIの進化で働き方が大きく変わっていることはもとより、業種や職種によっては自動運転技術の登場など、今後雇用がなくなる可能性を持つ変化も起きている。さらには政治や経済システムの変化・気候変動・地政学リスクなど大きなうねりにもさらされている。つまり前提として、変化の圧力は十分高く、変化疲れしているという状況にある。

■キャリアアップの選択肢としての転職は増加

　そうした状況において、転職を選択する従業員が増加傾向にある。マイナビキャリアリサーチLabが、2023年に転職した20代～50代の男女1,500名を対象に行った転職動向調査[25]によると、2023年の正社員の転職率（国勢調査の正規雇用者の構成比に合わせて抽出した母集団のうち直近1年間の転職者の出現率）は7.5％で、2016年の3.7％からほぼ倍増している。元いた会社から転職する理由は上位から「給与が低かった」、「職場の人間関係が悪かった」、「会社の将来性、安定性に不安があった」、「仕事内容に不満があった」、「休日や残業時間などの待遇に不満があった」が並ぶが、転職先の決定理由には「給与が良い」、「休日や残業時間が適正範囲内で生活にゆとりができる」、「希望の勤務地である」に次いで、「新しいキャリア・スキルを身につけることができる」が4位に入る。また、

---

[25] マイナビキャリアリサーチLab（2023年実績）「転職動向調査2024年版」

リスキル経験者のほうが、そうでない人よりも転職時の収入増加率への違いが顕著に見られた。

終身雇用が過去のものになり、キャリアは「会社から与えられるもの」から「自ら選択するもの」になっている。その選択肢の1つとしての転職は、マクロで見ると新たな産業への労働人口の移動や賃金上昇効果にも繋がっているといえよう。個々人の視点では、選択肢が増えることはよいが、今いる職場にエンゲージしてスキルや専門性を高めきらないうちに隣の芝生が青く見えてしまう、いわゆるキャリア迷子を生む可能性もある。

■日本の従業員エンゲージメントは低い

実際、日本で働く人々の企業へのエンゲージメント（企業への信頼感や愛着心）は他国よりも低いという結果がある[26]。2024年のギャラップ社の調査によると、データがある139ヵ国のうち、日本は138番目で、エンゲージしている従業員は驚くことにたった6％のみで、グローバル平均の23％を17ポイントも下回る。6％ということはほとんどの従業員はエンゲージしていないことになる。一方で積極的に転職を考えている人は33％とあり、上記で見たようにリスキルの機会を求めて自己を高める意欲もあると考えられる。エンゲージしていない層は、企業との心理的繋がりがうまくいっていないと推測されるが、そのために能力発揮が削がれているならばもったいない。この層は、対処いかんによっては大きなポテンシャルを秘めているともいえる。それは企業のためだけではなく、個々人にとっての、より充実した職業人生のためでもある。

■自社の人事制度が熟知されているとは限らない

従業員一人ひとりの職業経験や生活という観点で解像度を上げて考えてみよう。何か不満があるたびに次々と好条件で転職できるわけではな

---

[26] Gallup,「State of Global Workplace」https://www.gallup.com/394373/indicator-employee-engagement.aspx

い。まずは今いる職場で自らの専門スキルやエンプロイアビリティ（雇われる力）を高めることが社内での昇進や生活の安定のためにも必要かつ合理的だ。その際の指針になるものは従業員の評価・報酬・等級を決める人事制度である。

多くの企業が取り入れ始めているジョブ型人事制度は、企業に必要な機能を果たす役割を"ジョブ"あるいはポジションとして整理する。ジョブディスクリプション（職務記述書）に職責や求めるスキルが示されることで、従業員にとっては自己のスキル開発やキャリアの手引きになるはずだ。職能等級制度を採用する企業でも、職務遂行能力を評価するための一定の枠組みを持っているだろう（客観的な評価軸としての明瞭さや詳細さは企業によって異なる）。特殊な専門職や管理職以上はジョブ型、管理職未満は職能等級型というハイブリッドな人事制度を採用する企業においても同様に、等級要件として求められる能力やスキルが示されているだろう。

ただし、人事部門以外で、自社の人事制度やその意図を十分に熟知し、日ごろから部下育成や自身の能力開発やキャリア形成につなげている管理職や従業員がどこまでいるだろうか。半期や年度末の評価タイミングなどに、人事からのガイダンスを見る程度という人も少なくはないだろう。

働く人々を取り巻く変化のスピードは速く、転職のハードルも下がっているため、ともすれば情報に翻弄されるが変化疲れも生みやすい。個々の従業員から見えている風景や接している情報量を虚心坦懐に理解し、従業員と企業を繋ぐ人事制度、あるいは人事ビジョンや求めるスキルがわかりやすく丁寧に伝えられている必要がある。

2 企業の視点から見える経営課題

■ 選び、選ばれる企業へ

■人手不足は今後も続く

　次に、経営側が置かれている環境と、そこから見えてくる経営課題を考察する。組織の規模に関係なく、共通する大きな経営課題は何といっても人手不足だ。厚生労働省が公表した2024年版労働経済白書[27]では、人手不足が大きく取り上げられている。白書によると2010年代からの人手不足は過去の局面に比べ、一過性ではなく「長期かつ粘着的」だと指摘されている。またほぼ全産業にわたり人手不足(欠員率)が高まっている。

　不確実な事象が多い中で、人口予測は最も確実性が高い。労働人口の減少が起きることは確実で、これからもますます人材の獲得競争は激化する。

■OJTは人材育成の機能を果たせていない

　人手不足の折、人材の定着に大きな影響を及ぼすのが、その組織では良質な成長体験を積み、スキルや能力を伸ばしていくことができるかどうかである。

　ここで、日本のOJTは実は機能していない、という興味深いデータを紹介しておきたい。リクルートワークス研究所の2023年の調査[28]によると、「一定の教育プログラムをもとに上司先輩から指導を受けた」という割合は日本(12.0%)、ドイツ(31.3%)、アメリカ(31.2%)、スウェーデン(37.0%)であり、また「一定の教育プログラムにはなっていなかっ

---

[27] 厚生労働省「令和6年版労働経済の分析」[令和6年9月6日閣議配布]（労働経済白書）
[28] リクルートワークス研究所「Global Career Survey2024」

たが、必要に応じて上司や先輩などから指導を受けた」という割合でも日本（27.8%）、ドイツ（39.3%）、アメリカ（42.6%）、スウェーデン（35.6%）と、総じてOJTを受けた割合が他国と比べて日本は低い。指導する側も指導される側も、現場で各自にお任せの状況は、時に「お前が（O）自分で（J）取ってこい（T）」と揶揄されることもある。これでは、指導能力のある上司にあたるか、ない上司にあたるかで能力開発の成果が左右されてしまう。日本企業の強みはOJTだという考えは改めたほうがよさそうだ。

また、同調査では「仕事を遂行する能力が今の会社での給与額に影響しているか」という問いもあり、影響すると答えた割合は、日本（73.7%）、ドイツ（81.3%）、アメリカ（83.4%）、スウェーデン（84.5%）で、日本はやはり他国よりも低い結果となった。職務に求められている能力が明確でないためにわからない、という回答が多かったと考えられている。

OJTでの育成が効果的でない上に、せっかく自発的にリスキリングしてもそれを活かす役割に登用しない、というようなことがあれば、従業員に「仕事を教えられることも少なく、頑張ってリスキルしても意味がない」という誤ったメッセージを送りかねず、能力がある人から早々に他社に移ってしまうということになろう。逆に言うとキャリア・スキルを身につけられるところに魅力を感じて人は集まる。人材のリテンションとアトラクションのためにも、業務に直結するスキル強化と育成投資は欠かせない。

■ジョブ要件も、人材の保有スキルも恒常的に更新が必要

他章でも触れているが、そうして強化する人材のスキルは、常に把握し管理されている必要がある。そのスキルの見直しについても、ここで取り上げておきたい。

多くの企業が取り組んでいるジョブ型人事制度の特徴は、先にジョブの仕事内容が定義され、必要なスキル要件が示されることにある。そしてジョブに見合う人材が配置され、ジョブホルダーとなる。理論的に

はジョブと人材のマッチングによって、効果的かつ効率的に組織のミッションは遂行されるはずだ。しかし現実には常に可変要素が発生する。1つには、ジョブホルダーがジョブに求められる要件を満たすとは限らず、多かれ少なかれ理論値とは異なる。次に、せっかくジョブに見合う人材を配置できたとしても、常に同じ人材がい続けるとは限らない。さらには、ジョブ自体も外部環境や戦略の変化に応じて職責の内容や範囲、必要なスキルが移ろいゆく。例えばサイバーセキュリティ分野でのフォレンジックアナリスト（セキュリティ関連の調査分析を行う職種）やAIプロンプトエンジニアなどは以前にはなかった職種だ。また人事部門のような従来からある機能でも、より戦略的な役割とそれに応じたスキルが求められてきている。変化に適応せずにジョブの刷新を放置すれば、組織としては大きなリスクになる。ジョブは一度作っておしまいではなく、恒常的に見直しをかけていく運用が求められる。

　職能等級型制度においても、従業員の持つ能力やスキルを把握しておく必要があるのは同じだ。等級を決める材料としてだけでなく、どのような仕事を任せるかにも関わってくるからだ。

　人材管理システムやデータの統合により、従来以上に個々人が持つ経験やスキルの解像度が上がることが期待される。ジョブ要件についても、人材の保有スキルについても、よりリアルタイムに更新し、コモディティ化していくスキルの重複感や、ビジネス戦略的に今後必要になるスキルの充足状況を押さえて、タイムリーな意思決定に活かしたいところだ。しかし、そのためのスキルデータベースやタレントマーケットプレイスが整備されている企業はまだ多くはない。

　つまり、人手不足感が増しているあらゆる業態の真の経営課題は、今日のビジネスと将来のビジネスに必要なスキルを持つ人材の採用・育成・リテンションである。実際、多くの人事部門トップは既にこれらの課題を把握しているはずだ。しかし経営の重要課題として経営層や事業責任者を巻き込み、また従業員に広く働きかけるには、一層の戦略と影響力も求められるだろう。

第5章　スキルベース組織へのチェンジマネジメント

3 スキルベース組織への チェンジマネジメントとは

　従業員と、企業経営側の視点それぞれで見えてくることは、両者が対等に「選び、選ばれる」関係へと変化していることだ。この「選び、選ばれる」関係をwin-winにするものは、よりキャリアや業績に繋がるスキルを、より効率的かつ持続的に獲得・強化できるかにある。

　そのための心理的、制度的障壁を取り除き、組織全体で意識と行動を変えていくチェンジマネジメントが必要になる。

■ 人を中心に考える

　変革の成功要因に関して、2022年にEYがオックスフォード大学サイードビジネススクールと行った共同調査[29]によると、どのような企業変革であれ、人を中心（Humans@Centre）にした施策を入れた変革は、そうでない場合よりも、2.6倍成功確率が高まったという。人を中心にするというのは、事業責任者や管理職や従業員の感情的な反応を予測し、起こり得る反応への対応を計画し、変化への抵抗感や生産性の低下を最小限に抑えるための施策をとることである。そして、変革の成功確率を高めるために必要な成功条件として、以下の6つのドライバーが特定された。

①ビジョン（Purposeful vision）
②適応型リーダーシップ（Adaptive leadership）
③心理的安全性（Psychological safety）
④テクノロジーの活用（Make it real with technology）
⑤規律ある自由（Disciplined freedom）
⑥協力（Collaboration）

---

[29] EYとオックスフォード大学サイードビジネススクール共同調査「Transformation leadership: Navigating turning points」 https://www.sbs.ox.ac.uk/sites/default/files/2024-04/2024-ey-report.pdf

図5-1 Humans@Centreの変革を成功させる6つのドライバー

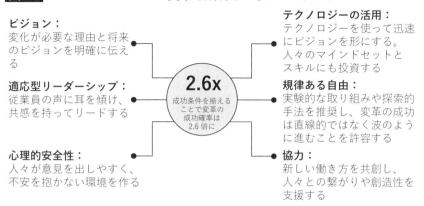

出典：EYとオックスフォード大学サイードビジネススクール共同調査 "Transformation leadership: Navigating turning points" p 4

　この6つのドライバーの視点に沿って、スキルベース組織に変わっていくためのチェンジマネジメントのアプローチを具体的に説明する。

①ビジョン（Purposeful vision）

　まずビジョンの観点では、リーダー層から、変化が必要な理由と将来のビジョンを明確に伝えることが重要になる。その際、以下の2点がポイントになる。

●組織文化の変革はリーダーから始める

　まずはリーダーが率先して旗を振ることが不可欠だ。リーダーといっても社長1人ではなく、実際には経営層や事業責任者レベルが一枚岩になっていなければならない。それぞれの立場や優先順位の違いを超えて、方向性を合わせる必要がある。例えば人事が企画して、リーダーたちを集めたワークショップやセッションを開催し、スキルベース組織の戦略や狙い、どのようなインパクトがあるか、想定される従業員からの反応や質問は何か、これまでと変わらないものと変わるものは何か、などの認識合わせをしておく。またリーダーは旗を振るだけではなく、自身も実際にスキルのデータを活用してプロジェクト責任者を抜擢するなどし

て、管理職層に示してほしい。採用にせよ評価にせよ配置にせよ、権限を持つ者がスキルベースの考え方や仕組みに基づかずに、「ガッツはありそうだ」、「数字を上げたのならスキルがあるのだろう」といった属人的な観察やこれまでの人間関係で人材を判断すると、スキルベースの思想は根付かない。最初は一部のチームやスキルベースに親和性の高そうな職種からでも構わないだろうが、リーダーが実践するという姿勢を示すことが重要だ。そして以下に述べるような施策につなげていく。

● 従業員とのあらゆる接点を変革の機会と捉える

あらゆる機会を使って繰り返し従業員に伝えられるよう、コミュニケーションプランとそこで伝えるキーメッセージ、例えばスキルベース型組織の目的と従業員にとってのメリットを用意しておく。

コミュニケーションのとり方も、リーダー層から管理職層へ、管理職層からその部下へ、とカスケード(順次伝達)していくものもあれば、双方向で対話するやり方もある。どのステークホルダーグループにはどのタイミングでどのコミュニケーションチャネルがふさわしいかを決めておく。時間の経過と共に、メッセージにはショーケースとして、スキルベースで人材を抜擢した事例や、育成プログラムに活かした事例も加えていく。

②適応型リーダーシップ(Adaptive leadership)

従業員の声に耳を傾け、共感をもってリードすることも重要になる。従業員の観点で、以下に配慮しながら変革を進めていく。

● 従業員の感情的な反応を理解し、コミュニケーションを図る

本章冒頭で述べたように、人々は変化圧力が高い状態にさらされている。そこに今度はスキルベース組織を目指す、と言われたらどう受け止められるだろうか。ジョブ型人事制度の否定なのか、以前の職能制度に戻るのか、特殊スキルの人材は高い報酬が得られるようになるのか、リスキリング投資を強化するのか、はたまたよりギグワーク的になるのか

等、様々な憶測を広げるかもしれない。必要以上に変化や危機感をあおるようなコミュニケーションは持続的な効果には繋がりにくい。リーダーは、これまでの従業員の取り組みや努力を認めて感謝し、さらに一緒に将来を作っていこうというような、人をインスパイアするコミュニケーションを図ることが役目だ。

　また、それぞれの部門ごとの事情は異なるため、それを熟知している人をコミュニケーター（チェンジエージェントと呼ぶ時もある）として配置することもある。小規模な組織であれば各組織長でもよいが、部下が遠慮して言いたいことを言えない、中間管理職が他人ごと的な関わりになる、という可能性もある。オーナーシップを持ってもらうためにも、より現場の生の声を拾うためにも、具体的には5〜10名程度を管理している管理職やチームリーダーを広く巻き込むのがよい。

● 従業員一人ひとりの日々の活動との接点を見つけ、意味付けができるよう支援する

　従業員一人ひとりが、業務遂行に必要なスキルを認識し、スキルを意識的に磨くことができれば、地に足の着いた日々の活動との接点を見出しやすくなる。接点を見出す、というのは、つまり自分ごとのストーリーとして意味を咀嚼しやすくなるということでもある。スキルを発揮する場面は毎回同じ状況で再現するわけではない。実際にはスキルを持つ人材が、状況や周囲との関係性の中で微細に調整し、かつ必要に迫られて新たに学習しスキルを獲得する。学び（インプット）と実践（アウトプット）が緊密に行われる動的な活動だ。その点に自覚的になれば、自分ではスキルと思っていなかったものも組織にとって有用だと気づくこともある。またこれに気づくことで、さらにスキルを磨くことにも繋がる。スキルというとデジタルスキルなどテクニカルなものを想起しがちだが、それだけでなく、ヒューマンスキル（相手の文脈を理解する、共感する、他者を感化する、やる気を引き出す、ケアするなど）もより大事になる。上司には、この認識を手助けするために、日ごろから部下の行動をよく観察し、ス

キルを意識できるようにスキルタクソノミー（スキル一覧）の参照を促す、定期的にスキルの棚卸しを促す、業務に必要なスキルとそのレベル感を伝える、建設的なフィードバックを与えることなどが求められる。

③心理的安全性（Psychological safety）
　従業員が保有スキルや経験を表明していくには、特にこれまで同様の経験がなかった組織では勇気が必要になる。そのため、意見が出しやすい、不安を抱かない環境を作っていく。

● 自己開示しやすい環境を作る
　スキルベース組織で大切なのは、働いている従業員自身がスキルを棚卸しし、それを仕事との意味付けで認識し、さらには他者に説明（またはアピール）するプロセスである。どのようなスキルを保有しているかを説明することは、実際それを発揮した経験をストーリーで語るということだ。つまりスキルの棚卸しという行為は、自身のキャリアの来し方を振り返り、これからのマイストーリーを作ることにも繋がる。
　それを他者にも開示するのには、例えばまだアピールできるほどスキルが揃っていないとか、逆に自己評価や目標が高すぎて冷笑されるのでは、といった心理的なハードルが伴うものだ。だからこそ、上司は冷笑や揶揄には毅然と対応し、みんなが安心して自己開示できる環境を担保する必要がある。また、部下がスキル強化において困っていることや、こんな支援をしてもらいたいと言い出しやすいように、上司は自分に何ができるかを部下に聞くことも必要だ。

● 小さな一歩でも新しい行動をとったことを称賛する
　上司と部下との1on1やキャリアコーチングでは、漠然とどんなキャリアを歩みたいかを聞くより、今あるスキルや今後強化できそうなスキルを起点に、それがどのような仕事で活かせるのかを話すほうが、より具体的なイメージが掴める。ジョブやポジションについて話すと抽象的になったり、今の自分との接点が見出しにくいと必要な行動に繋がりに

くいが、特定のスキルについて話すことは、それそのものが具体的な話であり、強化のための具体的な行動に移りやすい。自律的な学習や、WorkdayやSuccessFactorsなどの人材管理システムでの積極的な自己アピールの掲載や、社内公募への手上げなどのアクションにも繋がるだろう。そして、リーダーや管理職は、部下が小さな一歩でも新しい行動をとった際は称賛し、組織内で成功事例として広める。それを知って、このくらいの小さな一歩であればやってみようと追随する者が出てくれば好循環が生まれる。

④テクノロジーの活用（Make it real with technology）

スキルタクソノミーやスキルテックの詳細は第3章と第9章に譲るが、これらのテクノロジーは迅速にスキルベース組織のビジョンを目に見える形にするのに有効だ。ただし使われなければ意味がない。

● **クイックウィンを示す**

上からの掛け声だけでは、従業員が新しいテクノロジーを使い方を覚えてまで使ってみようとはなかなかならない。ツールやデータの価値を享受できるように、短期的な成功（クイックウィン）を実行計画に入れる必要がある。例えばAIによってパーソナライズされた推奨スキルがリストアップされる、そこから必要な学習にシームレスに繋がる、といった従業員体験を提供する。併せて短期集中型で社内キャンペーンを展開し、まずはみんなが1回使ってみるようにする。例えば、プロジェクトの名前を入れたペンなどのキャンペーングッズを配る場合もあるし、一番たくさんスキルデータを登録したチームを表彰する場合もある。ファンイベントで盛り上げつつ、ツール利用が低迷していそうな組織のリーダーには進捗報告をさせることなどもモメンタム（推進力）を高めるために必要である。

● **人々が新しい行動をとるよう背中を押す（ナッジ）**

初期はキャンペーンなどで一定程度の利用体験を得られたとしても、

しばらくすると使われなくなるのが普通である。しかし、テクノロジーが持続的に利活用されることが本来の狙いだ。そのためには、それらを使わなければならないようなプロセスやルールを整備し、それによって人々が新たな行動をとるように背中を押す工夫も必要だ（ナッジ）。例えば、スキルの棚卸しは1回やって終わりではなく、目標設定や評価の時期に合わせて棚卸しと更新を徹底する、プロジェクトの終了時や業務の一定の区切りのタイミングで上司と部下でスキルチェックをしないといけない仕組みにする、スキルの獲得状況をビジュアル化しモチベーションにつなげる、採用時に面接者は必ずジョブの主要スキルに沿った観点でインタビューして面接結果を入力させる、といったことだ。

⑤**規律ある自由**（Disciplined freedom）

自律的だが一定の規律ある行動を支援するためには、以下を意識しておきたい。

● **トライアンドエラーを許容する**

様々な可変要素が発生することを見越し、変革は直線的には進まないことを想定しておく。そのためには、小規模な実験的取り組みで試してから、適用範囲や適用機能を拡大していくようなパイロットアプローチが現実的だ。その中にはうまくいかなかったり、却下される取り組みもあるだろうが、これを失敗とみなすと担当者は萎縮するかモチベーションが下がってしまう。いきなり全面的な導入でつまずくリスクを回避するために、トライアンドエラーを推奨する姿勢が必要だ。またその過程では、スキルベース組織への変化が進んでいるのか停滞しているのかわからず気運が下がることもある。その時こそリーダーは目的に立ち戻り、前に進めるようコミュニケーションを強化するタイミングだ。

● **自律的な学びを促進する仕組みを作る**

業務に必要なスキルを認識できたら、それを強化するトレーニングや学びにシームレスに繋がることが望ましい。従業員が自分のペースで学

べるような学習システムを取り入れている企業も増えてきているが、時として業務に関連性の高くないコンテンツに時間を費やしてしまうこともある。自律的な学習意欲を促進しつつ、一定の専門性や業務の関連性を高めるためには、バッジの仕組みを活用することも手段の1つだ。バッジとは、特定のスキルや成果を認識するためのデジタル証明書だが、通常は複数のeラーニングコースとテストや小論文提出を組み合わせたカリキュラムになっている。社内で流通するだけではなくLinkedInなどで社外にアピールできるものもある。

⑥協力（Collaboration）

スキルベース組織に変わっていくには、新しいコラボレーションの方法が必要である。

●新しい働き方を共創する

人々のスキルが可視化され、よりダイナミックに業務に必要な要員が編成されるようになると、例えばこれまで知り合うこともなかった他部門や、場合によっては他国の同僚と共に働く選択肢が増える。文化背景やコンテクストが異なり、言語の違いや時差もある多様な人たちとプロとして仕事を進めなければならない。日本はよく、あえて言葉で言わなくてもお互い通じるハイコンテクスト文化と言われるが、多様な人たちとの共創は基本的にローコンテクストを前提にしなければならない。スキルという共通言語はあるとして、それをどう使ってどう組み合わせ、何の価値を作るのか、物事の決め方をどう決めるのか、などを丁寧に言葉にして確かめながら進めていくことが求められる。まどろっこしいようでいて、これが一番の近道で、トータルで言えば時間の節約になる。

●人事はチェンジマネジメントを推進するケイパビリティを強化する

人々の思考や行動を規定する組織文化は、自然の成り行きに任せるのではなく、常に手入れが必要である。スキルベース組織に変えていく上で、従業員は何を優先し、何に困っていて、どういう理解度にあるのか

をモニターし、課題を見つけ、どう介入していくのか、全体をオーガナイズ（調整）する存在が必要だ。人事部門には全体のチェンジマネジメントを推進し、取りこぼされる人が出ないように広く関係者を巻き込み、変化へのきっかけを与えていくような働きかけが求められる。そのために、人事部門に必要なスキルとして、チェンジマネジメントとコミュニケーション力の強化を図ることも不可欠である。

以上が、変革を成功させる6つのドライバーである。これらを意識することで、組織内のステークホルダーの反応を予測し、必要な"人を中心とした施策"をとっていくことができるだろう。

変革は直線的ではなく、波打つように進む。潮目を見逃さずに適切な介入をするために本章を参考にしていただきたい。

・第5章　まとめ・

- 変化のスピードと変数が増すにつれ、従業員は変化疲れを抱える。また、企業も変化への適応に後れをとりがちになる。

- 仕事がモジュール化され、スキルが可視化され、労働人口減少による人材の獲得競争と流動化が進むと、企業にとっては遠心力が高まる一方である。

- 求心力となるエンゲージメントを高めるためにも、スキルを起点にした人材育成への投資と、企業と従業員の対話努力が不可欠である。

- スキルベース組織を志向する組織文化は一朝一夕では作られない。ブレないビジョンを持ってリーダーシップを発揮し、人を中心に置いて粘り強く取り組むことで、組織文化はグラデーションのように進化していく。

第6章

EYのスキル戦略と変革ジャーニー

▼

ここ数年、多くのグローバル企業がスキルベースの変革を始めている。この章では、グローバル企業である我々EY自身が取り組んできた、スキル戦略と変革ジャーニーについて紹介する。

1 EYがスキルベース組織への旅を始めた背景

■ スキルは新しい共通通貨である

EYでは、企業全体のビジョンとして人々の経験を中心に据えるカルチャーが共有されており、従業員が自らキャリアを形成できるよう従業員提供価値（Employee Value Proposition、以下EVP）を追求している。

Forrester[30]によると、世界的に高まっている人材不足は2023年時点で8,500万人以上に達したという。また、EYが2023年に行った「働き方再考に関するグローバル意識調査2023」[31]によると、組織の53%が人材獲得の課題をビジネス変革の主な障害として挙げている。継続的に続く外部からの人材獲得競争を制し、将来必要になる人材パイプラインを確保するためには、一層革新的なアプローチが必要だ。

EYがクライアントにサービスを提供し、また人々が成長するために不可欠なのはスキルであり、これは新しいビジネス上の共通通貨と言える。2018年当時、EYでは従業員のスキルの可視性が限られていた。従業員が自ら必要なスキルを追求してキャリア形成に活かせるようなEVPを実現できていないことが課題であったことから、スキル戦略と変革を開始した。

この変革ジャーニーに取り組んでいるEYの人事部門のラクヒ・ウナカット（Rakhee Unadkat）アソシエイトディレクターは、約12年間EYに在籍し、様々な社内プロジェクトに取り組み、キャリアフレームワーク

---

[30] Forrester「Predictions 2023: Future Of Work」https://www.forrester.com/report/predictions-2023-future-of-work/RES178173

[31] 「EY 2023 Work Reimagined Survey（EY働き方再考に関するグローバル意識調査2023）」https://www.ey.com/ja_jp/insights/workforce/work-reimagined-survey-2023

の構築を主導している。

　ラクヒは、より透明性があり公平なタレントマーケットプレイス、より優れた要員計画、そしてビジネス戦略に沿ったスキルが重要であると述べている。ラクヒはまた、この変革をサポートする上で、AIテクノロジーを活用するタレントインテリジェンスプラットフォームのメリットを強調する。

なぜスキルが中核にあるのか

　EYが変革ジャーニーを始めた時、従業員のキャリアモデルを改善することを狙いに置いていた。というのも基本的なキャリアモデルは、過去約100年にEYの中核ビジネスである会計監査業務で培われたモデルに基づいていたからである。変革ジャーニーは、キャリアのはしごを一直線に上昇するだけの、時代に合わなくなっていたキャリアモデルから変える必要から推進された。かつては、より高い等級への昇進は人々にとって最も意味のあるものだった。EYの人員配置モデルはピラミッドのような形であり、等級が低い層は人数が多く、レベルが上がるにつれて少なくなる。例えば、我々は大規模なマネージドサービスビジネス（企業から委託を受けてITインフラやアプリケーションの運用や管理を行うサービス）を提供するが、そこでは大規模なチームを管理するリーダーと、業務とテクノロジーのアセットを構築するための人材が必要だ。しかし、必ずしも昇進には繋がらない可能性もある。新しいビジネスモデルに既存のキャリアフレームワークが適合していないということだ。収益モデルが多様化する中、ビジネスコンサルティングの観点からは、もはや目的に合致していなかった。ビジネスのためには、多角的に労働力とそのスキルが可視化されることが必要だ。しかしクライアントに提供するソリューション全般にわたり、「スキル」と「役割」にグローバルで一貫した定義がなく、ソリューションの提供を計画的に進めることが難しくなっていた。EYは、顧客管理（CRM）、品質管理、採用、戦略的要員計画などでスキルデータを統合し、スキルを可視化し、柔軟かつタイムリー

に、適材を必要なチームに提供する必要があることを認識していた。

　加えて、社内で働くプロフェッショナルに対して、卓越したキャリア経験を提供し続ける必要がある。従来の「パートナー（＝最高職階）への道」は、人々がキャリア志向の中で求める多様な機会、報酬、モビリティ、ワークライフバランスとは必ずしも一致しない。優れた人材を惹きつけ、維持するためには、スキルを人材戦略の中心に据え、キャリア機会の明確な可視化、ターゲットを絞った学習、キャリアとスキル開発のための簡便なツールを提供する必要がある。さらに若い世代では、必ずしも皆が昇進を求めているわけではない。これらの若い世代は、起業家としてのキャリアのように、多様なキャリア経験とスキル開発を望んでいる。

　さらに、要員計画の観点から見ると、組織が持つ従業員データは、どの職務等級か、どのビジネスに属しているかという基本的な情報だけであった。従業員が持っているスキルや、開発したい新しいスキルを深く理解することはできていなかった。そのため、変革ジャーニーにおいては、透明性があり公平なタレントマーケットプレイスの創出、よりよい要員計画、スキルとビジネスニーズの連携に焦点を当てている。

2 変革のフェーズとアプローチ

スキルとリソースを強化する3つのフェーズ

変革は具体的には、図6-1の3つのフェーズで進められていった。

フェーズ1：スキル需要側の可視化―スキルベースのジョブや役割

EYがこの変革ジャーニーを始めた当初、主な目的としてスキルベースのジョブアーキテクチャ、つまり必要とされるスキルの需要を基に仕

図6-1　スキル戦略と変革のフェーズ別アプローチ

変革開始前	フェーズ1: スキル需要側の可視化	フェーズ2: スキル供給側の可視化	フェーズ3: 従業員経験でのスキル活用	目指す姿
▶ジョブアーキテクチャが確立されていない ▶ジョブに対しグローバル共通で一貫したスキルタクソノミーがない ▶どのスキルを強化するべきかのインサイトがない ▶地域ごとにツールやプロセスが異なる ▶仕事の割り当ては人間関係で決まる	▶組織全体での体系的なアプローチにより、ビジネス戦略に沿ってEYとして重要なスキルと役割ベースのスキル（キャリアフレームワーク）を定義 ▶ケイパビリティデザイン担当を置き情報の更新管理のガバナンスを確立 ▶従業員の成長と異動に関する情報の透明性を向上	▶ダイナミックなスキルとキャリアの管理ツールとして、グローバルでAIソリューションを活用(My Career Hub)。現在ではスキルデータの主要なソースとなっている ▶従業員のスキル（およびスキルギャップ）の可視化 ▶キャリア経験の向上、将来のキャリアパスに関するインサイト提供	▶EYスキルフレームワークとMy Career Hubを活用し、スキルをビジネス遂行に活用 ▶要員計画と調整への活用 ▶人事でスキルデータを活用し、採用、報酬、育成、および管理職の質の向上に活用	▶EYの従業員に対して、新たなスキル獲得とキャリア形成を約束できる組織を確立し、一人ひとりのスキル強化とタイムリーな要員調整の仕組みにより、クライアントに高い価値提供を実現する
スキルは業務遂行に埋め込まれていない	サービス提供と人材の成長を実現するためのスキルの可視化	グローバル共通のスキルとキャリアのプラットフォーム	スキルを活用するための複数のプログラムが進行中	スキルベースの明確なビジョンと戦略および実行計画

事や役割を整備することに主眼が置かれていた。これによりマーケットニーズにより適応し、また社内で異動しやすいキャリアモデルをかなえようとするものだ。これには、技術的スキルとビジネススキルの組み合わせからなるスキルベースのジョブや役割を定義し、社内異動のためにより高い透明性とキャリア機会を提供することが含まれる。また、ジョブの乱立や、求められるスキル情報のアップデートがされないまま放置されないよう、全体をコントロールするガバナンス体制も確立した。

フェーズ２：スキル供給側の可視化─AIを活用したスキルの提案

　練られた戦略に加えて、テクノロジーも変革の大きな部分を占めていた。EYはスキル戦略を推進するためにAIテクノロジーを活用することにした。Eightfold、Gloat、TechWolfのようなAIテクノロジーを搭載したタレントインテリジェンスプラットフォームは、従業員のスキルを推測し、スキルプロファイルに基づいて社内異動や、個別にパーソナライズされたスキルベースの機会を提案する。

　具体的には、AIテクノロジーにより、従業員の履歴書をはじめとして、社内の様々なデータソースやプロファイル情報を分析し、従業員が保有するスキルを推論する。そうして作成される従業員ごとの包括的なスキルプロファイルと現在の役割情報に基づき、従業員ごとにキャリア機会や必要な学習を提示することができる。

　EYでは、「My Career Hub」と呼ばれるAIを搭載したプラットフォームがあるが、ここで従業員ごとにキャリア機会や必要な学習が示される。このプラットフォームには、役割ごとの学習、機会ファインダー、およびスキルプロファイル管理のためのモジュールが含まれており、従業員がこれからのキャリアパスを検討したり、昇格に向けて今保有しているスキルと今後求められるスキルとのギャップを特定するのに役立つ仕組みだ。My Career Hubの機会ファインダーモジュールは、AIによって従業員のスキルプロファイルに基づき潜在的なキャリアの可能性を提案す

る。組織全体にわたって多彩で個別化されたキャリア機会が提案されるので、広く社内異動やスキル開発を推進することになる。

フェーズ3：従業員経験でのスキル活用──キャリア機会や学習に活かす仕組みへ

このフェーズに来ると、スキルを従業員のキャリア経験の中心に置くようになった。

● スキルベースの学習

すべての学習機会に特定のスキルをタグ付けするようにして、EYにおいてスキルベースで学習することの重要性を示した。このアプローチは、Learning Experience Platform（LXP、学習体験プラットフォーム）である「Microsoft Viva」の実装によって推進されている。これによりスキルベースの学習がしやすくなり、従業員がスキルギャップを特定してキャリア向上に必要な学習ができるようになった。

● スキルタクソノミーの拡張

要員管理やその他の利用を支援するために、スキルタクソノミー（スキル一覧）を拡張した。現在、分類として約1,000のスキルが含まれているが、特定の技術製品や部門固有のスキルをカバーするためには今後より詳細化する必要もある。この拡張により、より精緻な要員計画と、スキルに基づいて従業員と配置されるプロジェクトをマッチングさせるのに役立つ。

● 透明性のあるタレントマーケットプレイスの構築

スキル戦略の目標は、従業員が自分のスキルに基づいてキャリア機会を特定しやすくなる、オープンなタレントマーケットプレイスを構築することだ。このタレントマーケットプレイスの狙いは、従業員が新しいキャリア機会を探るには会社を辞めて転職する方が（そして、場合によっ

ては再び戻ってくる方が）簡単ではないかと考える問題や、リーダーがチームメンバーを他のビジネスユニットに異動させることに消極的で囲い込んでしまう問題に対処することである。

　変革ジャーニーにより、社内異動や部門を越えて業務につけるチャンスが増え、プロジェクトマネージャーは業務に必要なスキルを持つ人材を容易に見つけることができるようになり、従業員はフィットするコンサルティングワークに参画しやすくなった。

文化の違いという課題

　グローバルに広く展開しているEYにとって、主な課題は異なるマーケットや文化にわたって共通のスキルベースの取り組みを実装することだった。そのため、グローバル全体でスキルタクソノミーを共有することの重要性や、スキルが地域や国の違いを超えても意味のある共通通貨であることを強調してコミュニケーションが図られた。

3 導入を検討する組織へのアドバイス

■ スキルと役割をビジネスニーズに整合させる

変革ジャーニーを推進するラクヒは、スキルベースのアプローチを導入しようとしている組織に対して、まず解決しようとしているビジネス上の問題を特定することから始めるよう助言する。その上で、シニアリーダーが導入検討から導入後のプロセス全般に関与し、スキルと役割がビジネスニーズと整合するよう、確実に継続的に更新されることが重要だ。また、以下3点が不可欠になるという。

■ 専任チーム

スキルとキャリア戦略を推進する専任チームを置くことが必要だ。このチームが、スキルタクソノミーのメンテナンスや更新、主要なリーダーとの連携、スキルベースのアプローチの継続的な改善も責任を負う。

■ 継続的な改善

継続的に改善し続けることは、スキルベースの変革を成功させるために不可欠だ。マーケットとテクノロジーは急速に変化しているため、組織はスキルタクソノミーを定期的に更新し、新しいテクノロジーを活用し、戦略を適応させて、競争力の維持・強化につなげる必要がある。

■ データ構造の整備

変革を推進するには、一貫性があり整備されたデータ構造が不可欠だ。常に最新の従業員データを管理する人事システム、一貫性のある等級定義、明確に定義されたジョブアーキテクチャなどがそれにあたる。これらがあってはじめて正確で有効なデータ管理と分析が保証される。

■ 成功体験を共有

　2018年以来取り組んできたスキルの戦略と変革は成功裡に進んでいる。この我々自身の経験を活かし、クライアントにコンサルティングサービスを提供するようになった。AIを活用したスキル変革のための提供プログラムには以下のようなものがある。

［計画段階］
- スキル戦略の策定支援──クライアント企業がスキルベース組織に変わるためのスキル戦略、スケジュール、ガイディングプリンシパル等を策定する

［テクノロジーの実装段階］
- スキル・ファンデーション構築支援──現状のスキルに関するインフラや運用をアセスした上で、クライアント企業に必要なスキルフレームワークの要件を定義する。
- スキル・ブループリントの策定支援──EYのワークフォースマネジメントアクセラレーターを活用し、スキルフレームワークの開発・テスト・検証と、AIを活用して組織全体のスキルの習熟度に関する評価をスキルインサイトとして提供する。

［業務への適用・定着化段階］
- スキルベースソリューションの業務への導入支援──スキルを組織として活用できるように様々な利活用のシーンに応じてソリューションを適用し、柔軟に進化させる。
- スキル戦略の定着支援──ユーザーの利活用度や行動変容をモニターし、スキルベースへの投資を最大化できるよう必要な施策を検討・実施する。

EYのUKでピープル・コンサルティングに所属するアビ・ダドリー（Abi Dudley）シニアマネージャーは、スキルベースのアプローチをビジネス課題の解決に結びつけることの重要性を強調する。それがなければ、スキルベースのイニシアチブは、単にまた新たな人事プログラムとしてビジネス側から認識されてしまう恐れがあるからだ。

スキルを事業の成長戦略やM&Aや組織再編に関連させるシナリオは様々に考えられる。例えば企業のM&Aでは、合併する両社の従業員の保有スキルを把握することで、より効果的に統合を進め、重要なスキルを保持および活用することに繋がる。

またアビは、スキルベース組織のメリットを、生産性、コスト効率、アジリティ、経験値、多様性などを含むバリューフレームワークで説明する（図6-2）。このフレームワークは、スキルベースのアプローチがビジネスの様々な側面でどのように価値をもたらすかを理解するのにも役立つ。

図6-2 スキルベース組織のバリューフレームワーク

生産性の向上
キャパシティと能力を解き放ち、生産性の向上とビジネスの成長を促進する

コスト削減と最適化
スキルベースのアプローチを活用して、要員計画、管理、および意思決定の効率を向上させる

従業員のエンゲージメント向上
個人の成長機会と明確なキャリアパスを通じて、従業員の満足度を向上させる

多様な人材ミックス
幅広いスキルを認識し、活用することで、より包摂的な人材ミックスを実現する

組織のアジリティの実現
ダイナミックな要員計画と調整により、ビジネスの課題、市場の状況、優先順位の変化に組織として機敏に対応する

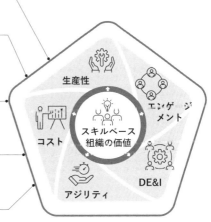

本章では、弊社が取り組んできたスキルベース組織への変革ジャーニーと、実践からの学びを共有した。スキルベースへの転換が、いかにビジネスとそれを実現する要員計画、そして人材の育成・定着に結びついているかがおわかりいただけるだろう。
　特にグローバルスコープで行う場合に留意したポイントをまとめに記すので参考にしていただきたい。

> ・**第6章　まとめ**・
>
> ・グローバルプログラムとして大規模なスキルベース組織への組織変革を目指す場合には数年がかりの取り組みになるので、多くの利害関係者が納得し、投資判断できることに耐えうるブループリント（全体構想）を最初に描くことが必要である。
>
> ・ゆえに現実的にはフェーズドアプローチをとり、最初にゴールイメージを明確にしながらも段階的にスキルベース組織への移行のプランを作ることが大切となる。
>
> ・特にグローバルスコープの場合はそれぞれの地域・国には多様な価値観、商慣習、言語が存在し、国内単体での移行と比して非常に負荷が高く、合意形成のハードルも高まる。
>
> ・地域をまたいだグローバル人材マネジメントを活性化させるために、グローバル全体でスキルタクソノミーを共有することの重要性や、スキルが地域や国の違いを超えても意味のある共通通貨であることを強調するなどの工夫が求められる。

第 7 章

さらなる進化を遂げる ための3つのポイント

▼

　ここまで、スキルベースとは何か、実現するには何が必要なのか、実際にファンクションへと適用させてゆくためには何に留意し、どのように組織全体として推進することが望ましいのか、詳細に追いかけてきた。企業群の取り組みの紹介に移る前の最終章として、本章では、組織管理・運営の視点から包括的に捉えた場合、スキルベースの考え方やそれに沿った仕組みを導入するにせよ、傍観し発展を見守るにせよ、進化していくために今後、我々が考えねばならなくなるであろう3つのポイントについて先取りしたい。3つとは、「精度の向上」「対象項目の拡大」「不確実性への対応」である。

1 進化の方向性①
精度の向上

　今後、押さえておくべき進化の方向性の第一のポイントは、AIやデータ活用の際の「精度」である。AIが広まる以前からデータドリブンという用語が広まっていたように、データを活用したインサイト抽出には大きな期待が寄せられている。これは将来も変わらない。一方で、日本でなかなかデータドリブンの考えが進まなかった背景に「正確さ」への懸念があることは周知の事実である。これを日本の文化社会的特徴と捉える向きもあったが、ここに来てどうも世界的にこの問題はやはり問題だったと疑われるまでになってきている。海外では採用領域が主導する形でデータ活用が進んできているが、これには採用が「正確さ」をそこまで要求しないことも多分に影響している。配置や評価・報酬など、実際に雇用関係にある従業員の運命や人生を左右するとなると、やはり海外といえどもそこは「正確さ」が求められるということが徐々にではあるが見えてきている。

ツール側はアウトプットの精度向上を競う

　例えば第2章で紹介したチューリッヒ社が活用を公表している「Faethm」というAIがある。Faethmは機械学習を用いて世界経済フォーラムや世界銀行、MIT、OECDなどが発表する経済・技術的な見通しに関する情報や統計をインプットし、多様な技術がどの領域や職群にどの程度の影響を与え得るかを予測するということをしている。簡単に言えばシンクタンクやエコノミストなどが発表してきたトレンドレポートを、AIを使ってより細かく吐き出す仕組みを構築した、と表現すればわかりやすいだろう。そしてこのFaethmはマクロの変化だけでなく、労働市場の変化についても同様にアウトプットの精度を高める挑戦をしている。彼らの売りは、他社ではエラーが無視できない量となる数億件

単位のジョブプロファイルを解析できるAI（自然言語処理技術）であり、これにより社内外のどの職群にどの程度の影響が出そうなのか掘り下げられると謳っている。つまり精度が売りになる、ということを言っているわけである。

実際、「Degreed」や「Blue Prism」など、Faethmをバックデータとして使うツール類は増えてきており、本来インプット情報として分析や見通しを出す側の立場であるコンサルティングファームでもFaethmのレポートをベースデータとして活用する例も増えつつあるようで、気づかないうちに使っていたという可能性も今後は高まるだろう。

1社だけではない。こちらも2章で紹介した「TechWolf」は取り込む社内データの対象を広げることでアウトプット（ここでは従業員が保有するスキルと、それを活用するマッチング）の精度を高める方向の努力をしている。近年よく名前を見かける「Eightfold」というツールも、自社のAIが「膨大な」情報から「正確な」予測を出すことをアピールしているし、別のあるプロダクトは10年分のデータ活用でマッチング精度を上げられると主張するなど、類例を上げると際限がない。

■ 真に精度が高くあるべき情報は何か

ただ、ここまで書けば読者の方々であれば理解いただけるであろうが、10億のプロファイルが処理できようが、140万のスキルを区別・分類できようが、だからといって誰が何をすれば成功しやすいのか、誰にどのような潜在スキルがありそうなのか、という将来予測は検証が難しい。検証が難しいからどうしてもインプット情報が多いことが精度に繋がるような気にはなってしまうものの、実際はそうではないという点は注意すべきだ。

生成AIが勃興した2022年頃を境に、AIを使えば何とかなるのでは、という淡い期待が広まった。これは本来「淡い」期待であるべきだったのだが、生成AIが一見するともっともらしい結果を出すがゆえに過度な期待へと繋がり、現在「実はあまり使えないのではないか」「せっか

く導入したが思ったほどではなかった」という失望感を生んでいる。その大半はデータ量さえ増やせばアウトプット精度が上がるという誤解によるものと言っても過言ではない。分析対象とするデータ量は当然ながら増やす方が望ましいが、闇雲に増やしても大した意味はなく、増やしたデータの中から「正確なアウトプット」を吐き出すために真に必要となるデータを見極めること、そして真に必要となるデータに関して「インプットするデータの精度」を上げることが重要だ。

　わかりやすく言えば、従業員に新たなスキルを獲得させたい時、彼・彼女のやる気には当人の将来ビジョンが影響しているのか、現職での評価が影響しているのか、その領域の展望や不透明さが影響しているのか、というキードライバーの探索がまずは必要で、その上で例えば将来ビジョンが重要なのだとすれば「どうすれば将来ビジョンをより具体に鮮明に時系列で聞き出したり推定したりできるのか」というインプット情報の精度を高める工夫をすべきということである。

　何でも放り込んでみて出てきたものを鵜呑みに使うという発想では（少なくとも現時点の）AIツールは使いこなせない。それが許容されるのは多少の誤差をもって「弊社には適さない人材であった」と間違った判断をしても大きな影響は出ないかもしれない採用領域くらいであり、そこからの脱却を望むのであれば精度問題は不可避なのだ。現在、各ツールがこぞって放り込めるデータの種類や量を拡大させているのは、その試行環境を提供するためなのだと理解されたい。従って、何でも入れられると言われた時に何を入れれば自社が求めている結果が得られるのか、そして入れる情報の精度を引き上げていくにはどのような取り組みが望ましいのか、これからはその探求が必要となる。

2 進化の方向性②
対象項目の拡大

■ ハードスキルからソフトスキルへの拡大

　第二のポイントは、「スキルベースが対象とするスキルの範囲の拡大」である。スキルベースという仕組みは出自からしてハードスキル、それも評価計測が容易なデジタルスキルを中心に設計されている。それ自体は問題はない。他方、現実問題として組織が人を選ぶ時、本当にスキル「だけ」で判断ができるのだろうか。仮にこの問いに対する答えがYESなのであれば、有名大学を卒業した人であれば誰でもよく、中でも入社試験で得点が高かった人を上から順に採ればいいことになるが、そんなことはあり得ない。つまり、ハードスキルだけをマッチングキーとする仕組みは、候補者プールの効率的な組成には資するものの（某大学卒の候補者、とソートするようなものである）、それは採用から代謝までというタレントマネジメントサイクルから考えれば微々たる貢献にすぎない。

　従ってまず、スキルベースの仕組みはソフトスキルへの拡大を生む。心配せずともこれはプロダクト側から起こる。なぜならそれがユーザーのニーズだからである。例えば「365Talents」というツールは録画した採用面接のAI分析でスキルに加え性格特性をプロファイルしようとしているし、「HiringBranch」という新興企業は実業務を候補者にシミュレートさせることで傾聴や共感力、問題解決力やリーダーシップなどのソフトスキルを評価するAIを開発している。もっと簡便なもので言えば、既に多くの企業が導入しているであろうSPIのような性格特性や職務適性に関するデータを加えるだけでも、ジョブと人材のマッチング精度は高まるだろう。そういった変化は、これから間違いなく起こる。

■■ スキル以外の判断要素への拡大

　ただ、この変化において特に注意すべきは、従前と同じ項目を従前と同じ用途で用いるだけでは不十分なものがあるという点である。スキルベースに追加されてゆくであろう「ソフトスキル」とは、これまで「コンピテンシー」と呼ばれていたものが多い。定義には諸説あり定まらないものの、コンピテンシーは「成果創出を目的とした意図的な行動特性」とすればわかりやすい。つまりこれは、「成果」が中心にある概念であり、平易に言えば「そのような行動を取っていれば成果も出るだろう」と考えられる模範的な行動を特定し、従業員にその模範的な行動を取ることを推奨するものだ。

　しかしスキルベースは「成果」中心ではなく「スキル」中心の仕組みである。よってここに考え方の転換が必要となる。

　これまで、（デジタル）スキルはそのスキルを活用するリテラシーというコンピテンシーに昇華されてきた。「勝ちパターン」に沿って勝負していればいい時代はそれでよかった。一方でスキルベースという仕組みが求められるようになった背景には、そのスキルの細分化やライフサイクルの急速な短縮という事情がある。そこで近年リテラシーに対する考え方はフルーエンシー（Fluency、流暢性）というものへと変化しつつある。これは大雑把に言えば、自在に知識を使いこなすことに加え、その知識が仮に陳腐なものとなった時でも新しく必要となる知識を素早く特定し、学習・吸収し、使いこなす力のことだ。

　加えて技術革新のスピードが、「では、そのように行動してみましょう」という従来のコンピテンシーモデルが抱えていたある種の悠長さを許さなくなってきている。細分化された（されてしまった）スキル領域のそれぞれについて、ラーニング適性の高い従業員を素早く特定し、効果的な能力開発を短期に実施し、ビジネスが求めるスピード感で人材を当て込んでいかなければならない。それには社外人材から調達するモデルも引

き続き重要だが、特に日本においては社外調達に頼りすぎると陳腐化したスキルセットを抱えたマッチング先のない人材が膨張してしまうリスクがあるため、社内人材の迅速なリスキルが海外にも増して重要になってくる。ゆえに「スキル」中心の考えにおいては、フルーエンシーというコンピテンシーは期待成果を高めるためのキーというよりも、むしろリスキル適性をあらかじめ見極めておくための指標という意味合いで使われるようになると考えられる。

　言葉で表現すると些細な変化のように見えるが、これは実際かなりの意識転換であり、情報を活用する企業側はもちろん、従業員にとっても「示されたモデル行動を模倣する」という順序では間に合わなくなる可能性を示唆している。だからこそ、組織はコンピテンシーの使い方を見直すだけでなく、従業員が「自律的にリスキル力を高める」方向へと旗を振っていくことが求められる。

3 進化の方向性③
不確実性への対応

■ スキルベースがはまりやすい落とし穴

　第三のポイントは「不確実性への対応」だ。第一、第二のポイントを通じて、データさえあれば高精度のマッチングが実現可能な環境が整ったとしよう。それでもなお、スキルベースが求めるマッチングとはある一時点の最適解ではなく一定の将来予測を含んだものであることは疑う余地がない。それが予測である以上は不確実性というものもゼロにはならない。例えばある日突然、これまで秘密裏に進められていた全く新しいAIが発表されるかもしれない。もっと斬新なプログラミング言語が生み出されるかもしれない。あるいはそんなことでなくとも突然のハイパーインフレや紛争による人流断絶が起こるかもしれない。そういった突然のインシデントは予測できない。予測できないのだとすれば万一そのようなことが起きたとしても対応できるように備えることが必要となる。

　20世紀、そして21世紀の今日までの企業経営は、効率化を求めてきた。効率化とは即ち、計画達成に必要な最低限のリソース量を探求し、その最低限のリソースで最高の結果を出すことである。人員計画で言えば事業計画に必要な人員数（とスキルの総量）を求め、それだけの人員を確保するから目標を達成せよ、という仕組みだ。そこに遊びや無駄はない。

　しかし、遊びや無駄を極限まで絞られた組織は、万が一に弱い。例えば指揮命令系統が１本の組織は無駄がないので動作は機敏だが、そのラインのどこかで欠員が出ると機能しなくなる。どこかから補充しなければならないが、それはどこかで人員が（それも最適な人員が）余っていなければすぐには達成できない。

　スキルベースはこの落とし穴にはまりやすい仕組みである。なぜならば目指す姿として「必要最低限のスキル」を設定し、それを充足するよ

うに組織を運営しようとするものだからである。万が一のことが起きない限り、この仕組みは最も効率がよい（一時流行った表現で言えば"LEAN"である）。予測の精度を上げようとする取り組みも、その過程でリスクの幅広い検討が行われるために効率化信奉を助長する。しかしいくら精度を上げたとしても万が一はゼロにはならない。だからこそ、このギャップを正しく理解し、備えることが求められる。

　何かストレス（圧）が加わった時に戻る力を意味する「レジリエンス」という考え方はこれに近い。先の例で言えば予期せぬ欠員に対し周囲の人間がカバーに入る、予備の人材プールから迅速に補充する、などが組織的なレジリエンスと言えるだろう。このレジリエンスはストレスへの対応が主目的となっているのだが、近年、レジリエンスからもう一歩踏み込んでリスクへの備えを武器にしようという考え方が提唱され始めている。『ブラック・スワン』で知られる研究者・思想家のナシーム・ニコラス・タレブ氏が言う「反脆弱性（Antifragility）」である。

■「反脆弱性」を高める方法

　反脆弱性はリスクへの備えを強みに変える。例えば、万が一に備えて個々人がめいめいに、今は特に「求められていない」スキルを強化する。そうすれば万が一の時でも対応できる人員を探せる可能性が上がるだけでなく、通常業務においても「計画時には想定していなかったスキル」という新しい観点からの示唆や貢献が発生する確率が上がり、結果としてイノベーションの期待値を上げることになる、といった具合だ。1本のレポーティングラインに頼るのではなく、網の目状にコミュニケーションネットワークを広げておく。業務100％ではなく何割かの「遊び」を設定しておき、そこで実験と失敗を奨励し、学習させる。リスク分散やイノベーションの文脈で語られているこれらの取り組みは、いずれも反脆弱性を高めるものと言えるだろう。

　ダイバーシティやイノベーション、心理的安全性、自律型社員など、目的や効果が明確には表現できないが必要そうだから進めておこうとい

う人事施策は意外に多い。これらの施策は反脆弱性の観点から見直してみると異なった側面が見えてくる。リスクへの備えを組織的な武器にする、という観点でこれまでの人事施策を改めてみること。これはスキルベースへの転換を選択しない組織においても重要な視点だろうが、スキルベースというLEANな状態をスタートラインに置きがちな仕組みとの親和性・相互補完性が極めて高い考え方である。スキルベースを選択した場合には次の一手として組織主導で進めてみると組織力の向上に資するのではないかと考えられる。

・第7章　まとめ・

- スキルベース組織の進化においては、「精度の向上」、「対象の拡大」、「不確実性への対応」の3つの方向性を押さえておく必要がある。

- AIを活用したデータドリブンな意思決定にはデータの正確さが何よりも求められることとなる。事例に挙げたようなAIツールは膨大なデータから正確な予測を出すことを目指しているが、ユーザー側は必要なデータを見極め、AIにインプットする情報の精度を高めていくことが求められる。

- スキルベースの仕組みは現時点ではデジタルスキルを中心に設計されることが多いが、ソフトスキルへの拡大が不可避である。また、スキルライフサイクルが短縮し続けることから、着眼点をコンピテンシーからフルーエンシーへと転換し、従業員のリスキル耐性を見極めることが肝要となる。

- スキルベースは極限まで効率的な組織運営を目指しがちだが、予測精度をどれだけ引き上げても不確実性はゼロにならないため、レジリエンスや反脆弱性の考え方を取り入れ、リスクへの備えを組織的な強みへと転換していくことを検討したい。

第 **8** 章

先進日本企業の事例集

▼

　本章では、スキルベース組織への変革に取り組む先進企業──SMBC日興証券、KDDI、ソニー、テルモ、ニューホライズンコレクティブ、富士フイルムホールディングス、ローソンの7社の事例を紹介する（社名50音順）。ジョブ型人事制度を進化させようとする企業、職能資格のまま取り入れようとする企業など、組織によって捉え方や進め方は様々だが、スキル起点の人材マネジメントのいろいろなケースとして参考になる。

経営・人事・ビジネス部門・システム部門が一枚岩となりスキルベースのタレントマネジメントを実現

SMBC日興証券株式会社

EY田隝：最初に社員の育成やスキル強化など、組織・人材領域に関連する、お二人の経歴を聞かせてください。

椎根：組織・人材に係る経歴としては、2016年から4年間、人事部長を務め、特に重要なプロジェクトとして、2018年のSMBC日興証券とSMBCフレンド証券との統合に関わりました。2020年には、「創造的企業への変革による持続的な成長の実現」をテーマに、環境の変化を踏まえた人事制度改定に取り組みました。一人ひとりの社員が切磋琢磨し、互いに高め合いながら成長し続けるために、年功序列的な制度から、専門性や役割に応じたスキルを重視した制度、貢献に応じた処遇体系に改革しました。また、早期抜擢や若手の挑戦機会を増やすと共に、幅広い業務経験を通じて組織のリーダーを目指すキャリア、より高い専門性を追求するキャリア、ライフステージに応じて働き方を選択できるキャリアなど、多様な働き方の選択肢を整備し、エンゲージメントの向上を目指しました。現在は、2023年4月から人事統括役員として、全社の人事および人材育成を担当しています。

佐々木：私は、金融事業会社に約十年勤めた後、企業経営に関わる仕事をしたいと思い、MBAを取得しました。その中で「人材組織論」に触れ、各人材の強みや特性を理解した上で適材適所を行うことが、人材の潜在能力を引き出し、人材と組織の成長に相乗効果を生むことを知り、人材育成の重要性に興味を持ちました。その後、外資系コンサルティング会社へ転職し、デジタル人材戦略立案やDX案件、AI活用案件をクライアント企業向けに支援しました。2022年に当社へ入社し、現在はデジタ

(左から）EY田隝政芳、SMBC日興証券の佐々木有香氏、椎根達也氏

ル戦略部の部長として全社のDX推進ならびにデジタル人材育成をミッションとして活動しています。

■ 企業と社員の関係が変化する中、多様な社員一人ひとりの成長・活躍を支援する環境が不可欠に

田隝：本日は、SMBC日興証券におけるスキルを重視した制度や施策、および、課題認識や工夫等、ご教示いただければと思います。まず、貴社の人事戦略についてお聞かせください。

椎根：SMBCグループを取り巻く環境や個人の価値観・ライフスタイルは、急速に変化し多様化していますが、「人」の大切さは変わりません。企業と社員の関係が「選び、選ばれる関係」へと変化する中、「経営戦略の実現」のみならず、ビジネス力の源泉である「人財」の想い、つまり、「社員」の想いや夢も重ねて実現しなければなりません。

　そのような変化の中、SMBCグループ全体の価値創造を支える人財戦略として、「SMBCグループ人財ポリシー」があります。「SMBCグループの社員に求めるもの」と「SMBCグループが社員に提供する価値」の2つのカテゴリーでできており、これに2つの価値を加えたものを、SMBC日興証券の「人財ポリシー＋1（プラスワン）」としています。

1つ目の価値は、「SMBCグループの社員に求めるもの」に加えた「親切で正直」です。これは、当社が1918年に川島屋商店として創業して以来、大切にしてきた創業の精神です。そしてもう1つは、「SMBCグループが社員に提供する価値」に加えた「継続的な人財投資」です。

　経営戦略と連動した人事戦略の実現には、多様なキャリアと価値観を持つ社員一人ひとりが活躍できる人事のプラットフォームと組織風土が何よりも不可欠であり、同時に、会社と個人の価値観が重なり合い、互いに共感することも重要と考えています。

■ ビジネス環境の変化に伴い、お客さまを深く理解している自社社員のリスキルが一段と重要に

田鵤：貴社は、スキルを重視した制度や施策を整備・推進されています。
椎根：SMBCグループおよび当社では、多様な人材が働きがいを感じ、その能力を最大限に発揮できる職場環境の整備に取り組んでおり、組織のパフォーマンス向上と価値創造の最大化を目指しています。多様な人材に対して、自律的なキャリア形成に向けた、スキルアップへの挑戦を応援する環境づくりに注力しています。

　デジタル領域を例にとると、当社は、これまで対面中心の付加価値サービスを提供してきましたが、デジタル技術の活用により、商品、サービス、お客さまとのコミュニケーションの価値と利便性をさらに向上させることができます。しかし、その対応のためには外部協力会社との協業や外部からの採用のみでは十分ではなく、ビジネス部門とシステム部門が一体となり、お客さまを深く理解している当社社員が中心となってDXを推進する必要があります。そこで2022年にデジタル戦略部を設立し、人事部とも連携の上、ビジネス戦略に基づいて、社員のリスキルを通じてデジタル人材・デジタルスキルの強化を計画的に推進しています。金融業界全体でDXが加速する中、特に証券業界ではデータの活用が重要であり、DXの深化とスピードアップが求められています。従来の対応スピードでは遅いため、現場で実現可能な案件はビジネス部門が主導

して即座に推進し、大規模な案件はシステム部門と連携して進めることが求められます。業務に精通したビジネス部門の社員が生成AI、RPAやBIのデジタル技術やツールを活用して業務の効率化を進めることが重要です。

■ 定量目標達成に向けたスキル強化を推進し、スキル評価・認定のみならずスキル活用率をモニタリング

田鴫：デジタル戦略部主導で推進されている、社員のリスキルを通じた、デジタル人材・デジタルスキル強化の取り組みについて教えてください。

佐々木：当社に必要なデジタル人材・デジタルスキルを定義し、その人材確保に向け採用や育成を進め、スキル評価・認定を行い、そのスキル活用率を追っています。

　ビジネス部門に必要なデジタル人材としては、DXを牽引する「デジタル人材」と、デジタルスキルを活かして自組織の業務効率化や高度化に貢献する「デジタルスキルを有する人材」の2種類が必要と定義しています。デジタル人材は、PM（プロジェクトマネージャー）、BSA（ビジネスシステムアナリスト）、ASE（アプリケーションシステムエンジニア）、DS（データサイエンティスト）の4職種です。デジタルスキルを有する人材は、RPA、BI等のノーコード／ローコードツールを使いこなせる人材や、VBA、SQL、Python等の言語を活かせる人材を指します。今年度（2024年度）からは生成AIの活用強化に向けて、プロンプトエンジニアリングスキルを有する人材も追加しました。

　現在の中期経営計画では、2025年度末（2026年3月時点）で、デジタル人材は1,000人、デジタルスキルを有する人材は2,000人の認定を目指しています。

　候補人材の発掘は、社員からの申告や上司からの推薦、各研修課題における成績等を見て抽出しており、認定には厳密な基準を設定しています。人事部と共同で、認定基準を満たす十分なスキルを有しているか調査し最終的に認定可否を決めています。

またデジタル人材の認定には、各スキルごとに数十問のアセスメント項目から構成された当社独自のアセスメントシートを活用しており、認定基準がブレないようにしています。

■ スキルの種類・レベルに応じた体系的な研修提供や　リスキルを一定期間で実現するための集中型育成プログラム

田陽：どのようなプログラムを用意していますか？　また、課題はありますか？

佐々木：当社のデジタル人材育成プログラムでは、「デジタルリテラシー向上」「デジタル人材育成」「デジタルスキル向上」の３つの領域で、各研修プログラムを整備しています。各研修は初級、中級、上級とレベル別にしており、受講者のスキルレベルに応じて学べるようにしています。また、上級研修では、受講者の実業務におけるデジタライゼーションやDX案件を題材に、デジタル専門家がそのソリューション構築を伴走支援するOJTプログラムを提供しています。

　デジタル人材育成プログラムを拡充・改善してきましたが、育成候補人材が現業との兼ね合いで充分な時間を割ききれないこと、デジタルスキルを習得しても活かす機会を与えられていないことが課題でした。そこで、2024年度より、各ビジネス部門からデジタル人材の候補者を選出し、一定期間、現業のビジネスから切り離し、集中的にデジタルスキルを身につける「デジタルトレーニー制度」を導入しました。

■ 高い専門性・スキルを有する人材採用の主導権は現場の　各部署に持たせ、スキルベースの指標に基づき判断

田陽：高い専門性・スキルを有する人材の採用についても、スキームや工夫等をお伺いしたいです。

椎根：当社では、社内にスキルベースの育成指標を設けており、社外から人材を採用する際には、候補者の保有スキルや経験を基に採用判断を行っています。

デジタル人材採用においては、採用判断の主導権は現場に持たせています。もちろん、人事部は採用のプロフェッショナルとして現場を横断的に支援し、候補者がスムーズにオンボードできるよう尽力しています。具体的には、キャリア採用において候補者が所属することになる組織で一次面接をする運用を行っています。これは、専門人材のスキルを人事部の一次フィルターで見逃さないためだけでなく、候補者が早い段階で実際に一緒に働く社員との接点を持つことができるようにするためです。このように、候補者との関係構築を重視し、よりよいマッチングを図っています。

佐々木：高い専門性・スキルを有する人材を効果的に採用するためには、まずは自社内で不足しているスキル領域の把握が重要と考えています。その次に、採用候補人材に必要なスキルセットや経験、役割を明確に定義し、採用基準を具体化しています。特にキャリア採用では、「どういうことを何年してきたか」という経験の長さよりも「何ができるのか」のスキルに焦点を充てて、当社で活かせるか確認し、ミスマッチが起きないようにしています。

　一方で、デジタル領域は変化が激しく、今のスキルが陳腐化する可能性もあるため、継続的に学び続けることを楽しめる資質を有する人材かは重要な決め手となります。

■ 社員一人ひとりのスキル把握と機動的アサインが重要
　今後、管理職にはマッチング力が問われる

田隝：業務やプロジェクトへの配置・アサインについてはいかがでしょうか。

佐々木：デジタル人材の配置については、スキルベースでのアサインが重要です。ビジネス課題を理解し、要件定義ができる人材や、ソリューションを構築できる人材など、プロジェクトのフェーズや難易度に応じて適切な人材を配置し、各人材が専門スキルを持ち寄る形でプロジェクトを推進する体制を築かなければなりません。プロジェクトは企画構想

フェーズからソリューションを構築、導入後の改善フェーズと流れていき、プロジェクトの進行に伴い、必要なスキルが変わるため、各人材のスキル把握と機動的なアサインが重要です。

人材をアサインする側としては、日頃から各人材のスキル把握に努めています。各プロジェクトや業務に必要なスキルを踏まえ、そのスキルを有した人材を配置・アサインしています。

今のデジタル戦略部は少数精鋭だからこそ、アサインの機動力は比較的保ちやすいですが、一方で部員に足りないスキルは、それを有する他部署の人材を巻き込む必要があります。組織を超えたコラボレーションが重要です。デジタル案件では、専門人材がそれぞれに持つスキルをシェアし、掛け合わせることで、各プロジェクトで必要とするスキルが充足され、成果最大化に繋がっています。プロジェクトや施策ごとに必要なスキルを把握し、適切な人材をアサインする。これからの時代の管理職にはそういった「スキルのマッチング力」が問われてくるでしょう。

■ 高い専門性・スキル人材向けの人事制度に加え
　専門家同士がコラボレーションできる仕組みを提供

田陽：高い専門性・スキルを有する人材のリテンションや、活躍を後押しする制度やカルチャー醸成等の工夫についても教えてください。

椎根：2020年にデジタル人材専門の「DXコース」を設置しました。デジタル人材の市場価値にも照らし合わせ設計した人事制度で、スキルの熟練度に応じて等級や報酬レベルが決まります。マネジメントスキルを有する人材が就く「役職」ではなく、デジタル人材は、専門領域のスキルレベルの高さで報うことも重要と考えています。

佐々木：過去4年で延べ1万2千人がデジタル関連研修を受けており、多くの社員がデジタルスキル獲得に能動的に行動しています。しかし、場合によっては、社員が現在の所属部署ではそのスキルを活かせる機会がないこともあります。折角獲得したデジタルスキルを維持し、興味関心を持ち続けるために「Digital Boost」と呼ばれる、卒業生向けの取り

組みを始めました。具体的には、データアナリティクスや生成AIアプリ構築のハッカソンや、プロジェクトマネージャーのためのリーダーシップスキル向上研修等を開催しました。社内で同じ領域の専門家同士が交流を深め、コラボレーションする機会に繋げています。

■ 人材・スキルデータベース・ダッシュボードを整備・公開し管理職による社員のスキル把握を実現

田隝：スキルの管理・活用はどのように実施していますか？

佐々木：デジタル人材・デジタルスキルを有する人材のデータベースを構築し、ダッシュボードで可視化しました。各社員のデジタルスキルを活かすために、ダッシュボードを管理職向けに公開しています。これまで、蓄積してきた各社員のデジタル関連の研修受講履歴や認定状況、スキルレベルのデータを公開しています。管理職は自組織の社員がどのようなデジタルスキルを有しているのか確認し、自組織のデジタライゼーションやDXの担い手の情報把握やアサインに活かせるようになっています。

椎根：このダッシュボードは、デジタル戦略部と人事部が協力して開発

図8-1 デジタルスキルを有する人材ダッシュボード

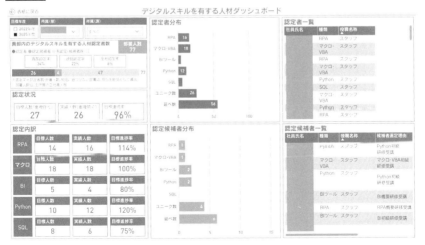

出典：SMBC日興証券社資料

し、活用を推進しています。組織のデータマネジメントも進めており、人事部ではHRダッシュボードも導入しています。これにより、経営層および人事部門が社員のスキル習得状況を把握し、人事異動の際にも適切な人材を配置できるようにしています。データドリブンのアプローチを進め、組織のエンゲージメントを高めることを目指しています。

　スキルの見える化によって、管理職が自分の部下のスキルを把握し、適切な仕事を振り分けることができるようになりました。これにより、社員も自分の得意な領域で活躍できる機会が増えています。

■ 経営層から実践・発信することで　迅速に施策の実行ができるカルチャーを醸成

田隝： 経営、人事、ビジネス部門、システム部門が一枚岩となって、全社のリスキルを推進している様子を伺いましたが、どのように実現しているのでしょうか？　デジタルトレーニー制度等、非常に迅速に判断し実行されている認識です。

椎根： 当社は、強みに磨きをかけ、変化をエネルギーに変えながら全社を挙げて「サステナブルな成長」の実現に向けて取り組んでいます。経営メンバーおよび役員は一丸となり、この変革にコミットし、未来に向けて「変化の先へ。いま動く。」というスローガンのもと、全社員のカルチャー変革に取り組んでいます。

　当社の成長を実現するために強化する強みは3つあり、「グループ・グローバル連携」、「人材の多様性」、「DXおよびITの推進」です。これらに経営メンバーがコミットしています。経営と管理職が一体となって取り組んでいるため、迅速に判断し実行に移せていると認識しています。経営戦略と合わせて人事戦略に込めた思いや背景が正しく伝わるように、タウンホールミーティングや部門別ミーティング等の対話によるインナーコミュニケーションを活発に実施しています。

佐々木： 経営がタウンホールで拾った社員の課題の声は、主管部署にフォローアップ事項として連携されますので、私たちはそうしたDXや

経営層自ら参加した10年後のビジネスを構想するデザイン思考のワークショップ

デジタル人材育成に関する意見を踏まえて施策を検討しています。また、デジタル推進においては、各ビジネス部門の統括が任命した「推進責任者」やその配下の「コアメンバー」と共に月次会議を開催し、開発状況・事例の発信や、各部から「自部門への適用方法」や「利用シーンのアイデア」などについて、活発な議論を交わしています。

全社員向けには社内広報誌（「ON NIKKO」）にて、社長や役員が自らデジタルを活用しているシーンを掲載し、感想も添えて発信する等、まずはトップ層から実践する大切さを見せています。

■ 高スキル人材の協業推進や自律的なスキルアップに向けてオープン型人事へのシフトが重要に

田隝：高い専門性・スキルを有する人材を確保し、活躍してもらうために必要な人事とは、どのようにお考えですか？

椎根：多様なバックグラウンドを持つ人材が集まり、それぞれの視点や経験を活かすことでイノベーションが生まれます。そのため、人事の役割は、人と組織をつなぎ、共に悩み、新たな気づきを得る喜びを分かち

合い、未来の道を築くことだと考えています。共に未来を切り開くためのパートナーとして、共に成長し、成功するための道を歩む心構えが重要です。

　従来、人事は社員の重要情報を扱うため、秘匿性が高くクローズドな管理が中心でした。しかし、今後はオープン型人事へシフトし、社員や組織の状況を可視化することで、社員が自らの適性に気づき、前向きにスキルアップを図る自律的な社員の育成を目指していきたいと考えています。このプロセスも、テクノロジーを活用しながら進化していくと考えています。最終的には、社員の「幸せな成長」が企業や社会全体の「幸せな成長」に繋がるカルチャー変革を実現することが、人事の重要な使命であると信じています。

■ スキルの深さのみならず幅の拡大も重要
　それを後押しする環境整備を継続的に推進

田隝：育成だけではなく採用・配置まで、既にスキルベースでのタレントマネジメントを実践されていますが、今後の方針等を教えてください。
佐々木：デジタル人材は、専門家としてスキルの深さを追い求めることが必要ですが、さらに他のスキルを獲得していくスキルの広がりが、自身の市場価値を高めることに繋がると考えています。私は部員に常々、「スキルを掛け算して唯一無二の存在になってほしい」と伝えています。「データ分析スキルを有しながら、セキュリティ要件を踏まえたクラウド活用ができる」「プロジェクトマネジメントもできてUXデザインもできる」等、自身が有するスキルの幅が広がっていくことで、誰にも奪われないポジションを確立できるようになります。

　そのために、自身がバリューを発揮するために獲得すべきスキルは何かを自ら考えて、自律的なキャリアをデザインしてほしいと思いますし、一方で、会社・組織としては、そのような貴重な人材にどのような体験や環境を与えられるか真剣に考えていく必要性も高まっていると認識しています。

椎根：社員一人ひとりが、スキルを活用し新たな価値を創造することを楽しみながら進めていくことができるよう、多様な人材がその能力を最大限発揮できる環境を整えることが重要だと考えています。今後も、キャリア形成に向けたスキルアップや挑戦を後押しする環境作りを継続していきます。

また、データドリブンのアプローチをさらに進め、組織エンゲージメントを高めるための施策を展開していきます。社員のスキルセットや労働時間およびウェルビーイングの観点からも分析し、高い専門性・スキルを有する人材のキャリアを実現させるための環境を、さらに最適化・高度化していきたいと考えています。

多様な社員の目指す姿の実現が、企業としての成長や競争力に繋がり、企業と社員の共感を高め、それが社員のさらなる挑戦や活躍を生み出すことになります。「人材マネジメント・人材力の最大化」に繋がるこの好循環を実現していきたいと考えています。

■インタビュイー　プロフィール

椎根達也

1990年日興證券（現SMBC日興証券）に新卒入社。10年間支店にて営業職に従事した後、公益法人部や営業企画部を経て、その後は府中支店・調布支店・柏支店・仙台支店で支店長を歴任し、2016年人事部長、2022年常務執行役員 金融・公共・公益法人統括兼金融・公共法人本部長、2024年専務執行役員人事統括兼人事・育成共同担当に就任。

佐々木有香

金融事業会社に入社後、外資系コンサルティングファームにてDX・AI、デジタル人材に関する戦略立案や案件推進に従事。2022年にSMBC日興証券に入社。デジタル戦略部長として、DX戦略の実現に向けた各部門のデジタル案件推進やデジタル人材の採用・育成に関する企画、施策推進をリード。

1万3,000人規模で社員の
スキルを見える化し、人材育成に活用
今後は要員計画や人材配置に活かす

KDDI株式会社

■ 多様な経験を持つ人材でジョブ型および
スキル関連プロジェクトを推進

EY鵜澤：最初にご経歴とご担当のお仕事をお聞かせください。

木村（理）：現在人財開発部で部長をしております。採用、育成、キャリア支援といったタレントマネジメント全般や、社員エンゲージメントの向上といった組織開発、KDDIフィロソフィという企業理念の浸透など幅広く携わっています。キャリアとしては新卒でKDDIに入社して20年以上ですが、しばらくはずっと事業側にいた後に経営企画部を4年間経験し、その後、人事本部に異動して3年目になります。

木村（健）：私はキャリア採用で2020年にKDDIに入社しました。教育系の分野を中心に経験を積み、KDDIが3社目になります。KDDIに入社したのはちょうどジョブ型人事制度を導入したタイミングでして、人事制度上のスキルを定義するといった検討の初期段階から参画しております。メインの担当領域は人材育成の領域ですが、タレントマネジメント全般を担当しております。

栗田：新卒はHRテックのベンチャーに入社し、その後監査法人系のコンサルティングファームを経てKDDIに入社しました。所属は木村（理）の人財開発部に対して人事企画部という部署でして人事戦略策定、中長期計画の策定、本部全体横断のプロジェクト等に従事しております。ジョブ型人事制度のアップデート、つまり専門領域を定め、ジョブとして細分化して、ジョブごとの細分化されたスキルを定義するという、今回の

テーマに関連するプロジェクトにも従事しています。

鵜澤：現在はコーポレート部門でも、キャリア（中途）の方も積極的に採用されているのでしょうか？

木村（理）：人事戦略策定や制度企画、人材育成などの領域では、新卒に加えてキャリア採用の方もここ5年くらいでそれなりに増えてきています。

鵜澤：通信会社の場合、新卒で人事部に入るとずっと人事畑でやっていく、というイメージがあるのですが、KDDIでは人事異動も戦略的に行っているということでしょうか。

木村（理）：人それぞれですが、長年人事を経験してきた人事のプロフェッショナルも必要ですし、事業に詳しい他の様々な事業部から来た人も必要なので、その比率としては半々くらいになっています。

■ ビジネスの多角化とそのためのプロ人材育成を目指し、ジョブ型人事制度を導入

鵜澤：今回のテーマであるスキルベースの取り組みを、KDDI社が他社に先駆けて取り組まれてきた背景や問題意識についてお伺いできますか。

木村（理）：弊社は2020年に「KDDI版ジョブ型人事制度」へと人事制度をフルモデルチェンジしました。その背景にあったのは、KDDIはいわゆる通信事業者ですが、国内の通信事業だけでは会社の成長にも限界があるため、金融、DX、エネルギーといった成長領域にビジネスを多角化していく必要があり、そのためには今までの人材だけでなく外部からその領域に長けた人にも入社いただく必要があり、社内のメンバーもある程度リスキルしていかなければならないという課題意識でした。はじめはジョブ型と言いながら、人事やマーケティングといったざっくりとしたレベルで30種の専門領域を定めるところから始めました。

　人事の例でお話ししますと、人事の専門家になるためにはどんなスキルが必要なのかを定義して、それに向けて社員が自律的に学習、成長し、プロ人材になるための仕組み作りが必要だと考えました。

■ ジョブ型をうまく機能させるためにスキル定義とアセスメントを行い、人材育成に活かす

鵜澤：KDDI社ではどのようにして、専門領域からスキルにまで落とし込んでいきましたか？

木村（健）：再び人事の専門領域を例に挙げて説明しますと、人事と言っても様々な機能に細分化できます。人事戦略・制度企画、人事システムやタレントアクイジションなど、仕事内容に応じて8つのジョブへと細分化しています。各ジョブにはそれぞれ3つ程度のジョブ別の専門スキルと、人事の専門領域のジョブ全てに共通する共通スキルが10個定義されています。このように、各専門領域の中に5～10個程のジョブがあり、各ジョブごとに10数個程のスキル（ジョブ別スキル＋共通スキル）が紐づけられている、という形になっています。

鵜澤：それらはいわゆる海外でスタンダードな、ジョブに紐づくスキルタクソノミー（スキルマップ）を参考にして作成したというよりは、御社独自で作成されたということですか？

木村（健）：もともとこの制度のコンセプトとして"市場で通用するプロ人材を育成する"というコンセプトがあったので、市場にある一般的ジョブ定義やスキルの粒度をベースにしながらもKDDIナイズして作成していきましたね。

鵜澤：一般的には、スキル定義の次のステップはアセスメントになると思いますが、そこはどのように行っていますでしょうか。

木村（健）：ジョブ定義・スキル定義・アセスメントはセットで進めてきており、ジョブの細分化、そこに紐づくスキルの定義をした際に、そのスキルに紐づくアセスメントの設問まで合わせて作成しています。先ほどお伝えしたようにスキルの数がジョブごとに10数個あり、かつそれぞれのスキルに細かいアセスメントの設問が設計されているため、設問数にすると結構な数があります。回答してもらった結果をベースにスキルアップ支援を目的とした1on1を上司部下間で実施してもらうよ

図8-2 ジョブ／スキルベースの人財マネジメントへの歩み

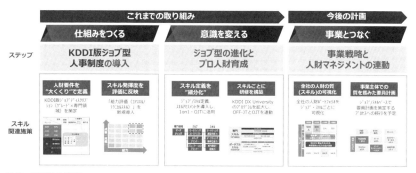

出典：KDDI社資料

うにお願いしています。現状は育成の領域を中心に実践していますが、将来的には要員計画や配置にそのデータを活用していきたいという思いがあります。

鵜澤：この取り組みを始めてからここまで来るのには、だいたいどれくらいの期間がかかっていますか。

木村（健）：ジョブ型人事制度自体は2020年の8月に導入しているので、そこから見ると4年ほどかかっています。全30の専門領域でスキルを定義してアセスメントをする取り組みは2022年から始めて、2023年の上期までの1年半ほどの期間で完了しました。

鵜澤：御社で今回の取り組みの対象になっている社員数はどれぐらいですか？

木村（健）：まずはKDDI本体所属社員を対象にしており、いわゆる管理職も含めると約13,000人になります。ゆくゆくはこのスキルベースマネジメントをグループ全体に広げたいという話をしています。

鵜澤：アサインメントや要員計画での活用はこれからで、まずは育成の領域で活用されているということですが、具体的には育成の中のどのあたりに皆さん手応えや効果を感じていらっしゃいますか？

木村（健）：現時点は効果が出始めの段階ではあると思うのですが、社

（左から）EY鵜澤慎一郎、KDDI栗田龍帥氏、木村理恵子氏、木村健一氏

員がスキルアップのためのアクションを行っているかどうかを調査するサーベイの結果では、数値が次第に上がってきています。専門領域ごとのジョブ、スキルを言語化したことで、自分にはこのスキルが必要なのだと腹落ちして理解いただいたこと、それがスキルアセスメントを通じて面談の中でも対話されるようになったこと、スキルに紐づく研修を同時に整備していったことなどによって、やるべき努力の方向性が明確になったということが1つ大きな成果だと思っています。

■ 多忙なファーストラインマネージャーを支援し、部下との対話や育成に活かすことが狙い

鵜澤： スキルベース組織は真新しい概念ということもあり、多くの従業員、関係者にとってはその必要性がわかりにくい部分があると思われるのですが、この取り組みを浸透させていく中で苦労したこと、具体的にとったアクションを教えていただけますか。

栗田： まず社内で、誰にとって一番使いやすい制度でなければならないかを議論した時に、その相手はファーストラインマネージャーだと考えました。彼らが部下の育成に際して「あなたに必要なスキルはこれであり、ここを伸ばしていきたい。そのためにこの仕事に取り組んでほしい」

というコミュニケーションをとっていかなければうまく機能しないので、そういったコミュニケーションの方法から変える必要があるという打ち出し方をしました。ではどうやって活用していくのか、というHowについても、マネージャーに具体的に示していくべきと考えていました。

鵜澤：ファーストラインマネージャーと御社で呼ばれているのは、一般的には課長くらいのポジションでしょうか？

栗田：はい、当社では「グループリーダー」と呼んでいます。部下の業務遂行、および部下育成に対する責任を持つ、ある意味一番忙しい人たちです。そのような人たちがこれをうまく使って部下を育成してほしい、ということですね。

木村（理）：栗田が言うように、今の制度になってから、ファーストラインマネージャーには部下の育成が非常に大事な役割だというインプットを積極的に行っています。人事からも「この時期にはキャリア面談をしてください。この時期にはフィードバックをしてください、この時期にはアセスメントをしてください」というようにその時期に上司がやるべきことを都度リマインドしていますが、そうするとやはり上司の負荷が増えてなかなか難しいというのが課題になっています。できるだけ他の作業的な業務の負荷を減らすための施策を検討しながら、この取り組みの背景にある意図や思いについても継続的にコミュニケーションをとっていくことがポイントになると思います。

木村（健）：コミュニケーションという意味では、全グループリーダー向けに、スキルアセスメントをどのように活用していくかをレクチャーする参加必須のワークショップや動画コンテンツの作成も行いました。ただ研修を受けるだけではなく、eラーニング動画で知識をインプットしてもらい、それをワークショップの中でロールプレイ等を行いながら具体的に実践していく、というものです。

鵜澤：ワークショップはどの程度の規模感で、何回程度行ったのでしょうか。

木村（健）：1回あたり50〜100名程度の枠で、管理職（部長・課長層）が

約2,600人いるので、数十回にわたって開催しています。

■ わかりやすさにこだわった自社独自の「ジョブ図鑑」をリリース

栗田：その他の取り組みとして、先日プレスリリースでも発表した「ジョブ図鑑」というツールがあります。社員の声として、自分自身に何ができるのかわからない、自分のスキルに対して、次のキャリアステップはどういうものがあるのかわからないという意見が多数あり、それらを可視化するためのツールとして開発しました。

鵜澤：具体的にどのようなものでしょうか？

木村（理）：昔からあるようなエクセルで整理したスキル定義だけではなかなかとっつきにくいですし、内容を見て理解するだけでも大変です。そのため、社員にとって本当に見やすいように、自分のジョブに必要なスキルがわかり、そのスキルのギャップを埋めるために何すればいいのかビジュアル的に理解できる、というツールになっています。

鵜澤：欧米で基本となるスキルタクソノミー（スキルマップ）ですと、情報は構造的に整理されていますが、ジョブやスキルになじみのある方でないとすぐには理解しにくいと言われてきました。海外でもこういう取り組みはほとんどないので、非常に面白いですね。

木村（健）：もう少し詳しく内容をお話ししますと、ジョブ図鑑では先ほどの30の専門領域に対して、その専門領域はどんな領域なのか、どこの本部にこの領域の職種の人がいるのか、この専門領域の中にはどんなジョブがあるのか、そのジョブにはどんな共通スキル、専門スキルが求められるのか、そのスキルを伸ばすためには社内にどんなコンテンツがあるのか、といったことを全て紐づけて一覧化しています。スキルと紐づけられた学習コンテンツの講座名を押すと、LMS（学習管理システム）上の研修やeラーニングの受講ができます。

木村（理）：社員が自分のキャリア実現のために活用することはもちろんですが、上司にも部下を育成するノウハウがなく苦労している方が多

図8-3 ジョブ図鑑の社内展開による「ジョブ」「スキル」の浸透

出典：KDDI社資料

いので、そのような人にも活用いただけるように、様々なツールを揃えるようにしています。

鵜澤： この便利ツールを作ること自体が大変な労力であったと思いますが、今後も継続的にデータのメンテナンスをしないといけないことも悩ましい点ですよね。

木村（健）： おっしゃる通りです。1年に1回、全専門領域の担当者にアナウンスしてメンテナンスしてもらいます。専門領域によっては、定期のメンテナンスを待たずしてジョブを追加する等の更新をしてもらったりもしています。

木村（理）： 手前味噌で恐縮ですが、このプロジェクトの素晴らしい点は、人事だけでは決して実現できない、事業側の協力があってこその取り組みであるということです。ジョブやスキルの棚卸しや研修コンテンツを作成するにあたり、30の専門領域にそれぞれ専門領域責任者・担当者を立てています。人事だけでは求められるスキルなどわからない部分も多いので、事業側の担当メンバーに主体となってもらってジョブ定義、スキル定義を進めていきました。このように全社的な壮大な取り組みになっていて、巻き込んでいるメンバーの数も非常に多いです。

鵜澤： 人材の採用にあたっても、スキルベースの考え方は活用されてい

るのでしょうか。

木村（理）：ジョブ型に変更した背景でもお伝えしたように、本制度の目的として、社内の人材育成の目的も大きいのですが、外部からの採用をしやすくするという目的もありました。近年キャリア採用者数を増やしていますが、このキャリア採用も職種別での採用をしやすくしていますし、新卒採用の方でも、2020年からコース別採用を取り入れています。初期配属領域が確約されているコース別採用を実施することで、学生時代に培った専門性を鑑みて採用を行い、入社後も活躍しやすくしています。新卒採用者の中での比率としてはコース別採用とオープン採用で6：4くらいになります。

鵜澤：コース別で新卒採用された場合には、異動は会社主導では行われないということになるのでしょうか？

木村（理）：そこはコース別採用かオープン採用かによって違いはないですが、ここ数年は完全に会社主導での異動というのは数としては減ってきており、キャリアプランを自分で作成しそれに基づいて社内公募に手を挙げるか上司が異動を調整する、というやり方が増えてきています。数年前までチャレンジローテーションという、入社後数年以内に必ず領域を跨ぐ異動をする制度がありましたが、ジョブ型にはそぐわないということで廃止しました。

鵜澤：御社のキーワードである自律的なキャリア形成ができるプロ人材になれば、おのずと自分のキャリアは自分で作るので、そこも繋がっていくわけですね。

木村（理）：制度の過渡期で完全に移行しきれてはおらず受け身の社員もまだまだいるので、その課題に対する取り組みは引き続き行っている状況です。

栗田：異動と関連するところでは、弊社には社内公募制度や社内副業制度があります。キャリア探求のために使うというのがよくある使い方で、オープン採用で入社された方をはじめ、自分のキャリアがわからない方が、百聞は一見に如かずということで活用されています。本当の異動と

比較すると相対的に小さなハードルで他の部署を経験できるのがメリットです。社内副業制度に関しては、目安として自分の業務時間の20%を社内副業先の業務に投下することとなりますが、その中でどんな専門性が身につくのか、どういうスキルがどういう順序で身につけられるのか、ということも明らかにして、利用者の体験価値向上につなげています。

鵜澤：社内公募制度や社内副業制度においても、ジョブの定義だけでなく求められるスキルの定義ができていることで、社員の方の応募も活性化し、行きたい部署に行くためのスキル習得のモチベーションも上昇するということですね。

一方で、社内副業の際にもともとの本業には8割の時間しか割けないとなると、その所属部署から稼働率低下に対する不満は出ないのでしょうか。

木村（理）：そこは難しい部分でもありますが、本業部署にとっては、社内副業の経験を通じて社員のスキルや意欲が向上する、社内ネットワークを構築できたことで元の部署での仕事に活きるなどのメリットがあり、本業部署側の上司の約7割が「部下の社内副業は本業に還元されている」と評価しているというアンケート結果も出ています。いわゆる三方よしとなった制度であることをデータで示してきています。

■ スキルベースマネジメントをさらに発展させ、事業戦略と人事戦略の連動にも活用

鵜澤：いろいろお話を伺ってきましたが、今後の展望としてKDDI社が考えている構想や、どういう方向にさらに前進していこうという想定はありますでしょうか。

木村（理）：1つは、現状まだアナログ的な運用も一部残っているので、アセスメントの結果をわかりやすく可視化するといったシステム化はさらに進めたいと思っています。

木村（健）：今可視化しているものは、あくまでも今の専門領域、今のジョブで求められるスキルをどれくらい発揮できているのかにすぎませ

ん。AIやスキル関連のツールを使いつつ、過去の経験から将来獲得できるポテンシャルのあるスキルまでを可視化して、要員計画や配置に活用していくこともできるとよいと考えています。

栗田：さらに、事業戦略と人材戦略をより連動できればと思っています。例えばある事業戦略にどういうスキルを結びつけるか、このキーポジションにはどういうスキルを求められるのかを定義する、というような取り組みです。ハイスキル人材の人件費が事業貢献にどう繋がるのか、といったいわゆる人的資本のROICのようなものを算出できれば、投資家に対しても「今このスキルが求められていて、その人材ポートフォリオの充足をこのように実現し、その結果これだけのリターンに関して資すると考えられる」ということを筋道を立てて説明することができます。

KDDIフィロソフィが多数のステークホルダーを巻き込む推進力に

鵜澤：スキルベースの取り組みをしていくにあたり、多数のステークホルダーを巻き込んでいく必要がありますが、その際にうまくいく秘訣は何かあるのでしょうか？

栗田：KDDIは数多くの合併の歴史がある会社ですが、KDDIフィロソフィとして社員の行動指針を定義しており、出自の異なる違うカルチャーを持った人たちをお互い受け入れつつ、同じ方向を向いて取り組んでいこう、というカルチャーが根付いています。今回の取り組みの中でも、人事部内での戦略部隊とタレントマネジメントチームのコラボレーション、事業部を巻き込んでの人事部と連携等が自然と行われ、プロジェクトが円滑に進んだ背景には、このKDDIフィロソフィに基づいた社員一人ひとりの行動があったと思います。

■インタビュイー　プロフィール

木村理恵子
KDDI株式会社 人事本部 人財開発部長
2001年KDDI入社、新規ビジネス開発部門に所属し主に携帯電話向けコンテンツサービスの企画に従事。2018年に経営企画部へ異動後、理念浸透、人事制度改革、働き方改革、DX人財育成等に携わる。2022年4月、人事本部人財開発部長に就任、現在に至る。現在は主に採用、教育研修、キャリア開発、社員エンゲージメント、フィロソフィ浸透等を担当している。

木村健一
KDDI株式会社 人事本部 人財開発部 タレントマネジメント推進グループ　グループリーダー
教育サービス会社、企業向け人財育成サービス会社を経て、2020年KDDI入社。KDDI版ジョブ型人事制度の導入に際し、スキル定義・キャリア施策・階層別施策・プロ人財育成など、全社の人財育成施策全般に従事。現在は主にKDDI DX Universityの拡大を担当している。

栗田龍帥
KDDI株式会社 人事本部 人財開発部 人事戦略グループ
HRテックのベンチャー企業、総合系コンサルティングファームを経て、2022年KDDI入社。中長期的な人事戦略の立案、人的資本開示、社内外ＨＲコミュニケーション施策の立案・実行を担当。また、人事制度改訂や働き方改革などの人事本部横断でのプロジェクトにも従事している。

部門別のスキル分布やロールモデルの
キャリアを全社に公開し
ソニーらしい未来志向で
自律的なキャリア形成に繋げる

ソニー株式会社

■ 元エンジニアのバックグラウンドを生かして
スキル関連施策を推進

EY鵜澤：ご自身のキャリアについて、ソニーに入社された経緯も含めて教えていただけますか？

西郷：2000年に国内の通信機器メーカーを退職し、ソニーに携帯電話のソフトウェアエンジニアとして入社しました。その後社内異動があり、テレビ向けソフトウェアのマネージャーに就任しました。その間、中国に3年、インドに2年、マレーシアに2年の海外経験をしました。1つのプロジェクトに1,000人規模の人員が関与する経験を通じて感じたことは、社員の意識統一と適材適所は非常に大切だということです。会社でいくつか研修を受け、本当に自分がやりたいことは何だろうと考えていた時に、1つキーワードとして浮かんできたのは、「人がもったいなさすぎる」というものでした。ソニーには優秀な人、高度な専門性を持った人が多数いるにも関わらず、組織やチームとして力を発揮するのはとても難しいことだと実感すると同時に、その部分に魅力を感じ、人事部への異動を希望しました。当時の上司と人事部門長の理解を得ることができ、チャレンジする機会をいただいたという形になります。

鵜澤：御社では、異動は会社主導ではなく、社員自身の意志で異動していくことが多いですよね。

西郷：おっしゃる通りで、逆に上司の指示や会社命令で職種転換をする社員はあまり聞いたことがありません。同じ職種内で担当のビジネスが

ソニー西郷貴晶氏（左）との取材風景

変わるという程度であれば、その時々のビジネスのニーズに応じて配置転換することはありますが、それぞれが自身の意志で仕事や職場を変えていくという考えが根付いているので、それをどうやって動機付けるかが、現場の上司と人事部双方にとって一番のチャレンジだと思います。

鵜澤：自ら手を挙げて人事部に異動した後、現在スキル関連の取り組みを推進することとなった経緯についても教えていただけますか？

西郷：人事にも様々な経歴の社員が集まっていますが、私の強みは、元エンジニアとしての現役エンジニアとのコネクションや、エンジニア組織の中で何が起きているか、どのような意思決定が行われるかといったことを理解していることです。世の中の流れとして「モノ売りの世界」から「コト売りの世界」へと大きくビジネスが変わろうとしており、その中で求められる人材像やスキルも変わってきます。ですが、現場の社員は今までやってきたことに対する自負、プライドがあるので、人事に「あなたは新たにこういうスキルを習得してください」と言われても納得できない部分もあります。人事部としては、どうすればそのような社員の心を動かせるかがポイントになるので、私のバックグラウンドを生かして、現場の社員への理解を持ちながらスキルの棚卸しや育成などの人事施策の推進を行っている、という経緯になります。

■ 急速な事業環境変化によって
　新たなスキル習得のニーズが高まる

鵜澤：西郷さんが人事に着任してから、主に技術部門の人材開発の領域でスキルに着目した背景や課題意識を教えていただけますでしょうか？

西郷：私は2019年に人事部に異動し、2021年にグループ内の人事異動で今の会社に異動しました。その当時、先ほどお話しした「モノ売りの世界」から「コト売りの世界」への転換などもあり、会社として変革しなければならない、そのためにスキル・コンピテンシーのギャップを埋めなければならないということが経営課題として掲げられていました。しかし、具体的に何のスキルをどのくらい埋めなければならないか、ということは当時社内でいろいろと議論をしてもはっきりはしませんでした。仮にそれがAIのスキルだとわかり、それに近いスキルが各部署に偏在していることもわかったとしても、レベル感や規模感を知るのはとても難しかったのです。

　そこで、このままではいけないということで、人事の組織内でこのスキルベース組織に向けた取り組みが喫緊の課題となっていました。その際に、人事に求められる経験は人事の経験だけではない、他の部署を経験してきた人事以外のスキルセットを持つ社員が必要だという危機感も同時にありました。また、人事は俯瞰的な視点で会社を見ることができるため、設計部門の部長をしていた時に比べて、グループ社員に対して提供できるオポチュニティの幅がはるかに広いことにも気づきました。

■「スキルを登録するのがルールです」と言うだけでは
　社員は動かない

鵜澤：スキルベース組織の取り組みを推進していく中で、ソニーらしさはどのようなところに表れているのでしょうか？

西郷：我々のスキルベース組織の一連のサイクルは、「収集」「可視化」「利活用」という大きく３つのプロセスで構成されています。

各プロセスについて順を追って説明しますと、まず「収集」のプロセスは、社員が日々の業務で経験したことや学習講座を通して習得したことをスキルとして登録する、自身のスキルの棚卸しを行う、ポジションに求める人材像を経験ではなくスキルで定義する、といったプロセスです。

　収集においては、社員が自身のスキルを半期ごとにレビューし、スキルの登録を行うということが社内のガイドラインとして規定されているものの、実際にスキルを登録／更新してもらう部分にハードルがあります。何のためにスキルを登録するのかを伝えずにただ「スキルを登録するのがルールです」と伝えるだけでは不十分です。6つの多様な事業を持ち、海外を拠点とする社員も多いソニーでは「ルールです」は通用しないのです。人事だけを経験してきた方からすると「なぜ登録してもらえないのだろう」と不思議に思われるかもしれませんが、私が設計部門にいた際にも「他に優先すべき業務があるので、スキルの登録は後回しでいい」と考えていたというのが実情です。そのような意識の社員にスキル登録を促すための工夫については、利活用のプロセスの説明の際に紹介します。

■「あの人すげー」を分解し、ロールモデルのキャリアとスキルを公開

　次に「可視化」のプロセスは、組織のケイパビリティのギャップを可視化する、ポジションに求められるスキルを明示する、有識者のスキルを可視化して「あの人すげー」と言われる人の特徴をスキルに分解する、といったプロセスです。取り組み事例を紹介しますと、上級専門職の人のスキルを可視化し、社内に提示していくことに力を入れています。そうすることで、会社としてどのような分野の専門家がどの部署に何人程度いるのかということが明らかになりますし、「あの人すげー」と言われるような人たちがどのようなスキルを持っているのかを提示することで、若手社員のチャレンジの先にあるゴールを明確化することにも繋が

ります。従来、ロールモデルとなる人と同様のスキルを習得するには、その人の横で長年一緒に働きながら経験を積んで学んでいくしかありませんでした。ですが、スキルを共通言語化して可視化することで、このスキルは勉強すれば自分も身につけられる、このスキルは実務経験を通じてのみ得られるものなので今すぐには習得は難しい、だからまずはこのスキルから勉強して習得していこう、といった目標設定の仕方ができるようになっていくと思います。

■ "自分のキャリアは自分で築く"という ソニーの価値観に根差した利活用

　最後に「利活用」のプロセスは、スキルを収集し可視化した結果をうまく利用・活用するプロセスです。リスキリングやアップスキリングなど学びの機会を提供する、社員と会社のニーズをマッチングさせてリソースシフトを行う、外部採用や社内募集などの採用活動に活用する、人事諸施策へのファクト提供を行うといったプロセスです。収集のプロセスの際にお話しした「何のためにスキルを登録する必要があるのか？」という疑問に答えるためには、スキルを登録した結果として最終的にどのように利活用されるのか、彼らにとってどんなメリットがあるのかを伝えていくことで、「スキルを登録するといいことがある」と思ってもらうことが重要です。利活用がうまくなされている例として、社内募集を行う際、そのポジションに求める業務内容を記載するだけでなく、応募者はこのスキルとこのスキルを保有していることが必須で、このポジションを経験することでこのスキルが習得可能、といったことまで表現する求人も増えてきています。

　また、スキルの利活用を行っていく上で、共通言語化は重要かつ難しい部分です。例えば電子回路のエンジニアリングといった数十年前から存在している技術については、一定の共通言語化が既になされています。しかし、我々の業界は日々新しい技術が生まれています。例えばAIの分野では、私が人事に着任した2020年頃には、いくつかの技術カテゴ

リの中にAIに関連するスキルがある状態でしたが、今やAIという大カテゴリの中に多数の専門スキルがあります。そういったスキルのカテゴリの定義や、社員が持つスキルのメンテナンスを適切に行っていく仕組みを構築していかなければなりません。

　ここまでスキルの収集・可視化・利活用の各プロセスにおける取り組み内容をお話ししてきましたが、その根底にあるソニーの価値観は"自分のキャリアは自分で築く"というものです。この価値観に基づいて、自律的にキャリアを形成していく中で希望する職種が他にあれば自ら流動的に職種を変えていくことも文化として根付いています。

鵜澤：社員のスキルの登録、社内のポジションに必要なスキルの可視化といった収集・可視化・利活用の様々な取り組みによって、御社の価値観である自律的なキャリア形成という部分も後押しされているということですね。

　現在スキルを利活用している領域には学びの機会提供やリソースシフトなどがあるとのことですが、その中でも一番手応えを感じていらっしゃるのはどの領域でしょうか？

西郷：どの領域でももっとうまく活用していこうと努力しているところですが、一番は学びの機会提供の領域だと思います。ツールの高度化によって、自分の関心のある分野、身につけたいスキルと社内技術講座や外部学習講座の紐づけができるようになってきました。実際に社員が学習を自主的に進めていくにはまだ壁があるかもしれませんが、その壁を乗り越えるための動機付けとしてうまく機能していると感じています。

■ スキルの分析結果のデータを全社に公開し 人材発掘や学習の動機付けに

鵜澤：御社の今回の取り組みの規模感を教えていただけますでしょうか？

西郷：スコープとしては、ソニーグループの中でもソニー株式会社の全社員を対象としています。技術職だけに対象を絞るのではなく、いわゆるコーポレート部門である管理部、人事部などの社員も対象としていま

す。そのうち9割程度の社員は既にスキルの登録を行っている状況です。

鵜澤：多くの企業がスキルベース組織の考え方を導入し始めていますが、その最初の一歩である社員のスキル登録の部分で苦労している会社が多いようです。御社で現在約9割もの社員がスキルを登録できているのには、何か秘訣があるのでしょうか？

西郷：例えば社内研修終了時にスキルの登録を促す、各部門の会合に参加して呼びかけと登録方法の実践を行う、上級専門職の方には登録必須とする、各部門の利活用の事例などをHPで全社的に公開するなど、様々な方法でアプローチしています。エンゲージメントサーベイで「学びの機会がない」という結果が出れば、「スキル登録をすることで学習機会の獲得にも繋がりますよ」と教えに行くというようなこともしています。

鵜澤：職場の日常イベントの中にスキル登録を組み込んでいくことで、取り組みの浸透を図るということですね。部門別の利用状況を全社的に共有することによって、部門間の競争意識も芽生えていくのでしょうか？

西郷：その効果はあると思います。人事部としては様々な方法でスキルの登録を促すわけですが、結局のところ、その部署が職場としてどうなりたいのかを明確に持っていることが極めて重要です。人事はあくまで触媒であり、彼らがビジョンを実現するために背中を押しているにすぎません。

鵜澤：スキルの収集・可視化・利活用の結果として社内に提供できるデータには、どのようなものがあるのでしょうか？

西郷：例えば、AI人材、データアナリストといった各種専門領域の人材が、社内のどの部署に何人いるのかということを集計して示すことができます。そうすると、自部署以外に同様のスキルを保有している部署を見つけ、採用や人材育成を一緒に検討していくこともできるかもしれません。他には、上級専門職の要件の定義や彼らのインタビュー、彼らが現在学んでいるスキルといった情報も掲載しています。先ほどもお話しした「あの人すげー」にあたる人たちが、今でも新たな領域を精力的に学習しているということは、若手社員にとっては強い動機付けになる

情報です。

鵜澤：先ほどスキルカテゴリのメンテナンスをすることが重要というお話がありましたが、その点は具体的にどのように行っているのでしょうか。

西郷：先端技術のメンテナンスは、ソニーグループ横断で設けられた「技術戦略コミッティ」という委員会に依頼しています。技術戦略コミッティでは、工学や情報処理といった各技術領域における技術のトレンドを分析したり、その領域における自社の課題や今後の方向性について議論したりということも行われています。その技術戦略コミッティの中で、スキルのカテゴリの見直しを1年に1回行っています。例えば、AIの領域は現状このようなカテゴリで構成されていますが、今回新たに○○のカテゴリを追加しましょう、このカテゴリは今や他のカテゴリに吸収されたため削除しましょう、といった具合です。スキルベース組織の実現の上でスキルのカテゴリのメンテナンスは重要な位置付けとなるため、ソニーの中でも最先端の知見を有する方々で構成されるコミッティの知見を活用させてもらっています。

■ スキルの棚卸しは未来志向で行うことに意義がある

鵜澤：御社は「Workday」のスキル棚卸機能を使っていらっしゃると思いますが、例えばスキルを登録する時には、Workdayのスキルディクショナリーのようなものがあり、それに基づいて登録されているのでしょうか？

西郷：おっしゃる通りです。加えてWorkdayラーニングという学習支援機能の中でも、そちらのスキルの登録情報を連携して活用しています。

鵜澤：登録したスキルに合わせて、学ぶべきコンテンツが提案されるというような活用もされているのですね。スキルを棚卸しするだけではモチベーションに繋がらないので、その先にある学習や能力開発との紐づけが明確になされることで、学習意欲向上や成長実感にも繋がるということですね。

西郷：登録方法の具体的な部分を少し補足しますと、各スキルがどのよ

うに定義されているかを説明したExcelファイルがあり、その内容を確認しながら登録してもらっています。

鵜澤：スキルの習熟度をどのレベルで登録するか、という点はしばしば議論になるのですが、御社の場合には自己評価が優先されるということでしょうか。

西郷：基本的にはそうです。ただ、上司の確認によって一定のレベル感の担保はされることになります。また、レベル定義の観点でユニークなのは、一般的な担当〜業界トップというレベル分けに加えて、興味・関心、学習中という2つのレベルが定義されていることです。それによって、今の時点で習得しているスキルだけでなく、今後身につけたいスキルも収集・可視化・利活用することが可能になっています。

鵜澤：一般的にスキルの棚卸しというと、これまでに習得している"過去のスキル"を意識しがちですが、興味・関心や学習中といった"未来のスキル"も登録することで将来の人材発掘や育成に繋がるという点で、非常に面白く新しい発想ですね。

西郷：スキルの棚卸しを何のためにやっているのかと考えると、それはやはり未来の会社のため、個人のためであり、そのために今やるべきことをやっていくための動機付けとなることに意義があると思います。それを後押しするのは、"自分のキャリアは自分で築く"というソニーならではの価値観だと考えています。

■インタビュイー プロフィール

西郷貴晶

ソニー株式会社　人事総務部門　人事3部　統括部長
ソフトウェアエンジニアとしてソニーに経験者入社後、携帯電話、デジタルテレビの開発に従事。プロジェクトマネジメントと品質保証の領域で大規模ソフトウェア開発を統括。海外における自社開発拠点や委託先との協業を推進し、自身も中国、インド、マレーシアで現地マネジメントを経験。現在はHRBP組織を統括する他、技術系人事施策の推進を担う。

タレントマーケットプレイスを
グローバルに構築し、
多様な人財の発掘・活躍機会を拡大

テルモ株式会社

■ 日本・欧州・米国でのグローバル人事経験を経てCHROに

EY鵜澤：最初に足立さんのプロフィール、特に、どのようなご経験を通じて現在CHROという立場になられたのか教えていただけますか？

足立：最初はソニーに入社をして、日本のみならずアメリカやヨーロッパで人事を経験してきました。人事の中でも様々な領域がある中で、特に人財開発や組織開発といった領域で多くの経験を積むことができました。会社の変革時に人事や組織開発といった側面で貢献できることが多いと考え、会社が厳しい時や成長していく時など、様々なフェーズで人事は何ができるだろうと悩みながらもチャレンジすることができました。

一時期会社を辞めて、ヨーロッパで小さいながらも自営のコンサル業を営んでいました。ソニー1社だけでなくいくつかのグローバル企業で人事の経験を積んでいたこともあり、売り上げやアソシエイト（従業員）の多くを海外に持ち、ビジネスをグローバル化していたテルモに、グローバル人事担当として2019年に入社しました。テルモは日本で自社開発した製品・事業の海外展開に加えて、2000年頃から海外でのM&Aを通してグループを広げていましたが、長年各社それぞれの人事をやっており、グループ全体として事業戦略を支えるような人事戦略を検討し始めるタイミングに来ていたところでした。入社して最初は、前任のCHROと共に日本および海外のビジネスリーダー、人事リーダーとの議論を重

テルモ足立朋子氏（左）と共に

ねグループ横断的な人事戦略を描き、いくつかの施策を導入していくところから始めました。本社のメンバーだけで施策を実施するのではなく、施策毎にグループの各人事組織から募ったメンバーからなるチームを形成し、本社のグローバル人事部メンバーは主にPMO（プロジェクト・マネジメント・オフィス）としてプロジェクトの推進を図るという体制で4年程度進めた後、2023年の4月にCHROに就任しました。

鵜澤：テルモについてのご説明の中で、売り上げやアソシエイトを海外に広げているグローバル企業だというお話がありましたが、具体的な売上や、アソシエイト数を教えていただけますか？

足立：テルモの昨年度の売り上げは9,000億円強、今年度の売上予測で1兆円に到達するといったビジネス規模の会社です。その中の売り上げの75％以上は海外から来ています。また、アソシエイトは連結全体で3万人程度いますが、そのうちの80％は、海外のテルモグループ各社で働いています。細かくはなりますが、海外のアソシエイトのうち半分、全体で言う40％の人たちは、テルモが自社開発した事業を海外展開するオーガニックな成長拡大の過程でできた地域統括会社等で働くアソシエイトで、それ以外の海外のアソシエイトはM&Aを通してテルモグループに参画した会社で働く人たちです。このように、グローバルかつ多様

なアソシエイトの存在が我が社の大きな特徴です。テルモは医療機器のメーカーとして、時代毎の医療現場の課題解決に貢献することを続けてきているわけですが、医療機器の世界では、グローバルに業界を見ると、大手トップメーカー、つまり我々の競合相手はみな欧米系の会社です。海外での事業および組織がここまで大きくなったこの環境でテルモのよさをどう訴求できるのか、特に私からすると組織や人という面で、競合他社とどのように差異化を図るかは、人事の大きなテーマの1つです。

■ グローバル人財マネジメントはシステムインフラ構築に頼らずまずは対話やネットワークづくりから開始

鵜澤：スキルベース組織への取り組みについて伺う前に、前提となるグローバル人財マネジメントの在り方についてお聞かせいただければと思います。医薬や医療機器業界に関わらず、日本の製造業や金融でも既に海外での売上シェアが国内をしのぐ会社が多い。その中で、人財マネジメントに関する本社からのガバナンスのかけ方、あるいはコミュニケーション方法について悩まれている会社が多いと思います。テルモとソニーでグローバル人財マネジメントのご経験が豊富な足立さんから見て、思うところはいかがでしょうか？

足立：日本の本社視点で言うと、海外にはたくさんの優秀な人財がいるだろうにもかかわらず、本社から見えていない、うまく登用できていないという課題があります。まさに私もグローバル人事としてテルモに入社した時、子会社の社長などは本社から見えますが、次世代クラスとなるとほとんど見えない、誰がいるかもわからないといった現状がありました。逆に現地法人の視点では、いくら現地で頑張っていても本社などのキーポストに登用されるのは難しいと感じてしまうグラスシーリング（ガラスの天井、壁）の感覚があり、双方のフラストレーションがあると思います。それを解決するために、まずは手始めにどのような人がいるのか、アソシエイトのことを知って、語って、見える化する、といったところから始めました。グローバルリーダーを育成するための研修も始

めましたが、研修だけでなくその前後に、本社のトップマネジメントが出席する人財会議を定期的に開催して、海外組織のリーダーに自組織のタレントについて語ってもらい、その話を受けて本社のマネジメントチームでそれらのタレントにどのような機会があるのかを考え、議論する場としました。情報のインフラ整備やデータベースを作るといったことの手前に、一人ひとりの人財に対し、どうすればもっとテルモで活躍してもらえるか、という会話をできるだけたくさん行い、そこから実現を図っていこうということです。

　その次の段階として、リーダー層の育成というテーマのみならず、すべての多様なアソシエイトが、場所や事業にとらわれず様々な人と繋がったりプロジェクトに参画できる機会があっていいのではないかと考え、HRテクノロジーを活用した「タレントマーケットプレイス」という仕組みを入れようという話が出てきました。会話だけでなくツールを活用することでより多くのアソシエイトを対象として、一人ひとりの強み、興味、関心等と繋がる、様々なネットワーキングや、今まではあり得なかったような、グループ内の他組織でのPJ参画などが、2024年に立ち上げた「Terumo ONE Connect」というタレントマーケットプレイスを通じて可能となりました。

■ 転職市場に存在するタレントマーケットプレイスをあえて社内で構築する意義と価値

鵜澤：「タレントマーケットプレイス」というものは、多くの人にとっては新しいコンセプトだと思いますが、詳しく教えていただけますか？

足立：例えば社外で言うと、LinkedInや、転職サイトといったマーケットプレイスがあります。そこでは、「自分はこういう人」という情報を載せて、一方で求人側も「こんな人がほしい」という情報をたくさん掲載しています。テルモの中でもたくさんの機会があるにも関わらず、アソシエイトにとってその情報は見えておらず、社外の情報は見えている、といった状態になっています。アソシエイトにとって、社内の情報がよ

り多く見えたら、同じ興味関心の人と繋がったり、新たなプロジェクトを立ち上げたり、さらに今までになかった他領域のプロジェクトに参画したり、といったたくさんの機会提供に繋がるのではないかと考えました。

鵜澤：タレントマーケットプレイス構想の中で「Gloat」（AIベースの社内人財キャリア開発プラットフォーム）を選ばれたと思うのですが、実際使われている機能にはどういうものがあるのでしょうか？

足立：「Gloat」には様々な機能がありますが、ネットワーキング、プロジェクト公募、ジョブ公募の機能を使っています。まずアソシエイトは、スキルや興味を記載した自分のプロフィールをアップロードします。そうすると、それにマッチしたおすすめの繋がり・プロジェクト・ジョブが表示される、といった機能になっています。また求人側に対しても、求人情報にマッチしたおすすめの人財が表示され、その中からレコメンデーションを送りたい人財を選択することができる、といった機能があります。

鵜澤：まずは、職務履歴書のようなものを作ってアップロードするところから始まるのですね。

足立：その通りです。アソシエイトの所属部などの基本情報は、人事情報から吸い上げてプラットフォームに乗せていますが、それ以上の興味関心やスキル、職歴・経験といった部分は自分で作っていかなければなりません。プロフィールの"強度"も表示されるのでその強度を上げようとすると自分が持っているスキルを再度認識したり、キャリア志向などを意識してもらえる機会になると思います。個人側も求人側もこの仕組みをうまく活用していければ、より組織の中の可能性が広がると考えています。

鵜澤：プロフィールの記載は、英語と日本語どちらが主流なのでしょうか？

足立：今のテルモの運用では日本語と英語両方を可としていて、日本語のプロフィールで日本人同士が繋がることももちろんあります。ただ、

より広範囲で、海外含めて繋がりたいとなると、英語を主にしている人が多いです。プラットフォームでもともと既定されている項目は英語・日本語の選択でどちらででも表示されますが、自分が書いたプロフィールなどは自動翻訳してくれないので、海外のアソシエイトと繋がりたいのであれば、英語で書かなければいけません。

鵜澤：今回パイロットとしてスタートしたということなのですが、スコープは日本だけでなく、全世界のアソシエイトなのでしょうか？

足立：現在の全世界のアソシエイト３万人程のうち、対象となっているのは5,600人程度です。職種でいうとテルモ全世界のR&D（研究開発）部門と人事部門をパイロット対象としました。また、ロケーションが近いところでネットワーキングができたらよいということで、EMEA（ヨーロッパ・中東・アフリカ）とAPAC（アジア太平洋）・インドは、職種関わらずパイロット対象としました。テルモの場合は、同じ地域の中にも様々な事業会社があります。今まで事業会社を超えた交流はありませんでしたが、今回の取り組みを通して、他事業の仲間と繋がる、ということも加速されると思います。

鵜澤：常設されたポジションが空いたら公募する、という一般的な社内公募に比べて、プロジェクトベースの仕事に自ら手を挙げるチャンスと、声がかかるチャンスがあるという状況なのでしょうか？

足立：その通りです。プロジェクトは2024年５月のローンチから11月時点で10件程度成立しており、さらにネットワークの数では５〜600件程度成立しています。プロジェクトへの参画は比較的ハードルが低く、期間限定や、パートタイム、リモートといった参加ができるので、今までなかったような仕事経験や、違う仲間と一緒に働くことができるといったことが起きています。

鵜澤：まだパイロットではあると思いますが、やってみての手応えや、アソシエイトの方々の反応について教えていただけますか？

足立：成立件数がまだ多くはないとはいえ、実際にプロジェクトでのアサインメントがされるケースが出てきたり、それなりに興味を持って

ネットワークを申請したり、ということが成立していること自体に手応えを感じています。もちろん5,600人を対象にしているので、この数字ではまだ充分に活用しきれているとは言えない現状だと認識しています。ただ小さなサクセスストーリーとか、新しいことが起きているということ自体はとても面白いのかな、と思っています。まずこの5,600人のスコープの中で成功したいのですが、マッチング機能は参画人数を増やすほど成功の確率も高まると考えており、パイロットの時点で大きなサクセスを作らないと次のステージに進めないわけではなく、どんどん人数を増やしていけば、そこでまた多様な触発が起きるのではないかと思っています。

鵜澤：現段階のスコープにおいて、国や世代によって積極性に違いがあったりするのでしょうか？

足立：日本人は比較的消極的だと想定していましたが、結果そのようなことはなく、むしろ国内のR&Dタレントはもともと海外との繋がりを求めており、このプラットフォームをもっとうまく使いたいとか、登録

図8-4 テルモのタレントマーケットプレイス

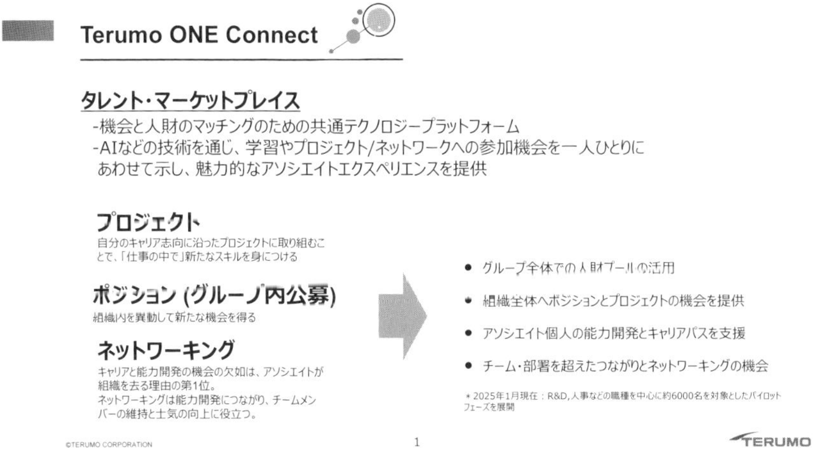

出典：テルモ社資料

数を増やすことに対して非常に興味を持って、積極的にドライブしてくれました。

鵜澤：ビジネスのニーズに根ざして、このようなプラットフォームが必要とされていたのですね。

■ タレントマーケットプレイスのさらなる展開と同時に、組織全体の対話力向上を目指す

鵜澤：プラットフォームを活用したタレントマーケットプレイスについて、今後の将来構想や展望を教えてください。

足立：現段階でもいくつかの成功例はありますが、もっと活用しないともったいないと考えています。我々も少しずつやり始めて経験値を得てきていますが、より多くの人に興味を持ってもらい活用を促したいですし、リテラシーも上げていかなければならないと考えています。また、対象を広げていって、より多様なアソシエイトの繋がりを作れればと思っています。現在Terumo ONE Connectの運営を行う委員会で、ビジネスニーズがあり参加を希望する組織から追加していく計画や、積極的に拡大を呼びかけていく組織を検討する議論も積極的に進めています。また、活用が広がるほど、国境や場所を越えた協業のルールやグローバルモビリティ（アソシエイトの国際間異動）の支援も必要になります。現段階では、バーチャルアサインメントが非常に人気で、実際の勤務地が変わるケースはまだ出ていませんが、引き続き拡大していくにあたっては、整備が必要な点です。

鵜澤：バーチャルな働き方が浸透して、場所を限定せずに様々なクロスボーダーのプロジェクトに参画できるチャンスがあるというのは、とてもポジティブですね。

足立：その通りです。1例ですが、ある事業がアメリカとヨーロッパのCRM（カスタマー・リレーションシップ・マネジメント）データのダッシュボードを作りたいというプロジェクトを立ち上げた際に、手を挙げたのはインドにいるITメンバーでした。インドのメンバーからすると、場所を

動かずに自分のスキルが活かせますし、今までは接点がなかったアメリカやヨーロッパとの仕事の協業で、新しい経験値を得られるポジティブな機会だったようです。

鵜澤：このようなプラットフォームや仕組みがなかったら、決して出会わなかったメンバーで新しいプロジェクトが進み、お互いに知り合って学び合うことができているのですね。一方で、プロジェクトアサインメントだとしても、一定の労働時間を現業から割いて、他のところに使っていくことになると思います。グループやグローバルワイドで言えば大きな組織貢献になりますが、現場の上司からすれば、現場の労働時間が減ってしまうという心理的な抵抗があると思います。そのあたりは、御社の中でどのように調整しているのでしょうか？

足立：私がメンバーを出す側の上司だったとしたら、自分のチームメンバーの様々な経験をしたい、スキルアップしたいという希望は、やっぱり応援したいですよね。ただ、今抱えている仕事から離れられたら困るというのも事実です。そこで、いつだったらできるのか、どのようにマネージすれば実現可能なのか、といったことは、一律ルールで決めるのではなく、個別の事情を鑑みて実現に向けた話し合いを双方で進めることが大切だと思います。

鵜澤：双方が前向きに話し合って、タイミングや稼働といった問題を調整していく、信頼関係の中で解決してくということなのですね。

足立：それができなければ成り立たないと思います。基本はやはり上司に相談してから応募し、具体的な関与方法は話し合いをしましょう、というガイドラインにしています。日本は、そもそも会社や上司の指示で異動があるという風習であったため、あえて「公募」と言うと、上司に伝えずに手を挙げられる制度としている会社もあると認識しています。テルモもそのような会社の1つです。日本でやっていたこの公募制を、このグローバルなプラットフォーム上でどう成り立たせるか、といった問題や、全体のルール決めについてなど、様々な議論がありましたね。

鵜澤：伝統的な日本の商慣習から一線を画して、自分の興味関心や、やっ

第8章　先進日本企業の事例集

てみたいことについて積極的に上司と話すというのは新たな挑戦ですね。

足立：上司と積極的にコミュニケーションをとることは、日本の組織にとってもよいことだと思います。キャリア志向や働き方が多様化している中で、一律に適用されるルールを精緻に作り込むことは難しいと考えます。つまりはこのタレントマーケットプレイスのプラットフォームの有無にかかわらず、対話力をあげていかないと成り立たない世界になってきています。DE&Iの観点からも、皆が同じニーズを持っているわけではないことを前提に、きちんと会話をして、仕事のニーズと個人のニーズをすり合わせていく必要があります。全員がより活躍してくれることが目的ですし、全員の活躍によって仕事のアウトプットが増えることが目的です。ただ、今までの日本の慣習である「人事は会社が決める」という考えに慣れている人が一つひとつのケースで適切な判断をしていくのは本当に難しいことなのだと思います。そこまで会話する習慣がないのに、急に１on１してくださいと言われても、上司も戸惑っても仕方ないと思います。仕事のニーズと個人のニーズをすり合わせて最適な結論を出すことを皆ができるようになっていくよう、人事も支援しなければなりません。

■ 今後は大きな変革への対応力向上と現場での"働きがい"醸成が鍵

鵜澤：これまでタレントマーケットプレイスについてのお考えを中心に伺ってきましたが、新たに取り組みたいテーマはありますか？

足立：テルモの人事として特に優先度高く取り組んでいるテーマは２つあります。１つ目は、大きな変革への対応です。弊社の成長戦略は、「デバイスからソリューションへ」というものですが、これは高齢化による疾病軸の変化、予防と予後のモニタリングの普及などによる時間軸の変化、ゲノム医療やAIなどの技術の変化などから起きている医療のパラダイムシフトの中、我々の事業もよりよいデバイスを作ってお届けする

だけではなく、ソリューションをあわせて提供するという変革を目指しています。これは弊社にとって大きな変化ですので、どうすればアソシエイトの皆さんが新しいことに挑戦し、その経験から学び成長できるかというテーマが重要になってきます。

　また2つ目は、非常にグローバルな会社になってきているというところで、グローバル全体としてどうすれば人財がより活躍していけるか、というテーマです。先ほどお話ししたTerumo ONE Connectは、新しいスキル獲得、成長といった、変革への対応にも寄与しますし、グローバルにいる多様な人財との繋がりや機会を求めていく、という点にも寄与すると考えています。

　しかし現実問題として、格好がよい人財マネジメントコンセプトやメッセージよりも一番大切なのは、現場でアソシエイト一人ひとりが働きがいを持って毎日過ごせているかということです。様々な機会やキャリアがあると実感してもらうことも大切ですし、上司や仲間とよりしっかりとコミュニケーションがとれているような組織となりたいですが、まだまだ進化すべきと考えています。

鵜澤：グローバルの人財マネジメントというと華やかなイメージがありますが、やはり現場のアソシエイトの方々のキャリア支援が大切だということですね。

足立：テルモは医療機器のメーカーですので、医療現場やそこにいらっしゃる患者さんのためにインパクトがある仕事をしている、という共通の働きがいはあるのですが、そのベースの上に、自分はどのようなことにチャレンジしたい、もっとこのように成長できたらうれしいなど、各個人が期待を持って考えていると思います。その期待を実現するためには、人事制度やTerumo ONE Connectだけではなく、自然と会話や互いの支援ができる組織とより多くのアソシエイトが実感できる状態になっていくことが大切で、まだまだやらなければいけないことはたくさんあります。

■ インタビュイー　プロフィール

足立朋子
テルモ株式会社　経営役員CHRO

ソニーにて、人事制度企画、チェンジマネジメント、組織・人財開発を日米欧で経験し、また人事コンサルタントとして日欧グローバル企業向けに人事戦略の支援を経験した後、2019年よりテルモ株式会社のグローバル人事戦略を担当。8事業のうち4つの事業本社が海外という環境でグローバル企業としての人事施策を企画、推進。2023年4月より現職。

「学びと仲間」を得て
企業を越えて「出番」をつくる
プラットフォーム

ニューホライズンコレクティブ合同会社

■「ライフシフトプラットフォーム」とは？

EY野村： まずニューホライズンコレクティブ合同会社の設立経緯や、事業内容をお聞かせください。

山口： 弊社は2021年から事業を開始して今年（2024年）でまる4年になります。会社設立のきっかけとなったのは、株式会社電通での労働環境改革でした。働き方や働く環境をすべて変えるということで、人事制度や管理会計、業務分析をしてロボティクスを入れるなどの改革も行いました。そうして会社のメカニズム全体を見直す中でどうしても出てきてしまう課題が、主にミドル・シニアの従業員の働き方、会社の変革と個人の気持ちも含めたミスマッチです。これは変化期においてどうしても避けられないことだと思います。パフォーマンスが高くない人が必ずしも能力が低いわけではなく、会社の方向性も、個人の考え方も変化していく中で、こうしたミスマッチをどのように解消するかを考えていました。

その1つの出口として、早期退職を募り、退職した人が個人事業主として、年齢とは関係なく長く社会に価値を発揮し続けるためのプラットフォームとしてこの会社を設立しました。電通を退職した方々と業務委託契約を結び、それぞれが「学びと仲間」を得ることで、時には個人で、時には仲間と共に、「新たな出番」を創造し社会に価値の発揮を続けることを目指します。

ニューホライズンコレクティブの山口裕二氏(左)とEYの野村有司

　設立当初の2年間は、電通のOB 約230人で活動していました。設立時から、これは電通だけの課題ではなく、多くの日本の伝統的な企業が抱える課題だと考えていたので、3年目に入った2023年からは他の企業にも案内を始めました。現在ではのべ14社に参加いただいていて、トライアル的な要素が強いものの、広がりを見せています。

野村：出向などの形で受け入れているということでしょうか。

山口：現在の会社で勤務をしながら研修の一環として参加する企業もあれば、早期退職後の新たなチャレンジに対する支援の一環として参加する企業もあります。また、副業や兼業を推奨する企業も増えてきており、会社にいながら様々な選択肢を提供する企業が多くなっています。そうした人々に対して、学びやトレーニングをするためのプラットフォームを作り、仲間と共に価値を発揮することを目指しています。

野村：副業・兼業といっても会社が積極的にそれらの機会を与えるのは少し違いますよね。一方、自分1人でやるのも大変なので、会社として仲間がいたり、学べたりするところに送り出すというような意味合いがあるのでしょうか。

山口：そうですね。キャリア自律という観点からも、弊社のプログラムを受けて社外の人とふれあうことで自律度が高まります。自律度が高ま

ると、生産性やモチベーションが上がると言われています。ある会社では生産性が3割上がったという話も聞いたことがありますが、最近ではインクルージョンやウェルビーイングとの相関性が高いというデータも出ています。

これは非常に興味深いことで、自分のことが認められると他人のことも認められるようになるのかもしれません。会社としても必ずしも会社を辞めてほしいわけではないけれども、いわゆる「キャリア・プラトー状態（キャリアの停滞・伸び悩み）」に差し掛かり、昇格に少し時間を要したりスキルの陳腐化を感じたりする従業員がもう一度自分の気持ちを高め、さらにがんばるモチベーションを持っていただくために利用されています。

年齢層としてはやはりミドル・シニアが中心で50代の方が多いですが、40代から60代まで幅広く参加していただいています。

野村：プラットフォームとしての機能を教えていただけますか。

山口：我々は仕事の「出番を探す」と言っているのですが、まずは自分のやりたいことを自ら見つけていただくことが大切です。もちろん弊社からの提案もありますが、長く価値を発揮するためには得意なことややりたいことをベースに進める方がその価値発揮度も高くなると考えています。一方で我々が様々なところと交渉して、地方公共団体や警察などからいろいろな仕事を探してきます。そして、その仕事をスキルセットに合った人にアサインする、といったことも行っています。

■ "才能は他人が見つけてくれる"

野村：いわゆる「ジョブ型」はジョブと人をマッチングさせるという仕組みだとすると、「スキルベース」はジョブをプロジェクトやタスクに細分化して、それぞれのプロジェクトやタスクに適したスキルを持つ人をマッチングさせる概念ということができるかと思います。そうした観点では、御社がプロジェクトという「出番」を提供し、必要な人材やス

キルをマッチングするプラットフォーム、という理解でよろしいでしょうか。

山口：そうですね。仕事によっては希望者を募る場合もあります。一方で、仕事内容によっては、弊社からアサインを行います。そのためには人材のデータベースが必要になります。参加してもらった人にはキャリア自律のための「学び」において、必ずワークショップや1on1ミーティングを受けてもらいます。それらの情報やデータをすべて貯めています。

このアプローチでユニークなのは、「才能は他人が見つけてくれる」という点です。実は自分で認識しているスキルは限られていて、自分で書いてもらう情報だけでは十分ではありません。ワークショップや違う職場の人との1on1などで再発見される情報が非常に重要です。また、同時に他人がそれを認めることで自己肯定感が高まり、それがさらに自己効力感にあがっていくこともあります。

そして、一番大きいのは、自己有用感です。自分が実際に出番に立った時に、「自分はこれができる」と気づくことです。自分の力がそこで使えると思っていなかったけれど、実際には活躍できたということがよくあります。これは、実際の業務終了後のインタビューでわかることもあれば、顧客からフィードバックをもらうこともあります。それらをすべてデータベース化し、弊社のアサイン担当者がしっかりデータとして管理し、案件が来るたびに都度マッチングを行います。

野村：通常、スキルベースのマッチングというと、スキルライブラリがあってどのレベルかをアセスメントして評価し、データとして蓄積しつつ、対応するタスクに当てはめていくというアプローチが一般的だと思いますが、今の規模だとインタビューやアセスメントによるマッチングが効率的だということですね。それらを通じて「気づき」を得るというのが面白いですね。

山口：我々は「学び」もやっているので、それらのデータも蓄積しています。こういう学びをやっているのでこうしたことができるだろう、というレベル感がわかります。まだ規模が小さいので大掛かりなLMS（学

習管理システム）などは使っていませんが、こうしたものもデータベースとして体系化しています。それをさらにもう一段進化させようというのが今のトライですね。

野村： 多くの企業が直面しているスキルベースの設計・運用では、スキルライブラリを作るのが大変、レベル判定・評価が大変、それらの更新・メンテナンスが大変、という課題があって、それをAIを使って何とかなりませんか、というのが現在地だと思います。また、LinkedInのように他者からスキルを推薦・評価してもらってレベル判定の確度を高める、といったアプローチもありますが、御社の場合はアナログでかなり手厚くやっておられるのでしょうか。

山口： そうですね。あと、アナログのよいところは、機械的な判定が難しい「相性」的なところでしょうか。こういうクライアント企業やプロジェクト、タスクにはこのような人が向いている、ということもデータベースに入れています。ただ、これは今の規模だからできることなので、こうした部分をAIで判定できないかということにも取り組んでいます。先ほども述べましたが「才能は人が見つけてくれる」というのは、とても重要なことで、そこで他者により発見されるデータはとても有用だと考えます。これをAIが問えるのかどうかをトライしています。

　厚生労働省や経済産業省、企業が独自で作っているスキルマップやスキルライブラリはたくさんあるのですが、これらの枠組みや定義があまり統一されていないのが実情です。これを汎用的なものに落とし込み、個人のワークショップなどのデータを入力すると、「あなたはこんなことができますね」、「あなたはこういう人ですね」といったことを、チャットボット的に対話することにより可視化していくことにチャレンジしています。さらにその先には、それらを市場にあるジョブやタスクとのマッチングをリコメンドするところまでいければと思っています。

野村： なるほど。いわゆる職業診断テスト的なものの非常に高度なレベルでのアプローチですね。「他人」をAIに担ってもらうことによって「才能を見つけもらう」というのは、新しい発想だと思いました。

■ ミドル・シニアにとっては
大チャンスの時代

山口：実は、ある年齢になった人が積極的に労働市場に出ていくというのは、ここ数年のことですよね。特に40代後半から50代の転職やフリーランスとして働く市場は、以前は実質的にほとんど存在しませんでした。今では労働人口が2030年に1,000万人不足すると言われており、中高年の働き手が必要とされています。これはミドル・シニア世代にとって本当に大きなチャンスなのです。自分のことをしっかり表現できる中高年の人には、仕事が山ほどあると思っています。それはお金を稼ぐ仕事もあれば、やりがいを感じる仕事もあります。自分の希望するライフスタイルによって多くの選択肢がある時代が来たと感じています。そのためにも40代からの「学び」や「仲間」といった準備がとても重要です。

野村：我々のクライアント企業も氷河期世代の人口ピラミッドが一様に低くなっていて、向こう10年間程度の管理職層の需要を埋めるためには、シニアの継続活用と次世代育成の早期化をセットで行わないといけない、というテーマが喫緊の課題になっています。

山口：労働人口のピラミッドで言うと49歳、50歳が概ね200万人くらいでその前後の世代は少し少ないのですが、この世代が65歳まで働くという観点ではあと10〜15年くらいはこの現象は続く、ということになりますよね。その間、ミドル・シニアの個人から見ると意識をどう持つかによって自身の働き方やウェルビーイングは大きく変わってくるだろうと思いますし、企業から見てもこの世代をどう活用するのかというのはとても重要になってきます。一方で、この世代に頼りすぎると知識や技術面での「承継」の問題が出てきてしまう。企業側もすごく痛し痒しですね。こういう時代感覚を前提として、どう課題に向き合っていくか、ということだと思います。

野村：個人の観点から言うと、1つの企業内でパフォーマンスが必ずしも高くない人が、スキルのない人、ケイパビリティの低い人ではない、

というのがすごく面白いところだと思うのですが、一方で御社の業務委託契約の方々は電通出身の方が大半なので、SNSやYouTubeなどスモールメディアや個人メディア全盛の時代であることもあり、保有しているスキルセットが市場にマッチしやすいのではと思ってしまうのですが、いかがでしょうか。

山口：そういった面も確かにあるかもしれません。ただ、大企業で働いていた人の場合、いきなり個人のスキルベースで戦っていくことにつまずくケースが多いというのが実情ですね。弊社のメンバーは大企業で働いていた人、働いている人がほとんどですが、会社の看板がなくなって個人で勝負しようという時には、中小企業やスタートアップ、地方自治体など多種多様な顧客に対して「マインドセット」と「自身のスキルを表現する」ことが課題になったりします。

野村：なるほど。スキルのマッチング以前に、相性やインターフェースの問題があり、それらはソフトスキルやヒューマンスキルに含まれるのかもしれませんが、言語化しにくい要素であることは確かでしょうね。このあたりはAI化も難しそうです。

山口：新しいチャレンジには一定時間が必要です。一定時間をかけて我々はそのための「学び」もやっています。我々の「学び」は、「キャリアデザイン」、「ビジネスデザイン」、「コミュニケーションデザイン」の3つで構成されています。

　コミュニケーションデザインでは、会社の看板を下ろした時に、自分自身の紹介の仕方や、今の時代、例えばSNSをどう活用すればいいのかといったことを学んでいただいています。SNSの使い方の中には、当然今はAIが入ってきますよね。この前も、InstagramにおいてどうやってAIをうまく活用するかについて講座を実施しました。やはり画像の作り方1つ、文章の書き方1つとってみても、AIを使うと慣れていない人でもかなり素敵なものが作れます。これらも1人でやるケースもあれば、チームで役割分担してやるケースもあり、そうしたことを通じて「スキルの足し算」も可能になります。

■ 重要なのは企業の枠を超えて「出番」をつくること。企業としての責任とは

山口：そして、「リスキリング」はいろいろな企業でやっていますが、皆さん悩んでいるのは、その企業の中だけでは「出番」がないということ。40代、50代でリスキリングに取り組んで学んだことを新しい仕事に活かすといっても、新しい仕事は優秀な若手にやらせたいなどの事情もあってなかなかミドル・シニアに出番を提供することができていません。従業員数が十万人以上の超大企業であればそこで経済圏が作れるのでうまくいくのかもしれませんが、数千人レベルだと何百人単位で新しいスキルを活かせる場を作るのは難しいですよね。

一方、広く日本社会に目を向けると、世の中では人手不足です。だからこそ「出番」を個々の企業の外に向かわせることによって成功事例が生まれてくるのではないかと思っています。

野村：スキルベースのマネジメントにおいて、適材適所のマッチングというのがすごく重要で、「出番」の話もそうですが、クリエイティブな見つけ方というのはなかなか難しいと感じています。そういう観点では、自社に閉じずに「外に出す」という発想は非常に重要になってくるのではないかと思うのですが。

山口：大企業を前提に言うと、高度経済成長期の仕組みがまだ残っているところがあって、その1つに「労働力を抱える」というところがあるのではないかと思っています。もしかしたら今労働力を抱えすぎていてどう解放するか困っている企業があるのかもしれません。一方で、社会全体としては労働力不足にあるわけなので、「労働力を解放する」ということも企業の責任ではないでしょうか。極論を言うと、企業として一定の報酬を払っても他の場所で活躍する機会を提供する、といったこともあり得ると思っています。お話ししている企業の経営トップに近い層の方々も、広く社会的な視点で自社の人材がどう活躍できるかということに関心を持っておられる方がほとんどです。この人生100年時代、定

年を迎えても5年、10年と働く人が増えています。なるべく早いうちから、例えば50歳くらいから社外で働くということも含めた準備をさせるということに、企業は責任を持つべきだと私は思っています。そうした準備に対して、多少金銭的な面も含めた支援を提供してあげるというのが、企業のとるべきスタンスなのではないでしょうか。

　これまでは、「ライフシフト」というと辞める・辞めない、転職する・しないなど、AかBかというシフトしかなかったのですが、これからはAとBの間のグラデーションというのがあり得るのではないかということを提案したい。そして少なくとも今後10～15年くらいの間は、この「グラデーション」に企業は責任を持つべきだと思っています。

野村：ありがとうございます。必ずしも企業内でパフォーマンスが高くなくても、個々人の側に立ってみれば「出番と居場所」があり、それを仲間が見つけてくれる、それらが4年間の実践を通じて確信に変われているということですね。

山口：はい。スキルが発揮できる「出番」を、社外も含めて社会的にどう設計しマッチングしていけるか、それをAIも使ってうまく作っていくということがとても重要だと思っていますし、弊社としてもそこにコミットしたいと思っています。

■ インタビュイー　プロフィール

山口裕二
ニューホライズンコレクティブ合同会社　代表
大阪府出身。1995年株式会社電通に入社。人事、営業、クリエイティブプロデューサー、新規事業など多岐にわたる業務を担当。海外（ベトナム）や国内放送事業社へ出向し、新規事業の立ち上げに従事。電通労働環境改革推進室の室長を務めたのち、2021年ニューホライズンコレクティブ合同会社設立と同時に代表に就任。

人材ポートフォリオ変革に向けて自己成長マインドの醸成と組織共通の課題解決力向上に注力

富士フイルムホールディングス株式会社

■ 自己成長支援プログラム「＋STORY」とDE&Iを一体で推進

EY鵜澤：最初に、山口さんのキャリアについてご説明をお願いします。

山口：入社以来一貫して人事部に所属しています。入社当初は事務系の新卒採用を担当しその後4年間、帯同休職や育児休職を挟み、2020年に復職しました。

　復職後は人事部に新しく設立された人材開発戦略グループのメンバーとして人材開発・組織開発を担当することになりました。当時、「富士フイルムらしい従業員の成長とは何か。自己成長支援として何をすべきなのかを言語化しよう」という課題があり、人材開発戦略グループのメンバーが中心となり、人事部長も交えての議論を繰り返し、そこから自己成長支援プログラム「＋STORY（プラストーリー）」を立ち上げ、各施策を展開していきました。それに加えて、DE&I（Diversity, Equity & Inclusion）の推進を目的として、2023年にDE&I推進室が立ち上がった際に、人材開発戦略グループと兼務する形でその室長も務めています。

鵜澤：もともと担われていた"＋STORY"関連の仕事と、DE&I推進室の仕事の比率はどのくらいですか？

山口：グループは異なりますが「多様なストーリーを認め合う」という根底にある想いは同じであり、＋STORYとDE&I推進を連動させながら取り組んでいます。当社が目指すところは「事業を通じた社会課題の解決や社会貢献」であり、それを実現するためには、新たな技術で創造的

なソリューションを生み出すイノベーションが大切です。当社ではイノベーションを創出するためには「アスピレーション」（一人ひとりの志や情熱）を持って主体的に挑戦していくことが重要であると考えています。

　そして、アスピレーションの醸成を支援する基盤となるのが自己成長支援プログラム「＋STORY」です。そして自己成長の基盤である＋STORYと両輪になるのが仕事の基盤である「See-Think-Plan-Doサイクル（STPDサイクル）」です。STPDサイクルとは、富士フイルムグループでの仕事の進め方・メソッドで、まずは本質を探り、そこから課題を設定して、仕事を実行していくという考え方です。この、＋STORYとSTPDサイクルの両輪を回していくということが大切だと考えています。そしてそれを実現するためには、まずDE&Iで安心して働くことができる環境を整えることが必要、というところに繋がるので、私は＋STORYとDE&I推進を一体と捉えて進めております。

■ 自己成長の基盤「＋STORY」と、仕事の基盤「STPD」とは

鵜澤：まずは、御社独自の自己成長支援プログラム「＋STORY（プラストーリー）」と富士フイルムグループのマネジメントサイクルである「STPDサイクル(See, Think, Plan, Do)」についてお聞きしたいと思います。これらは始められてからどれくらい経つのでしょうか？

山口：2005年に新設された富士フイルムウエイ推進室と人事部が協働して、STPDサイクルを策定・導入しました。事業構造転換を進めると共に、より筋肉質な企業体質を作り、しなやかで強靭な会社に進化するため、富士フイルムグループの仕事の進め方を言語化しSTPDサイクルが生まれました。それに加えて従業員の自己成長支援を目的とした「＋STORY」は2020年度から実施しています。

鵜澤：御社の場合、事業ポートフォリオの変革に伴った人材ポートフォリオの変革も過去から継続的に行われていますね。昨今のジョブ型人材マネジメントのように特定の職務に適材を割り当てるような考え方より

富士フイルムホールディングスの山口麻衣氏(左)と

は、本質的なマインドとベーススキルがあれば幅広い職務を担えるといった考え方なのでしょうか？

山口：その通りです。弊社の中期人事戦略において、「事業戦略実現に向けた人材ポートフォリオの実現」とあるのですが、社員が実践で経験の幅を広げて成長していくために、どんな事業でも職務でも富士フイルムグループで働くための共通の学びとしてマインドを成長させる＋STORYと実践のメソッドとしてのSTPDの両方が重要と考えています。

鵜澤：仕事の進め方に関するメソッド「STPDサイクル」についても詳しく教えていただけますか？

山口：STPDサイクルは、言い換えれば、目標達成のためのマネジメントサイクルで、あらゆる仕事に共通する基本的なプロセスです。マネジメントサイクルというと、世の中では「PDCA」が一般的ですが、富士フイルムグループではその前段階となる「See」「Think」を重要視します。「See」は事実やデータをしっかり集めてよく見ること。「Think」は、すぐにできる「How」や思い付きに走らず、事実や情報に基づいてじっくりと考え、「Why」や「What」の本質を見極めることを意味します。「Plan」の前にこの「S」と「T」を加えた、「STPD (See-Think-Plan-Do)」が基本となります。この考え方への理解を深め実践していくために、新

図8-5　富士フイルムにおける課題解決の共通スキル

「STPD」：共通の仕事の仕方（富士フイルムメソッド）

出典：富士フィルム社資料

入社員から関連の研修プログラムがあり、昇格審査の際にも自分の課題をSTPDで表現しています。

鵜澤： これは御社特有の課題解決の共通スキルで、どんな職種であっても持っていなければならないスキルということですね。

山口： 富士フイルムグループは多様な事業を展開しています。その中で幅広い事業や職種を経験することで従業員は成長していきます。その際に共通の仕事の進め方としてSTPDを身につけておけば、仕事が変わっても、どの仕事においても自信を持って新しい仕事を自分のものにしていくことができます。

■ スキル開発の前にマインドセットやアスピレーションを高めることが必要

鵜澤：「+STORY」のコンセプトが生まれた背景や、実際の従業員への展開方法などについて、詳しく教えていただけますか？

山口： 富士フイルムはこの20年間で、事業ポートフォリオを変革させながら大きく変化・成長してきました。この原動力は、変革に取り組ん

できた従業員一人ひとりの力です。従業員全員が、変化を恐れずに、目の前の課題に対して挑戦してきたというマインドを、今後もしっかりと富士フイルムの企業文化として継承していかなければならないと考えています。それを言語化し、今後も成長意欲の醸成を継続していくためにはどうすればよいかと考えた結果、「＋STORY」というコンセプトが生まれました。

鵜澤：御社は、部下育成の場面で、業務遂行における指導やスキル強化だけではなく、「＋STORY」を通じてキャリア観の醸成や動機付けなど、マインド面の成長促進に注力されてきたと伺っています。それはなぜなのですか？

山口：ある時、社内の研修で講師を務めてくださった方から、弊社の部下育成の特徴として、「非常に論理的で、業務的な観点からの支援、例えば仕事の進め方に関する部下への育成や指導は得意な会社だが、他方で一歩踏み込んで部下の人となりや価値観を理解するとか、心理的安全性に繋がるような精神面での支援については、まだまだ取り組み余地があるのではないか」というご指摘をいただいたことがありました。そこから、人材育成において効果的だと言われている３つの支援の「業務支援」「内省支援」「精神支援」のうち[32]、「精神支援」を強化していくことが必要であると考えて「＋STORY対話」を実施しました。＋STORY対話では、上司がしっかりと、部下の人となりや価値観、また、中長期的な成長プランについて理解したり、一緒に考えたりしながら、次の挑戦意欲を醸成していくことが従業員の成長に繋がると考えたからです。

鵜澤：＋STORY対話以外ではどんな施策があり、それぞれにはどのような目的があるのでしょうか。

山口：＋STORYの目的は大きく４つあります。①アスピレーションを持ち、主体的に挑戦する文化を継承する、②が「＋STORY対話」を通した部下育成の強化、③「＋STORYアカデミー」で学び合う、教え合

---

[32] 中原淳（2010）『職場学習論』東京大学出版会

う文化を構築する、④「＋STORYライブ」で、人のストーリー（経験）を知って、気づきを共有する場を創出する。こういった点を通して、主体的な成長の支援の強化に注力しています。

　＋STORY対話からスタートしましたが、現在では毎月オンラインライブを実施していたり（＋STORYライブ）、学びを支援・促進する＋STORYアカデミーなど、様々な施策を展開しています。

■「価値観ワード」というタグ付けをきっかけに上司部下の対話の質が上がる

鵜澤：＋STORYのコンセプトは、様々な施策を通して従業員に浸透しているのですね。「＋STORY対話」は、通常多くの会社で行われている、上司部下の目標設定とは別の位置付けでやられているのですか？

山口：そうです。業務目標に関する課題設定の面談も、半期に１回行っていますが、それとは別に、あえて時期もわけて、年に１回、＋STORY対話を実施しています。ここでは、評価と関係ない価値観の理解や、信頼関係の醸成を目的としています。

鵜澤：価値観を理解する、といっても難しいと思いますが、どのように対話されているのでしょうか？

山口：価値観を表現する70個の「価値観ワード」というものを設定しています。例えば、「挑戦」、「成長」、「探求」等のワードがあり、仕事をする上で大事にしている価値観を３つ選んで、理由と共に書いてもらっています。

　もちろん、そこにあてはまらない価値観がある場合は自由記入欄に自分なりの価値観ワードとその理由を書きます。上司にとってフリーの会話だけでは理解が難しい、部下の本質的な部分を理解するための１つの手助けツールとして活用しています。

鵜澤：「私はこういう人です」と自分をタグ付けしていくことが、スキルベースの１つのコツだと言われていますが、御社では、70個の"価値観ワード"から選んでもらうことで、それを起点に会話がスタートでき

るわけですね。今スキルベース組織への取り組みでは、テクニカルなスキルに注目しがちですが、価値観という行動特性に着目しているのは非常に面白いと思います。＋STORY対話の中で、価値観ワード以外の仕掛けは何かありますか？

山口：記述式で、この1年間を振り返ってみて、できたこと、できなかったことを記載してもらうものや、現在の業務上の状況を把握するために、「挑戦」、「順調・安定」、「停滞」、「意欲低下」の4パターンから、今の自分の状態を選んでもらい、理由と共に記載してもらう、というものがあります。

鵜澤：上司としては、例えば「停滞を選んでいるけれど、何か気になることがありますか？」、などの形で、悩みを引き出すような会話に繋げることができるのですね。価値観という不変的なものと、現在のコンディション、この2つの話題から会話が始まって、来期以降のキャリアを考える話題にも繋げる、といった流れになりそうですね。

■ マインド面での成長と、スキルの学びを結び付ける「＋STORYアカデミー」

鵜澤：「＋STORYアカデミー」についても教えていただけますか？

山口：＋STORYがスタートしてから2年目に、新たなラーニングプラットフォームを整備し、学習サービスを自ら手を挙げた希望者に提供する制度を始めました。これが＋STORYアカデミーです。

　プログラムの中でも特に反響が大きかったのは、自ら手を挙げた希望者が、GLOBISやUdemyといった学習サービスを会社負担で受講することができるプログラムで、75％の従業員から申し込みをいただいています。

鵜澤：参加率がすごいですね。＋STORY対話を通して、上司と部下で対話をしているからこそ、従業員一人ひとりの当事者意識が圧倒的に高くなるんですね。私も、大前提として、当事者意識やキャリア観を醸成しなければ、スキル開発に投資をしてもあまり効果が上がらないという問題意識を抱いています。

山口：単純に、「＋STORYアカデミーという仕組みを導入しました」というだけだとなかなか継続しづらいと思うので、「＋STORY」という大きな傘の中で、自分と部下のマインド面での成長と、スキルとしての学びをしっかり結び付けることが大事だと考えています。

鵜澤：それにしても、75％という参加率は、なかなか達成できるものではないと思います。

山口：もちろん、参加率の高さの背景には、PRに力を入れているというのもあります。特に、＋STORY対話の後に、年に1回＋STORYアカデミーの申し込み時期を設けているので、対話の中でしっかりと、今後解決が必要な課題や、学びについて話し合い、目的を理解してもらった上で、申し込みを促しています。

■ 価値観、姿勢、気づきを共有する 社内オンラインライブ「＋STORYライブ」

鵜澤：続いて、「＋STORYライブ」について教えていただきたいのですが、開始してからどれくらいの回数を実施しているのでしょうか？

山口：2021年3月から開始し、毎月開催しているので、計40回以上実施しています。このライブは、従業員自身のストーリーにおける「気づき」を共有するオンラインセミナーです。富士フイルムグループは、事業領域も職種も非常に多岐にわたるので、どのような仕事でも共通する大事な価値観や、仕事に対する姿勢、気づきを共有していく場と考えています。始めた当初は視聴者を100人集めるのもやっとでしたが、、今では平均視聴者数が1,000人を超えています。

鵜澤：どのように毎回1,000人も視聴者が集まるようなキラーコンテンツにしているのでしょうか？

山口：ライブでは「＋STORY曲線」と呼ばれる、モチベーションの上がり下がりを表したものを用いて登壇者のこれまでのストーリーを紹介してもらいます。その曲線を通じて、成功体験だけではなく失敗経験もオープンに話してもらっていることが、何より視聴者が共感し共鳴する

コンテンツになっているのではないかと思います。2023年に「＋STORY」の取り組みでHRアワードを受賞した際には、受賞の記念に社長がライブに出演し、自身の＋STORY曲線を用いてストーリーを共有したこともありました。2025年2月には海外展開を始めました。ストーリーを共有するというのは、グローバルでも受け入れられやすいのか、多くの人が興味を持っている印象です。

鵜澤：確かに、海外でも「ストーリーテリング」といった形で、物語のように戦略を語るというやり方があります。「ストーリー」というのは、目の付け所がいいですね。バトンを紡いでいくように、今後どんどん続いていく感じがします。

山口：先ほどの＋STORY曲線についてですが、＋STORYライブ出演の際には、必ず書いてもらう、いわばライブの象徴のようなものです。

　＋STORYという言葉には、「成功も失敗もすべての経験には意味があり、その人の糧になる。だからこそきちんと一つひとつの経験を大切にして、意味付けし、自分にしか紡げないストーリーにしていこう。」という思いを込めています。＋STORY曲線はまさにこれを具現化したものであり、だからこそ、毎回のキーコンテンツとして＋STORY曲線を必ず用いているのです。

鵜澤：御社は、「地球上の笑顔の回数を増やしていく。」というパーパスを掲げていますが、人事における重要なポイントは人材ポートフォリオを継続的に変えていくというところではないでしょうか。価値観への理解や志の醸成の部分で、＋STORY対話だけでなく、＋STORYライブだったり、＋STORYアカデミーを積極的に推進しているのですね。

■ 新しい職務への挑戦機会を提供する
　社内公募「＋STORYチャレンジ制度」

山口：加えて、「＋STORYチャレンジ制度」という社内公募制度も設けています。これはグループ全体で実施している制度で、事業が多岐にわたる富士フイルムグループだからこそ、社内にいながらにして、転職し

たような大きな変化を経験することができます。この＋STORYチャレンジ制度を設けることで、富士フイルムグループの中で新たな挑戦やさらなる成長の機会を求める、という風潮も広がってきています。

鵜澤： これは富士フイルム株式会社だけでなく、グループ全体での仕組みになっているのでしょうか？

山口： グループ会社すべてが対象となっている制度です。

鵜澤： やはり普段から大切にされているマインド部分の醸成が行われているから、事業や必要とされるテクニカルスキルが全く異なる中でも、従業員がチャレンジすることができるのだと思います。

山口： また、こうした＋STORYの各施策を繋ぐものとして、富士フイルムグループでの成長のサイクルを言語化し「＋STORY成長サイクル」と呼んでいます。アスピレーションを持ち、本質を捉えて課題を実行・やり抜くというフェーズと、＋STORY対話を通して、経験を振り返り、意味付けをしてそれを上司と共有する、また、足りないものがあれば自分を磨くために＋STORYアカデミーに参加したり、＋STORYライブを見て気づきを得たり、といったサイクルを回す、これが富士フイルムグ

図8-6 ＋STORY

＋STORYにおける成長サイクル

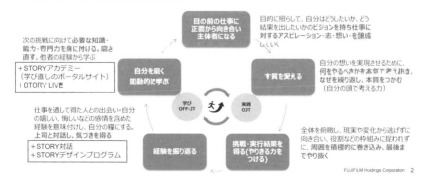

出典：富士フイルム社資料

ループにおける成長サイクルです。

■ 日本を越え、世界に浸透を目指す

鵜澤：今後、注力されることについても教えてください。

山口：＋STORYとSTPDサイクルを、海外も含めた富士フイルムグループ全体にしっかりと浸透させていくことに注力していきたいと考えています。

鵜澤：＋STORYとSTPD両輪で、全世界の富士フイルムのメソッドとして浸透させようとしているのですね。グローバルでは、日本人とは違う価値観を持っていたり、転職が当たり前の風潮があったりすると思います。会社固有のカルチャーや働き方を伝えても疑問視されそうなイメージがありますが、実際のところ、いかがでしょうか？

山口：コロナ以降、海外でも若者を中心として就業意識にも少し変化が出始めていると聞きました。報酬面だけでなく、自分の成長や、働きがい、コミュニケーションを重要視する人も増えてきていて、各地域の人事メンバーも＋STORYの考え方をポジティブに受け止めています。

鵜澤：欧州では、日本人が大事にしているような、長期的な価値観だったり、我が社らしさだったり、という部分に共感していただけるのですね。

山口：富士フイルムグループが歩んできた歴史、そこで紡がれたカルチャーを背景として＋STORYやSTPDサイクルを中心とした人事戦略を共有することで、海外の人事メンバーとはより深い相互理解や共感で繋がり始めていると感じています。

鵜澤：今後の展望として、まずは＋STORYとSTPDの世界展開というところだと思うのですが、それ以外にも何かお考えになっていることはありますか？

山口：グループパーパスである「地球上の笑顔の回数を増やしていく。」のもとで、DE&Iや＋STORY、STPDサイクルを中心した施策を展開し、富士フイルムグループの目指すイノベーション創出や、その先にある社

会課題の解決に向けて、人事面からその一翼を担っていきたいというのが大きな目標です。

鵜澤：他の会社と違うアプローチで面白いですね。どうしても多くの会社は、スキルを細分化して1つの職種に固定した専門性のようなものを重視していますが、御社の場合、専門性があることは当然で、個人への内発的動機付けで人材を動かしていく、独自のキャリアを各人が自分で作っていくことが重要だとお考えなのですね。

図8-7 今後の展開

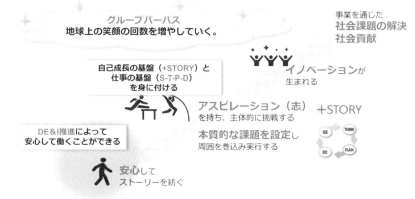

出典：富士フイルム社資料

■インタビュイー プロフィール

山口麻衣
富士フイルムホールディングス株式会社
人事部 人材開発戦略グループ 兼 DE&I推進室 室長
+STORY（プラストーリー）の立ち上げメンバーとして「100人100通りのストーリーを紡ぐ」をキーワードに、社員の成長支援に携わる。2023年に新設したDE&I推進室では「多様なストーリーを認め合う」というDE&Iビジョンの実現に向けて富士フイルムグループでの環境整備・風土醸成に取り組む。

「育成型人財マネジメント」を
ベースコンセプトに
スキルを様々な場面で活用

株式会社ローソン

■ 多様性を土台に、「働きがい」のある企業の実現に向けて様々な取り組みを推進

EY上野：最初に、日野様のキャリアを教えていただけますでしょうか。

日野：現在人事本部長を担当していますが、キャリアのスタートは近畿地方で営業職から始まり、スーパーバイザー（店舗経営相談員、以下SV）を経たのち人事部へ異動してきました。人事で最初に担当した業務はFC加盟店のアルバイトの給与計算などでしたが、加盟店さんに感謝される仕組みを整えていく難しさや、試行錯誤したことに面白みを覚えたことを今でも覚えています。その後、労政や人事企画の業務に携わり、その中で人事制度の改定も経験し、人事領域のテーマに深い魅力を感じています。

上野：これまで経営の状況や従業員の変化を受け止めつつ、人事制度の変遷を見てこられてきた中で、昨今の経営からのニーズや従業員の価値観などに、やはり変化を感じとられていますか。

日野：変化は感じます。例えば、従業員の価値観や多様性が以前よりも重視されるようになってきたと感じており、企業としてその多様性をどのように受け入れるかは重要なテーマだと考えています。人事としては、組織として最大のパフォーマンスを発揮するために、その多様性を受け入れるだけではなくパフォーマンスを発揮していくプロセスをいかに定着させるか、また外部の変化や内部の変化にも柔軟に対応できる組織をどのように作っていくのかが求められていると思います。

上野: 若年層の価値観の多様化への対応は、様々な企業の人財マネジメントにおけるテーマの1つとしてよく聞かれるところです。御社においては特にSVの若年層が全体の従業員に占めるボリューム層となっています。会社としてどのように多様性を取り入れていくのか、これは会社としての求心力にも影響を与えるところですが、この点についてはいかがお考えでしょうか。

日野: 事業を運営していく上では様々な制約もある中、従業員一人ひとりの意見や考えにしっかりと向き合いつつ、必ずしも全てを実現できるわけではないため経営とのバランスを取りながら進めていく必要があります。キャリアチャレンジ制度（部門が仕事を提示・募集し、従業員が応募してマッチングする制度）やFA制度の活用を通して、従業員の希望を実現できるような基盤を整備すること、また従業員の自己学習を支援し、成長機会を提供する仕組みを強化しているところです。さらに、これらの取り組みの土台となるものが健康やダイバーシティ、エクイティ＆インクルージョン（DE&I）と考えています。これらを土台としつつチャレンジ精神を発揮、向上させていく文化を醸成し、グループ理念である「私た

図8-8 人的資本経営の概念図（働きがいのある企業の実現）

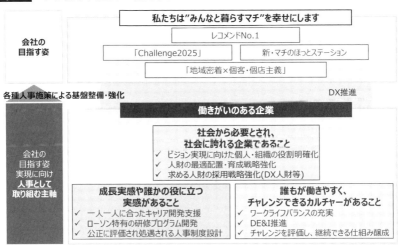

出典：ローソン社資料

ローソン日野武二氏（左）とEY上野晃

ちは"みんなと暮らすマチ"を幸せにします。」を正しいプロセス（ローソンWAY）で体現していくことが重要だと考えています。

　人事としては、人的資本経営の中で掲げた「働きがい」のある企業の実現に向け、様々な施策を検討し、優先順位をつけて着実に実行していくことが求められており、限られた人事メンバーのリソースの中で、いかに効率的・効果的に取り組むか、が今後の課題となっています。

■「ジョブ型」という「型」にとらわれず、育成型人財マネジメントを目指す

上野：今回のテーマであるスキルベースの取り組みですが、御社としての取り組みの背景や課題認識についてお伺いさせてください。

日野：2000年初頭に人事制度を変更して以来、大きな変更は行っていませんでした。先ほどお話しした通り、取り巻く環境変化への対応や多様性を土台とした人財マネジメントを展開していくために、人事としては様々な取り組みが必要となりますが、散発的・単発的に見えるものにはしたくありませんでした。従業員のための取り組みであっても目的やメッセージ性がわかりにくいと、従業員に十分に伝わらず受け入れられません。人事側としても、「何のためにやっているのか、どこに向かっ

ているのか」がわかりにくくてはよい取り組みに繋がらないと考えました。そこで、人的資本経営として一貫性のある取り組みを整理することで「わかりやすさやメッセージ性」を向上させ、向かうべき方向性があることで様々な人事施策を柔軟に見直したり追加したりすることができるようになりました。

上野：人事制度の改定もその施策の1つですからね。いわゆる「ジョブ型」も流行りましたが、御社では「型」にとらわれずにしっかりと目的にフォーカスされた議論をしてこられたと認識しています。

日野：経営層でジョブ型人事制度導入について議論しましたが、日本の文化に適合した形で取り入れる必要があると考えていました。例えば、仕事の価値を外部基準で評価し報酬に反映させるべきだという意見もありましたが、既存従業員の仕事、報酬水準の乖離などバランスをどのように取るのか、という議論もありました。議論を積み重ねた中で弊社にとって重要であることは、「従業員の学びを促進し、スキルを伸ばすことで組織力を強化する、その学びの方向性が見える仕組みが必要である」ということでした。

　結果として、ローソンとしての「ジョブ型」は、いわゆる欧米型の制度ではなく職能資格の考えに近いものだと考えています。スキルを軸に等級のステップアップが可能であり、課長職や部長職といったレイヤーに昇格してもらう仕組みですが、特定の分野で突出したスキルを保有する人財には別のキャリアパスも提供・選択できるような仕組みも必要であると考えています。

上野：まさにそのコンセプトが「育成型人財マネジメント」ということですね。

日野：目指すべきスキルの方向性を明確にすることで、成長に繋げられる仕組みが展開できると考えています。ここにも「スキルベース」という言葉が先行していたというより、実現したいことをまとめると、成長のためにはスキルを見ていく必要がある、ということでした。

図8-9　育成型人財マネジメントの概念図

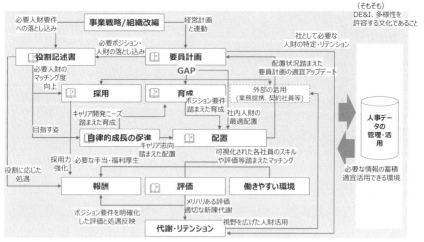

出典：ローソン社資料

■ スキルベースの人材マネジメント①
配置・育成の取り組み

上野：「育成型人財マネジメント」のコンセプトのもと、人財の配置・育成を推進していくことは重要なテーマであると認識しています。配置・育成に関する具体的な取り組みや課題感などについて伺えますか。

日野：従業員にとって目指す目標やゴールがあることが重要だと考えています。そのためにも管理職層については各ポジション（役職者や専門職）の役割や求められるスキルを明確にし、それを「役割記述書」として公開していきます。従業員一人ひとりが「働きがい」を実現する上で、自律的にキャリアを描くための材料としてこれらを活用してもらえればと考えています。また、これらの定義したスキルと育成体系・コンテンツを紐づけて従業員が自主的に、また現場の上司もスキルの習得をサポートしていく環境を整えていきます。

　スキルの定義とコンテンツの整備については、難しい取り組みであると認識しています。これまで言語化していなかったスキルを定義すると

なると、どのように定義してよいものか部門としては悩ましいと感じたと思います。人事として作成のガイドラインを設けて現場責任者に協力依頼し、表現のバラつきを修正するなど労力を要する取り組みです。このスキルの整理や育成体系・コンテンツとの紐づけは、始めから完璧なものを準備するということではなく、試行錯誤しつつアップデートしていくことを前提に取り組んでいます。今後も継続的に現場サイドと人事で会話をしていく必要があるという点では、継続課題と認識しています。

上野：スキルをベースとした、従業員一人ひとりの成長、計画的な育成への活用ということですね。配置という観点ではいかがでしょうか。

日野：多様な働き方と関連させながら配置について触れていきたいと思います。以前は事業運営上の制約として全国転勤が可能であることを前提とした採用を行っていました。育児や介護といった特定の事情がある場合に限り、全国転勤はないが、給与については全国転勤がある従業員と比較すると減額した水準で、時短などフレキシブルに働いてもらう対応をとっていました。しかし、昨今の時勢や価値観の変化などの状況下においては、そのようなライフイベントがあったとしても、弊社として従業員一人ひとりのキャリアをサポートしていくというスタンスを明確にしていきたいと考えています。そのため、全国転勤の従業員＞転勤のない従業員という考え方ではない「働きがい」を実現できる配置を実施していくことを、本人、現場、人事が連携して進めていくことが求められます。また、副業や兼業制度についても整備を進め、従業員のスキル向上や社会との繋がりを深めるものであれば積極的に活用してもらっているところです。

　これらをさらに推進していくためには、従業員の保有するスキルを把握することが求められていると認識しています。加えて、キャリアをサポートしていくという観点では、従業員のスキルという情報だけでは不十分であり、個々の従業員の今後のキャリアや携わりたい仕事といった希望についても把握しながら、配置や育成を考えていかなければならない難しさがあります。

上野：具体的にはどのような難しさがあるでしょうか。

日野：組織の上司や人事として、考慮しなければならない情報が多様であることは、これまでよりも判断の難易度を高めますし、従業員が希望する仕事やキャリアを全て叶えられるということでもないという現実的な難しさがあると思います。

上野：そうですね。組織のミッション・組織目標からトップダウン・カスケードダウンで形成される一方通行的な「仕事」には、必ずしも従業員の希望やスキルとマッチしない場合が多くなっているのだと思います。そこに「スキルベース」で業務を組み直して、マッチさせるというコンセプトが考えられないか、ということがポイントであると考えています。例えば、育児や介護に対応しなければならない従業員に、保有スキルとこの「業務の組み合わせ」や「ワークシェア」のような取り組みでマッチングが進められるのではないでしょうか。

日野：そのような取り組みも必要になってくると思います。工数把握や管理も重要になるでしょう。現状を前提とするのではなく、今後の要員構成の変化や現在取り組んでいる全社のDX化の取り組みとも整合していく必要があります。業務の組み合わせやシェアリングという点では、全ての業務が該当するものではなく、特にSVやリクルートフィールドカウンセラー（店舗開発担当者）などの職種は、業務のシェアリングが難しい職種だと思っています。シェアリングを進めるには業務の価値を明確にし、その価値に基づいたスキル定義が必要になるでしょう。また、現在の業務を分解した後、そもそもワークシェアリング可能な業務なのか否かを判別する必要がありますし、従業員から見た業務の見え方についても配慮が必要であり、「自分が担当している仕事は代替可能な仕事なのか」というモチベーションに影響を及ぼす定義となり得る、ということも考えなければなりません。

■ スキルベースの人材マネジメント②
採用、評価・報酬に関する取り組み

上野：事業戦略の実行にあたり、必要なスキルを有する人財を外部から獲得するという観点では、スキルベースでどのような取り組みがあるでしょうか。

日野：新卒採用については2026年4月入社の採用における一次選考や二次選考の予備段階としてAIを活用した取り組みを行っています。合否判定まではしませんが、学生さんの行動や志望動機について深掘りし、弊社と学生さんの双方にとって有益なフィードバックを提供し、また入社後においても選考時のデータを活用した個別の育成のカリキュラムに役立てることを目指しています。広く新卒採用市場の人財が有する「スキル」がどのようなものなのか、弊社が必要なスキルとどの程度マッチした人財が市場に存在しているのかについても、確認していければと考えています。AIをツールとして活用し、選考の効率化だけではなく、採用後の育成やスキル評価にも活用できるかは今後も検証が必要です。

中途採用については、前に述べた「役割記述書」の定義を行うことで求められるスキルを言語化し、採用すべき人財のスペックをより明確化していくことができると考えています。難しい点としては、現場で「求められる人財要件」を「役割記述書」として言語化できるかどうか、採用の募集にかけられる要件や粒度に現場のニーズを読み替えられるか、が挙げられます。ここは人事が現場を理解し、責任者との会話を通じてサポートしていく必要がある部分であると考えています。

上野：評価・報酬についても、スキルベースという観点で課題はあるでしょうか。

日野：等級ごとに共通して求められるスキルと、各ポジションに求められる業務遂行上のスキルは区別して定義した上で、評価していきます。評価といっても、「良い」「悪い」という優劣をつける、という意味合いではなく、あくまで「育成型人財マネジメント」のコンセプトに則り、ギャッ

プに対する「充足度」としてチェックしていく仕組みとしています。

　報酬に関連しては、まず等級体系において縦横のマトリクス体系としていることで、横軸のジョブサイズが各ポジションと紐づいていることで報酬も変動します。各ポジションにスキルを定義していることから、当該スキルに対するマッチング度が高い人財が配置され、結果としてジョブサイズが変われば報酬も変わる仕組みとなります。ジョブサイズを幅広く用意しておくことで、前に述べた業務の組み合わせやシェアリングによってジョブサイズが設定できれば、それに応じた報酬設定（変動）が可能な仕組みになります。

　報酬の変動に関する課題としては、役職者のポストオフの基準や判断をどのように実施していくのかが挙げられます。当事者にとって突然報酬が下がるような運用では納得感が得られないため、人事としては慎重に進める必要があると考えています。従業員が納得して受け入れられるような仕組みが必要ですし、これらが「当たり前」となる企業文化を醸成していくことも重要だと思います。加えて、部門長が要員計画を策定する時には、組織力向上への最適解としてどのような配置（ポストオフ含む）や評価・報酬が望ましいのか、現状より高度な判断が求められてくると考えています。

■ 変革を推進していくためには、人事だけでは不可能
　 経営層や現場を巻き込んだ「うねり」を創り出せるか

上野：最後に様々な取り組みを継続し、しっかりと「変化」につなげていくための工夫や今後の課題などはございますか。

日野：ただ仕組みを作るだけではなく、制度を活用してもらえるための運用面の深掘りが重要だと考えています。ただ、ここが難しいと感じる部分です。具体的には、例えば評価プロセスの透明性を高めるということは、評価項目となるリーダーシップやコミュニケーション能力などを評価し、適切なプロセスを通じてポジションに登用されている、ということを本人や他の従業員が理解できる仕組みが求められるということで

す。ただ評価を運用しているだけでは伝わるものではないため、「仕掛け」が必要になってきます。

上野：意図的に「ロールモデル」となる従業員を取り上げて社内に発信していくような取り組みも重要ですね。

日野：また、様々な取り組みを推進していく人事にも多様性が必要だと考えています。プロパー従業員として経験を積んできたメンバーに加え、外部から多様な経験を持つ人財の採用も進めています。人事メンバーの多様性を推進することで、ローソンとしての多様な人財マネジメントを実現するための様々な角度からの知見を集約していくことができると信じています。

　他にも、経営層との連携という意味では、経営方針や人事戦略を経営層からメッセージとして発信できている点は人事として各種施策を展開する上では心強いです。加えて、DX教育や資格取得を通じてスキルアップを促進し、その成長の対価として表彰などで適切に評価する制度を整備しており、従業員をモチベートする仕組みの整備にも取り組んでいます。これら様々な取り組みを継続的に、また柔軟にアップデートさせていくことで、従業員にとって「働きがいのある企業」が実現できていくと考えています。人事としては、施策の整備には時間を要するため、時勢や社会的な要請など、半歩先を見据えて準備を進めていくことが求められます。

■ インタビュイー　プロフィール

日野武二
株式会社ローソン　上級執行役員 人事本部長
1989年4月、株式会社ダイエーコンビニエンスシステムズ（現株式会社ローソン）入社。スーパーバイザー（店舗経営相談員）などを経て、1993年9月人事企画室人事、1999年9月業務企画室人事近畿主査、その後コミュニケーションステーション秘書シニアマネジャー、ヒューマンリソースステーション 人事企画 人事管理部長などを経て、2014年4月より人事本部長就任。2025年3月より現職。

第9章

スキルテック企業に聞く最新動向

▼

　スキルを抽出して管理し、それをもとに人材マネジメントを行うということには、非常に時間と手間がかかるのも事実だ。そのため、既に開発されているスキルテックを取り入れることは1つの打ち手である。グローバル企業で使われているスキルセットを参照・活用できたり、スキル強化のための学習やキャリアパスの推薦といった機能を利用することができる。

　そこで、取材協力をいただいたスキルテック企業6社──SAP、LG CNS、SkyHive、Skillnote、ビズリーチ、Bealruslに、各社が提供するサービスにはどんな機能があり、どのようにスキルベース組織を推進する上で活用できるのか、話を聞いた（掲載は社名50音順）。

「エンタープライズ型スキル管理」であらゆる人事プロセスの意思決定を変革する

SAPジャパン株式会社

■ 人事管理全般のプロセスをカバーする「SAP SuccessFactors」

EY本多： はじめに、御社のスキルテック製品、「SAP SuccessFactors」について、特徴を簡単に教えてください。

佐々見： SAP SuccessFactorsは、スキル管理だけではなく人材管理（HCM）全般を対象としたクラウドベースのソリューションで、全世界で10万社以上のお客様に利用されています。具体的には、採用、オンボーディング、パフォーマンス管理、報酬管理、学習管理、キャリア開発、後継者計画など、幅広い機能を備えています。加えてデータ分析機能を活用し、リアルタイムでの人材データの可視化やレポート作成を支援します。これにより、企業はデータに基づいた意思決定を行い、組織のパフォーマンスを向上させることができます。

■ 技術革新の結果、スキルベース人材マネジメントが近年さらに拡大

本多： 人事システムの分野において、グローバルでずっと先頭を走り続けていらっしゃる御社ですが、急速に広がりつつあるスキルベース人材マネジメントの流れについて、どのように捉えていますか？

佐々見： 近年、欧米を中心に実践されてきた「ジョブ型人材マネジメント」が拡大し、日本でも動きが顕著になってきました。その結果、課題も浮き彫りになりました。例えば「ジョブ」という単位で人をマネジメ

SAPジャパン佐々見直文氏（左）とEY本多宏充

ントするのは、より柔軟かつ機敏に仕事を割り当てたり、成長機会を与えたりすることがなかなか難しいので、より細かな「スキル」というレベルで管理したいというニーズが高まっています。まさに、スキルベース人材マネジメントが拡大している大きな背景の1つはここにあります。

　このようなスキルベースで人を管理したいというニーズは、今回がはじめてではありません。人事業界に20年ほど携わってきた私のキャリアの中で、幾度となくトピックになったことを覚えています。しかし、アナログで解決することに限界があり、その度に頓挫してきました。

　第一に、スキルのデータベースを作成・管理することが非常に手間であるというのが理由です。1年以上かけてやっと完成したという事例もたくさんあります。完成したからといってそれで終わりではなく、マスタを毎年更新しなければならないという問題があります。次第に運用に時間をかけられなくなり、時間と労力をかけてせっかく作ったデータベースが廃れていくケースも珍しいことではありませんでした。ところが、昨今、「AI」に代表される技術革新により、スキル管理の業務において効率化がぐんと進みました。現実的に運用を継続できる可能性が出てきたのです。そのことが大きな潮流を生んだ1つの要因だと、私は考えています。

■ 日本ならではの課題は「構造化されていない情報」から「構造化されたスキル」を抽出すること

本多：御社は、日本に限らず全世界で非常に多くのお客様をお持ちで、様々な国々での状況をご理解されていると思います。この流れについて、欧米と日本でどのような違いがあるとお考えでしょうか？

佐々見：まず、スキルをどのように使用するかという点で、違いがあります。欧米では、スキルを採用の場面で判断に使用することが多いです。一方、日本では、会社全体でどのスキルが不足しているかを分析することや、社内人材への教育方針を決めるためにスキルを活用します。

本多：欧米では社外からの採用における選考に主に活用され、日本ではどちらかというと、社内人材のキャリア開発や適材適所を考える際に活用されているということですね。

佐々見：はい。日本の場合、多くの会社が新卒採用中心なので、新卒の方のスキルを判断することに価値をあまり見出さないところがあります。これがスキル管理の粒度の違いに繋がっています。製造業が多いこともありますが、日本のほうが社内人材にフォーカスが当たっているため、きめ細かさがあると感じています。欧米のほうがもう少し粗めの粒度で、大きく採用・配置に使える粒度にしている感じがあります。

本多：他に欧米と日本で違いはありますか？

佐々見：スキル情報の取得方法にも差があります。欧米では、自分のキャリアを自分で作る意識が強いので、LinkedInなど社外のシステムに自発的にスキルを入力する傾向が高いです。社内のシステムにはあまり入力していないようです。システム的には、外部の情報をうまく集めて使うことがポイントになります。

　一方で日本では、外部はもちろん、社内にも自発的にスキルを入力している人はほぼ皆無だと思います。これにより発生する情報量の差は大きいです。欧米は既にある情報をうまく使うことができますが、日本は情報が存在しないところから作り出して使う必要があります。

本多：日本ではスキルに関する情報が入っていないということでしょうか？

佐々見：いえ、あるにはあると思います。目標管理や評価のプロセスの中で、コメントの形での情報はたくさんありますが、スキルとして何があるのかはそのコメントをすべて読まないと把握できない状況です。つまり、構造化されていない形でスキル情報が格納されています。従って、スキル管理を実施するためには、それらの情報を体系化、構造化されたスキル情報に編集・修正する必要があります。

■ まずは、スキル登録・評価・体系化のプロセスを省力化すること

本多：日本企業には構造化されていないスキル情報が溢れているということですが、そのような特徴のある企業が今後スキルベースの人材マネジメントを進めていく中で、越えていかねばならない課題やハードルを具体的に教えてください。

佐々見：まずは、スキルの登録・評価・体系化のプロセスを省力化することが不可欠だと考えています。

　日本では、従業員が人事から要望され、自身のスキルを棚卸し、それを上司が評価する。そして集められたスキルを人事が体系化するという業務プロセスを行っていました。従業員も上司も人事も、多くの労力が必要となり、スキル自体もビジネスに応じて変化するため、プロセスを回している間に管理されているスキルが陳腐化することがありました。スキルの登録・評価・体系化をどれだけ自動化できるかが、大きな課題の1つです。

本多：先ほども語られていたように、日本のお客様は欧米に比べて、より細かくスキルを定義されるので、余計にスキル管理に対する手間がかかってしまうのですよね。この部分の省力化のために、どのような機能が必要になりますか？

佐々見：スキルの登録についてですが、日本では従業員に自発的にスキ

図9-1 日々の活動を通したスキルライブラリおよび従業員スキル情報の自動更新

出典：SAP社資料

ルを登録してもらうのはハードルが高いです。先ほど申し上げた通り、情報も、評価コメントや1on1のチャットなどに非構造的に蓄積されているのが現状です。従って、それらの情報をベースにAIが判定し、従業員にスキルを提案するのと同時に提案したスキルをライブラリに構造化して貯めていく機能が重要です。

弊社のソリューションでは、職務記述書やジョブの定義コメントからスキルを抽出することはもちろん、上司と部下の1on1でのコミュニケーション内容からもスキルを抽出できます。抽出されたスキルをワンタッチでスキルライブラリに登録する機能があり、簡単にライブラリを作成できます。また、既にスキルライブラリを整理済みのお客様には、既存のスキル一覧をそのままインポートすることも可能です。

本多：いろんなシーンでスキルを抽出して、スキルライブラリを作成することが可能なのですね。

佐々見：はい。ただ、この方法だと社内独自のスキルライブラリはできますが、採用で使用する際には、外部との整合性や接続性も不可欠です。例えば「Excel技術者」と「表計算技術者」というスキルは、多くのお

客様が同様のものとして扱いたいですが、インプット元が違うとライブラリに一緒には格納されません。語彙や表現の違いをカバーできなければ、実際の運用で苦労します。そうした細かな要望を一つひとつ解決するために、弊社では作成されたスキルライブラリについて、外部機関が持つ3万件のスキルデータと照らし合わせてAIが検証するという機能を現在準備しています。労働市場のトレンドを踏まえて外部と連携し、より精度の高いスキルライブラリを作成することが可能になります。

本多：AIを駆使して、整合性や連携性の高いスキルライブラリを作成し、今度は従業員にスキルを自動提案していくという流れですね。

佐々見：その通りです。スキルの抽出のもととなった履歴書、職務経歴書、1on1でのコメントなどをもとに出来上がったスキルライブラリを照合し、従業員にスキルを自動提案していきます。こうして、スキルの登録・評価・体系化のプロセスを効率化し、現実的な運用を実現しています。

■ 体系化されたスキルをあらゆる人材マネジメントプロセスで利用する「エンタープライズ型スキル管理」

本多：情報の構造化および自動化で、日本でもスキルベースの人材管理もかなり拡大しそうですね。

佐々見：はい。でも、これだけでは不十分です。スキル管理は単なる手段であり、達成すべき目的は、スキルベースでの組織変革や業務改革です。従って、スキルをいかに現場での業務プロセスや、そこで行われる一つひとつの意思決定に役立てていくかがとても重要になります。

本多：具体的にはどのような機能でしょうか？

佐々見：例えば、このような機能です。

① **異動・アサインメント**：その方が持っているスキルと、お願いしたいタスク（仕事）に必要なスキルを照らし合わせることで適材適所を実現

② **キャリア開発**：やりたいタスク（仕事）や就きたいポジションなど、将来の姿に必要なスキルと、現在のスキルを照らし合わせて、必要

なスキルを提示

③ **ラーニング**：学習コンテンツとスキルを紐づけ、やりたいタスク（仕事）や就きたいポジションを目指すために必要な学習コンテンツを自動提案し、学習後はその結果を個人のスキルデータに反映

④ **要員計画**：スキルベースで社内のスキル取得状況を可視化し、事業計画に合わせて全社で必要なスキルとその数を予測

　さらに従業員側には、今あるスキルで可能なタスク（仕事）をレコメンドし、社内のタレントマーケットプレイス化を促進します。いろいろな業務プロセスにおいて、スキルベースでの意思決定を実現する機能を設けています。

　ちなみに、これらはスキルとタスク、学習コンテンツ、ポジションなどを紐づける必要があります。人手で行うとかなり面倒ですが、AIの助けを借りて自動化する機能も用意しています。具体的には、大量の学習コンテンツや外部学習コンテンツの説明文からスキルを抽出し、自動で紐づける機能です。

本多：なるほど。スキルを中心として、様々な場面で人の手を借りずに、いろいろな提案をシステムが与えてくれる機能が揃っていますね。一方

図9-2 スキルを軸にあらゆる人事プロセスが繋がるエンタープライズ向け人事プラットフォーム

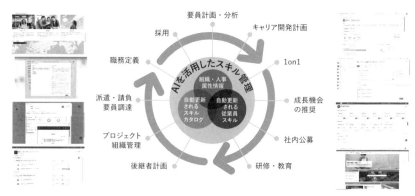

出典：SAP社資料

で、これを実現するためは、各機能が有機的に繋がり、それぞれ整合性を持って動くことが前提になってくると思います。そういった意味で、システム全体としてはどのような特徴が必要でしょうか？

佐々見：スキルライブラリがスキルのマスターオブマスタとなっていることが大前提です。あらゆる人事業務プロセスでの意思決定において、同じスキルライブラリを使用し、プロセスでライブラリを育てていくことが必要です。バラバラに管理されていると、その都度調整を行わなければならず、運用に時間がかかります。

　もう1つは、人事業務プロセス全般が同じシステムの中にあり、一元化されたスキルライブラリをベースに業務を遂行できることです。評価、キャリア開発、ラーニングといったタレントマネジメントだけでなく、人事情報管理、採用・異動などのコアオペレーションも含めて、人事業務プロセス全般でスキルが使えるようになることが重要です。

　そのために、スキルが人、ジョブ、ポジション、タスク（仕事）などの主要な管理項目に紐づいて体系化されていることがポイントです。スキル単体で管理されていても役に立ちません。あらゆる人事業務の意思決定にスキルを繋げられること。このような「エンタープライズ型スキル管理」を実現できるシステムこそが、昨今のスキルベース組織のために不可欠なのです。

■ AIを活用
ただし、頼りすぎないシステム機能を

本多：ところで、スキル管理に限らず、人事領域全体で、AI技術をビジネスシーンで活用し、作業の効率化、高度化を成し遂げたいというクライアントの期待は、非常に高いと私も感じています。AI技術とうまく付き合っていくためにはどうすればよいでしょうか？

佐々見：1つは、AIは100点を出してくれないと割り切ることが重要だと思います。現在の技術では、まだまだAIの回答が必ず正解を導き出してくれるわけではありません。例えば、あるスキルを持っている人が

いるかどうか全くわからない状態から、AIを使うことにより、半分の人は持っているかもしれないとわかるだけでも、探す労力が半分になります。いきなり満点を取るのではなく、60、70点の答えを見つけ、そこにたどり着いた時にさらに別のものが見えてくる。進んでいったその先で優先的な課題を1つずつ解決していく、こういうAIの活用法が現実的だと思います。

本多：確かになかなか難しいですよね。AIはいつも正しいわけではないですし、責任も取ってくれません。そういった中で御社が機能を設計する上で注意されている点はありますか？

佐々見：AIを活用する機能を設計する際に、弊社では、ビジネスに即した価値を提供する「関連性」（relevant）、確かなデータに基づく精度の高い機能を提供する「信頼性」（reliable）、安全で倫理的な運用を実現する「責任性」（responsible）の3つに重きを置いています。その中で、「責任性」に関連するところで、基本的にはAIだけで判断させることをしないというポリシーを持っており、重要な部分は判断するにあたって必要な情報をAIが提供し、最終的な判断は人が行うという設計思想を決めています。最終的な精度などの調整は人が行う形になります。

本多：最終的に人が判断・決断するということでも、それを後押しして

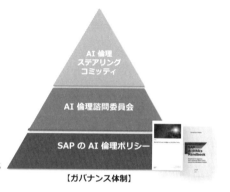

図9-3 AIに対するSAPの開発方針

▶ **人間が主体になるAI活用**
　・AIは判断の支援ツール
　・最終決定は必ず人間が実施
　・過度な自動化を防止

▶ **偏見・差別のない公平性の確保**
　・採用や評価などにおけるバイアスの排除を徹底
　・データの偏りを排除
　・多様性を考慮した公平なAIの開発・運用を実現

▶ **透明性と説明責任**
　・AI判断の根拠（データセット）を明確化
　・開発から運用までのすべてのプロセスの見える化
　・ガバナンス体制の整備

出典：SAP社資料

くれる情報があると判断・決断しやすいですし、たとえ誤った判断になっても、人もAIも同様にそれを学習して、次はより精度の高い判断・決断ができるようになるということですよね。

　加えてもう1つお聞きしたいのが、AIの危険性に対する対応です。AIがコンプライアンスに抵触するものや、プライバシーにかかわるような、見えてはいけないものを一緒に提案してしまうなどの危険性も議論されていますが、それに対する開発方針についてはいかがでしょうか？

佐々見：こちらも「責任性」に関連するところですが、問い合わせに対して生成AIなどで何か判断し、それらを返答する時に、バイアスや差別的な表現が発生した場合、AIファウンデーションという基盤を通して問題のある表現を再度修正して返答することを実施しています。また、AI自体にバイアスがかかっていることもあり得ますので、返信時にバイアスのある表現があったら、それを消して変換して返す機能を実装しています。

本多：面白いですね、AIのバイアスをAIが検知してニュートラルにしてくれるのですね。

■ いきなり大きな投資をせず、段階を踏みながら スキルテックとうまく付き合う

本多：最後に、これからスキルテックを活用しようとしている読者の皆様に、アドバイスをお願いします。

佐々見：まずは、スキルベース組織に変革する目的を明確にすること、そこに至るための段階的なステップをプランすること、最後にそれを少しずつ進めることが大事かと思います。スキルテックにおける技術革新のスピードが加速度的に早くなっており、かついろいろな企業がいろいろな種類のソリューションを出している状況で、正直サービス提供側の弊社ですら、今後どういう方向に発展していくか予測が難しい状況です。従って、方向性をしっかり見極めた上でいきなり大きな投資をするので

はなく、目標を定めて、少しずつ進めていくことが大事かと思います。

　また、使用する側の社員の皆様も新しい技術にまだ頭も体も慣れておらず、半信半疑の方も少なくないでしょう。そういった方々に価値を理解してもらうのも、なかなか難しいことです。本当にそれって価値があるの？という部分を一歩一歩証明していきながら、大きなビジョンを描きつつ、少しずつ着実に進んでいくというアプローチで進めていただけると、確実に価値を出していただけるのではないかなと思っています。

■インタビュイー　プロフィール

佐々見直文
SAPジャパン株式会社　人事・人財ソリューションアドバイザリー本部 本部長
2007年SAPジャパン入社。年間50社を超える大手グローバル企業の経営層、人事リーダーとのディスカッションを通じて、人事業務のイノベーションを提案。グローバル人事戦略やBusiness AIなどの先端技術を活用した人事改革・人事DXのアドバイザリー業務に従事。

AIを駆使したスキル可視化・スキルベース人材マネジメントにより、従業員エクスペリエンスを向上

LG CNS

■ HR業務における業務標準化・処理能力向上を目的としてグローバル全体でDX化・AX化を推進

EY田口：LG CNSでは自社グループで改革を行い、その経験をもとにサービス開発を行ったと伺いました。御社が取り組んだグループのDX化・AX化について教えていただけますか？

デソン：LGグループにはLG電子、LGエナジーソリューションなど数十の様々な関連会社があります。これらの会社は同じまたは類似の業務にもかかわらず、関連会社の間で異なるプロセスやシステムを使うため、処理能力に差が生じていました。また、プロセスごとに対応に差があり、必須のプロセスに気づかずに対応できないこともありました。システムを構築して使用し始めると、その時点から既に過去のシステムになり、しばらくするとまたシステムを再構築しなければならないという状態があり、これらの重複投資と非効率な状態を改善するため、グループ全体の大規模なイノベーションプログラムとして推進しました。

田口：人事領域のサービスである「SINGLEX HR」の開発に至った背景・目的について教えていただけますか？

デソン：HR領域においても、同じ業務が会社間で異なるプロセスやシステムで行われていたことから、HR業務における共通業務の標準化と処理能力の向上を目的としました。

田口：SINGLEX HRのサービス開発において、HR標準プロセスの確立やHRソリューションの選定といったプロセスはどのような手順で行わ

図9-4　LGグループのDX・AX推進の背景

LGグループのグローバル人事マネジメントの高度化に向けたDX・AXへの転換

推進背景と目的

LGグループ内でも同じ業務において処理能力に差があり、システムの重複投資や非効率が存在しました。そのため、全ての業種に共通するコア業務を標準プロセスとして定義、データ管理基盤を一元化しました。その結果、より付加価値の高い業務に集中できるように推進しました。

出典：LG CNS社資料

れたのでしょうか？

デソン：SINGLEX HRのサービスは3段階の過程を経て作られました。まず、LGのグローバル270社の事業所、28万人の人事業務を検証し、統合された標準プロセスと産業別アセットを確立しました。次に、優れたソリューション機能、導入レファレンス、システム構築の容易性を総合的に評価し、SAP社のSuccessFactorsを選定しました。最後に、グローバルソリューションとLGのベストプラクティスを組み合わせることで、人事管理のすべてのプロセスをサポートできる世界最高レベルの人事管理ソリューションを完成しました。従業員エンゲージメントを高めるための持続的なアップグレードを行い、世界104カ国の法令・コンプライアンス対応の運営をしています。

田口：類似のサービスと比較して、SINGLEX HRの特徴や強みはどのようなところになりますか？

デソン：ソリューションの完成度を高めるため、17の系列会社の3,000人以上のグローバル業務担当者、当領域の専門家が開発プロセスに直接参加しました。また、2,300人以上のDX専門家が参加し、最新の技術を適用しました。さらに、48万回以上の徹底したテストを通じて高い安

定性と信頼性を保証しています。常時最新・最高のサービスを経験いただけるよう、これまで3,100回以上の改善およびアップグレードを行っており、今後も継続していく予定です。

　LG CNSはこのような過程を経て、コア業務分野別に製造業の競争力強化に必要な30以上のグローバル最高レベルのSaaSサービスを提供しています。デパートに行ってショッピングするように企業が必要なサービスを簡単に選択できれば、安い費用で迅速に適用し、すぐに利用を開始することができます。また、各企業の特性に合わせて、一部のカスタマイズやレガシーシステムとの連携が必要な場合には、当社の数十年間にわたり蓄積されたSIノウハウを活用して迅速に対応できます。

田口：SINGLEX HRをLGの主要法人に導入される際に、どんな戦略と方法で課題を克服し新しいソリューションを定着させましたか？

ジヨン：SINGLEX HRを構築し定着させる過程には多くの困難がありました。まず、プロセス統合の過程が容易ではありませんでした。前述の通りLGには多数の系列会社があり、事業分野も電子、化学、通信など多様です。正社員、契約社員、時給労働者などの雇用形態も多く、R&D、マーケティング、営業などの職務形態も考慮しなければなりませんでした。固定給、変動給などの給与形態も多様であったため、「Global Single Instance」という目標のもと、すべての系列会社のグローバル制度を標準化する過程は難易度の高いものでした。また、既存のオンプレミスシステムに慣れ親しんでいた従業員にはSaaSという新しいシステム形態に対する抵抗感もあり、チェンジマネジメントにも苦労しました。

　そこで彼らに、時代と技術が変化しているということや様々なSaaSのメリットを継続的に紹介しました。動画、カードニュース（画像に文を挿入して配信するカード型のコンテンツ）、ウェブトゥーン（縦読み漫画）形式の様々なチェンジマネジメントコンテンツを制作し共有することで、SINGLEX HRへの変化を誘導しました。

　さらに苦労した点としては、各国ごとに異なる個人情報保護法に対応する過程、各企業別に存在するレガシーシステムとの安定的なインタ

インタビュー風景。左からLG CNSキム・ソラ氏、キム・ジヨン氏、キム・デソン氏、EY田口陽一

フェースを構築する過程も挙げられます。そこで、LGでは次のような3つの戦略でこのような困難を克服し、SINGLEX HRを300以上のグローバル法人に定着させることができました。

　第一に、ソリューション導入前からグローバルプロセスの標準化のためのベストプラクティスに関する議論を行い、それを確定させる過程で、LG系列会社別の人事業務担当者およびIT担当者約50人をプロジェクトメンバーとして参加させました。その他、評価、報酬、教育など分科ごとに業務協議体を立ち上げ、約136人が参加し、意見を交わしました。最終的な意思決定は、17系列会社のCHO協議体を通じて行いました。その結果、約96のHR共通プロセス、その下に500以上のアクティビティを定義することができました。

　第二に、各国の個人情報保護法に対応するためにセキュリティの専門家によるSINGLEXセキュリティタスクフォースを別途構成し、各系列会社の法務チーム、セキュリティチーム、それらを支援する国内外の法律事務所を参画させ、事前にリスクを洗い出し、リスクヘッジ案を一緒に検討し、解決策を決定していきました。

　最後に、HRシステムの特性上レガシーシステムとのインタフェース

が非常に重要なポイントであったため、プロジェクトの初期からレガシーシステムの影響度を把握し、テスト、オープン準備など、すべての過程にレガシー担当者を参加させてプロジェクトを進めました。これにより、関連システム連携に必要な300以上の共通APIを開発することができました。このような戦略を基に体系化されたプロセスにより、初期の1社あたりのオンボーディングに必要となった時間を30～40％削減することができました。

田口：経営陣の観点からすると、SINGLEX HR導入のメリット・利益は何でしょうか？

ジヨン：第一に、グローバルに基準情報を標準化し国内外のHRデータを統合したため、HRダッシュボードを通じて簡単にグローバル現況をリアルタイムで把握することができ、これによって主要な意思決定を迅速に進めることができる点が挙げられます。第二に、本社のHR制度やガバナンスを変えたい時や新技術・新機能をHRシステムに活用したい時、あるいは新しい法律を適用しなければならない時、Global Single Instanceを活用し、全系列会社、全海外法人に同時に迅速に拡散、適用できる点が挙げられます。加えて機能的な側面で申し上げますと、リアルタイムで要約された組織情報まで照会できる組織図照会機能と、AI新技術を活用した個人別キーワード分析結果が含まれているプロファイル照会機能があります。特にこのプロファイル照会機能により、これまで職員が受けてきたA、B、Cなどの定量的な評価結果以外に、当該職員は何が得意で、どのような経験が豊富で、どのような点が充実しているかという定性的な評価まで素早く把握することができるため、経営陣の活用度が高いと言えます。

■ AI活用により職務に求められるスキル、個人の保有スキルを明確化し、HRジャーニーのエクスペリエンスを向上

田口：SINGLEX HRではHRジャーニーのあらゆる場面でAIを活用した

図9-5 AIの活用

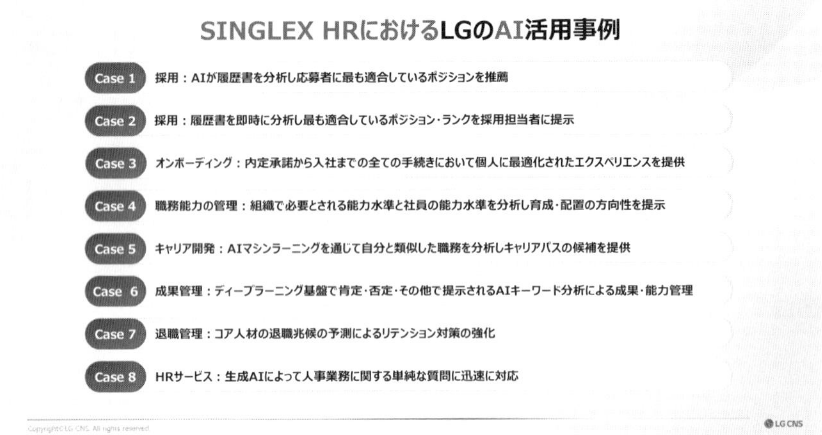

SINGLEX HRにおけるLGのAI活用事例

Case 1	採用：AIが履歴書を分析し応募者に最も適合しているポジションを推薦	
Case 2	採用：履歴書を即時に分析し最も適合しているポジション・ランクを採用担当者に提示	
Case 3	オンボーディング：内定承諾から入社までの全ての手続きにおいて個人に最適化されたエクスペリエンスを提供	
Case 4	職務能力の管理：組織で必要とされる能力水準と社員の能力水準を分析し育成・配置の方向性を提示	
Case 5	キャリア開発：AIマシンラーニングを通じて自分と類似した職務を分析しキャリアパスの候補を提供	
Case 6	成果管理：ディープラーニング基盤で肯定・否定・その他で提示されるAIキーワード分析による成果・能力管理	
Case 7	退職管理：コア人材の退職兆候の予測によるリテンション対策の強化	
Case 8	HRサービス：生成AIによって人事業務に関する単純な質問に迅速に対応	

出典：LG CNS社資料

サービスを提供していると聞いていますが、実際にどのような場面で活用されていますか？

ソラ：LGでは採用、オンボーディング、職務能力の管理、キャリア開発、成果管理、退職管理、そしてHRサービス（人事業務関連の質問回答）においてAIを活用しています。

田口：採用の場面では具体的にどのように活用されているのでしょうか？　応募者と人事それぞれの視点で教えていただけますか？

ソラ：まず応募者の視点からお話しします。応募者は入社志願時にAI機能が搭載された採用ポータルを通じて最適なポジションを推薦してもらうことができます。その際、会員登録やログインは必要ありません。応募者は氏名、メールアドレス、連絡先、国籍などの基本情報を入力することで簡単かつ迅速にアカウントを作成することができます。そして自由形式の履歴書をドラッグ＆ドロップ方式でアップロードすることで簡単に履歴書を提出することができます。AIは提出された履歴書を分析し、現在募集中のポジションとマッチングし、応募者に最適なポジションを推薦してくれます。そのため、応募者は煩雑な手続きをすることなく、自分に最適なポジションを見つけることができます。また、対話型

チャットボットを通じて、応募者が希望するポジションをスピーディーに照会することもできます。このような機能によって、応募者は就職活動の際に採用募集を探す時間を節約し、効率よく採用プロセスに参加することができます。

　続いて人事の視点でお話しします。AIは応募者の履歴書を分析し、優れた職務能力を持つ最適な人材を提案してくれます。履歴書上の保有スキル、職務の関連性、職務経歴と外部ソーシャルアカウント情報を活用し、マッチ度を算出します。この機能は特に業務効率の面で非常に有効です。採用担当者は、マッチ度で高得点を獲得した履歴書を中心に検討することができるようになるため、従来は約2週間以上かかっていた書類検討がたった1日で終わることもあります。AI技術の導入により、採用プロセスの効率を大幅に改善し、それによって確保された時間を戦略的な業務に集中することができるのです。例えば、優秀な人材への面接をどのように進めるか、入社までの離脱をどのように防ぐかといった対策に十分な時間をかけることができます。その他にも、SINGLEX HR

図9-6　採用場面でのAI活用

出典：LG CNS社資料

は近い将来、AIが採用広告を作成する機能、応募者に合わせた面接質問を提示する機能といったアップグレードを検討しています。このような革新的なAI技術により、HRは優秀な人材をより早く見つけ、より効果的に確保することができ、組織のパフォーマンス向上に貢献できるようになります。

■ 不足スキルを身につけるための明確な目標や教育プログラムの提示が可能

田口：職務能力やスキルに基づいた人材マネジメントにおいては、どのように活用されているのでしょうか？

ソラ：SINGLEX HRは、能力やスキル項目ごとに、職務の要求する能力レベルと個人の保有する能力レベルを比較分析し、ギャップを提示します。これによって、従業員は現在どのような能力が十分なのか、どのような能力が不足しているのかを即座に把握することができます。このような機能は、組織の観点からスペシャリストを確保する必要がある時、現在の職務遂行に必要な能力が何であるかを具体的に確認する時に役立ちます。

　従業員個人の育成の観点からも幅広く活用することができます。例えば、将来の戦略事業や新規事業に対応するためのリスキリングの観点から、現在の職務以外の職務経験を通じてスキルを確保したり、関連する能力を開発したりすることもできます。また、新たなスキルを確保する必要がある場合、メンバー一人ひとりに不足しているスキルを開発するための明確な目標を提示することができます。これにより、従業員は自分に必要な能力が何であるかを具体的に把握することができ、能力開発に対するモチベーションを高めます。

　DXの観点から見ると、このような能力分析ツールは、組織の人材管理と人材開発戦略の大幅な改善に繋がります。リアルタイムのデータ分析により、個人の能力を正確に把握し、それを基にカスタマイズされた教育・能力開発プログラムを設計することができます。特に、学習モデ

ルと連携したフィードバックループを通じて、従業員の能力を継続的にモニタリングし、今後の方向性を提示することもできます。ある従業員が特定の能力で不足している場合、即座にこれを補完することができる教育プログラムを推薦することができます。リアルタイムのフィードバックを通じて持続的な成長をサポートし、組織は従業員の職務能力を体系的に管理することができるようになります。

　人材開発戦略に関して言えば、大多数の組織では職務別の教育計画を別途企画して運営する場合が多いでしょう。しかし、今はAIが従業員ごとに不足している能力について、カスタマイズされた学習コンテンツを提案してくれる時代です。AIは、職務能力とスキルに対する精密な分析を通じて個人の不足している能力を把握し、設定した希望職務とキャリア目標などを考慮し、それに合わせた学習を支援します。特に、AI基盤のカスタマイズされた学習推薦機能は、従業員が自分の能力を体系的に開発できるように支援する重要な要素です。従業員の現在の能力レベルと目標の能力レベルを比較し、どの部分で追加的な学習が必要

図9-7　育成・配置におけるAI活用

出典：LG CNS社資料

なのかを正確に提示することで、従業員は自分がどのような能力を補完すべきかを明確に理解することができます。また、膨大な学習コンテンツを分析し、各メンバーに最適なカリキュラムを推薦します。この過程で、従業員は推薦されたカリキュラムを学習し、必要な能力を自然と確保することができます。これにより、単に教育を受けるだけでなく、自発的に必要な能力を向上させることができます。さらに、学習の進行状況をリアルタイムでモニタリングし、必要に応じて追加のフィードバックと学習資料を提供することで、体系的な学習管理が可能になります。

■ 退職予兆の把握にも AIを活用

田口：退職予兆の把握にもAIを活用されていると伺いましたが、どのように活用されているのでしょうか？

ソラ：コア人材のリテンションがビジネスの成功に非常に重要な役割を果たしていることはご存知の通りかと思いますが、人材の離職の兆候を

図9-8 退職兆候の予測、リテンション対策へのAI活用

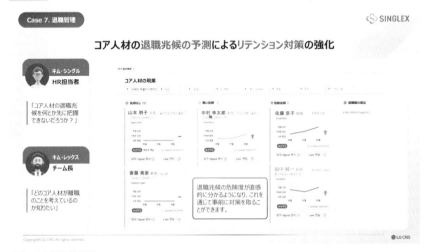

出典：LG CNS社資料

事前に把握することは非常に難しいことです。HRとリーダーは様々な方法でリテンションマネジメントを試みますが、すべてのコア人材を密に管理するにはコストと時間の限界があります。コア人材の離脱を防止するために、SINGLEX HRはAIを活用し、従来の人事管理ではアプローチが難しかった部分を補完しました。評価結果、報酬レベル、昇進、勤怠、休暇などの様々なHR指標情報をAIが学習・分析し、コア人材の退職の兆候を予測し、兆候がある場合リーダーにアラートを送ります。これにより、リーダーは退職の兆候が見られる人材に随時面談、勤怠管理、インセンティブなどの方法で効果的にリテンションケア活動を行うことができます。組織別・個人別に退職の兆候を示すダッシュボードでは、個人別の離職リスクを提供し、なぜ離職率が高いのか、詳細な内容まで把握することができます。例えば、夜間・休日の勤務時間、最近の評価結果、インセンティブの変化などが退職率を高める理由に該当します。SINGLEX HRは、会社ごとに違いはありますが、約60のファクターを使って退職率を予測しています。実際、SINGLEXを導入した組織ではこの機能により、退職の兆候が見られる従業員を対象に面談を行ったり業務調整などを行ったりして、積極的に対応しています。このようなAI基盤のアプローチによって、組織が維持すべき必須人材のリテンションを強化し、組織の安定性を高めるのに役立ちます。

田口：LGにおけるSINGLEX HRのAIを活用した従業員エクスペリエンスの向上やスキルベース人材マネジメントについてお話しいただきましたが、実際にSINGLEX HRを使っている従業員の皆様の反応や感想を教えてください。

ジヨン：様々なAI技術が適用されているシステムを通じて、従業員は会社からケアを受けていると実感しています。職務に応じた自分の能力を診断し、能力に合った教育を推薦し、自分のキャリアパスと似た人のキャリアをもとに自分に合った進路を推薦する等、HRのライフサイクルに応じて経験を熱心にサポートしてもらえるため、従業員の反応は非常にポジティブです。AIが提示する情報は信頼度が高いため無条件に

受け入れるというよりは、もう1つの意見として意思決定に賢く活用しているという印象です。

■インタビュイー　プロフィール

キム・デソン
LG CNS SINGLEXビジネスユニット　常務
LG CNSのクラウドSaaSブランド「SINGLEX」の32のサービスをローンチし、LGグループおよび対外事業を総括。SINGLEXを通じて世界各国の従業員がよりスピーディーかつスマートに仕事ができるよう、企業バリューチェーンのイノベーションをミッションに掲げ、商品企画、マーケティング、CRM、購買、設備・製造、R&D・品質、人事など様々な分野においてDXイノベーションを成功に導き、LGグループの業務の高度化に貢献。

キム・ジヨン
LG CNS HR SINGLEXチーム　チーム長・総括コンサルタント
HRの専門家としてLGグループのHR業務の高度化に取り組む。SAP SuccessFactorsを基盤の「SINGLEX HR」のプラットフォームに組み込むプロセスを設計。業務管理の構築において中心的な役割を担う。現在はLG CNSでSINGLEX HRシステムのコンサルティングおよびソリューションを提供しており、様々な規模の企業でHRトランスフォーメーションの成功をサポート。

キム・ソラ
LG CNS HR SINGLEXチーム　スペシャリスト
グローバル人事管理システムとAI統合の分野で数年間の経験を持つ専門家として、LGをはじめ韓国大手企業で多様な国および文化において人事管理システムの構築・運営を成功に導いてきた。特に、AIをHRプロセスに取り入れた採用、成果管理、人材開発の分野で革新的なソリューションを提供しており、AIを通じて組織がよりデータに基づいて人材管理を効率化できるようにサポートしている。

AIを活用した動的スキル管理により、スキルベース社会の土台を構築

SkyHive
一般社団法人ジャパン・リスキリング・イニシアチブ

■ テクノロジーの進化と人材不足によって、スキルベース人材マネジメントの概念が急速に普及しつつある

EY水野：本稿ではSkyHive日本代表、一般社団法人ジャパン・リスキリング・イニシアチブ代表理事の後藤宗明氏にお話を伺います。まず北米から始まったスキルベースという概念ですが、グローバルにおける潮流、トレンドについてどのようにご覧になっていますか。

後藤：2017年創業のSkyHiveはスキルテック界では老舗にあたる企業で、まさにスキルテックというものの存在を大きくしていった最初の会社だと考えています。当時を振り返ると、まだ海外、特にアメリカでもAI

リスキリングやスキル可視化の第一人者である後藤宗明氏（右）とEY水野昭徳

を活用してスキルを可視化することはできていませんでした。WorkdayやSAP SuccessFactorsといったHRIS（人事管理システム）においては、スキルを従業員が自分で入力するという静的な情報管理をしていました。ところが2010年代後半頃からAIの進化が始まり、様々な職務、職業でディスラプションが起き、従前のスキル管理の手法だと新しく生まれてくるスキルを追いかけていくことが難しくなっていきました。SkyHiveはまさにこの局面において、AIを使って、LMI（Labor Market Intelligence）と言われる、労働市場情報をリアルタイムで動的に捉え、提供するという手法を採りました。そういった、AIをはじめとするテクノロジーの進化があったからこそ、スキルを可視化したり組織をスキルベースで捉え直したりすることが可能になったと考えています。つまり、スキルベース組織の概念が先にあったというよりは、テクノロジーが進化したことによりスキルベース雇用、スキルベース組織の概念が生まれたと捉えています。

　別の視点で、雇用の観点から出てきた動きにも着目する必要があります。コロナ後の景気回復によって、どの国でも人材不足が深刻化しました。ジョブに必要なスキルを100%カバーする人材を探しても、そんな人は社内でも市場でも見つけることは非常に困難です。社内で足りないスキルが可視化されていれば、そのスキルを持つ人を外部からプロジェクト限定で採用するということができますし、もちろんポテンシャルに期待して正社員をリスキリングするというアプローチも採れます。テクノロジーの進化によるスキルの可視化と人材不足への対応という2つの動きが、まさにこのスキルベース雇用、スキルベース組織といった概念へと繋がり、広がっていったと考えています。企業側でもスキルベースへの移行は進みつつあり、2019年以降、スタートアップを含め多数の企業がこの業界に参入し、今ではスキルテック関連企業が乱立しているというのがここ5年間の動きだと見ています。

■ スキルベースの概念が日本で普及するために必要な国、企業、個人それぞれの役割

水野：日本でも、従来から、力量管理と言われるようにスキル管理自体は行われているケースもありますが、現状、グローバルと比較して普及のペースは遅いように感じます。どういったハードルがあると思われますか？

後藤：英語の一次情報に触れられないという言語の壁は1つの要因ではあるでしょうが、それだけではないでしょう。ではどこにハードルがあるのかと考えると、経営者、さらには政治家といった意思決定者が自ら一次情報に触れていないため、問題意識が比較的薄く、経営や政策への反映が遅れていることが大きな要因として挙げられるでしょう。そのため、私のような一部の人間がスキルベースの重要性を訴えても意思決定者との認識あるいは温度感が合わないことがあり、これが海外との差が埋まらないことに繋がっていると思います。

　もう1つの要因は、新しいものを自分たちが生み出すこと、そしてそれが評価されるべきことである、という価値観が弱いことです。これは海外の企業と決定的に違う部分で、彼らは自分たちが一番手になって良いことをやっていこうという発想になるのに対し、日本企業は二番手として他社のビジネスを真似ることになったとしても、確実にビジネスを大きくできれば勝ちだという価値観を持っているように感じます。私はPoC（Proof of Concept、概念実証）、ユースケース、カスタマイズの3点を日本企業の三大疾病だとよく言っています。どういうことかというと、何か新しいことを始める際に、日本企業はまずPoCをやろうとします。加えて、どこの企業に実績があるのかと成功事例を探します。この発想の裏には、自分たちは他の企業がやったことの真似でいい、失敗することを恐れるという価値観があるわけです。その上、既存のサービスを自社用にカスタマイズしてくれという話になります。これによって、新しい取り組みがなかなか進まず、海外からどんどん遅れていくのではない

でしょうか。

水野：ご指摘いただいたような、意思決定者の問題意識や価値観の違いは、実例としてどのようなことが挙げられ、具体的にどういった影響が生じているのでしょうか。

後藤：具体例として、海外の最新の学会や展示会に、日本の政策関係者や企業の上席の方がほとんど参加していません。円安による渡航費の負担増も影響しているかもしれませんが、それはつまり、多少の出費をしてでも最先端の情報や最新事例を集めようという動きがないということが言えるのではないでしょうか。また、研究開発への投資も及び腰ですが、企業にその理由を聞くと、「投資によって成果に確実に繋がるならよいが、そうでないなら投資はできない。失敗した時に責任を取れないならやめておく」と返ってくることがあります。こういった先行投資をためらってしまう文化があると、海外にどんどん遅れていく原因になりますし、これは非常に根深い問題だと思っています。

水野：まずPoCから始めて、うまくいきそうかどうか検証したいというのは気持ちとしては理解できますが、そのような日本企業のメンタリティを踏まえ、PoCで止まってしまわないようにするにはどうすればよいとお考えでしょうか。

後藤：私は"グランドデザインなきPoC"という表現を使うのですが、グランドデザインがあれば、大きな目的や全体計画がある中で、あくまで手段としてPoCを位置付けるので、その結果がうまくいった・いかなかったによらず、グランドデザインの中で活かしていく方法が必ずあるはずです。逆に、グランドデザインが存在しない状態でとりあえずPoCをやってしまうと、その結果をうまく活用できずに実験止まりになってしまうので、これは避けるべきです。

水野：文化・価値観として欧米と比べてスキルベースの考え方が深化しづらい日本において、今後スキルベースの人材マネジメントが浸透・発展していくには、どのようなきっかけや打ち手が必要とお考えでしょうか。

後藤：国と企業と個人それぞれが変わる必要があると思います。国としては、雇用制度や労働政策がスキルベースの人材マネジメントを支援する形に整備していく必要があります。企業としては、企業文化の変革、すなわちジョブ型雇用やスキルベース雇用といった新しいものに対して、メリットを享受できる形で進めていけるような企業文化への変革が必要です。個人としては、スキルを身につけることで自分の価値を上げていくという意識改革が必要です。"スキルは新しい貨幣"と言われる時代に突入し、AIやロボットがタスクを自動化していく世界で、自分のスキルがあたかも貨幣のように流通し、スキルを磨かなければホワイトカラーの仕事そのものが本当になくなっていく時代が来るかもしれないという危機を認識し、自分のやりたいこと、持っているスキルを言語化できるようになる必要があります。このように国の政策、企業の文化、個人の意識改革が全部揃わなければ、このスキルベース人材マネジメントという世界は実現しないでしょう。

　私が2018年からリスキリングを国の政策に取り込む活動をしてきた経験を踏まえて思うのは、社会は突然にして変わることはできなくて、ステークホルダー全体を1つの方向に向けていくように丁寧に改革をしていかなければならないということです。今般のスキルベース雇用、スキルベース組織といったテーマに関して言えば、今話したように国、企業、個人がそれぞれアップデートされる必要があるので、これをいかに丁寧に進めていくかが鍵になると思います。

水野：国、企業、個人の3つの中では、どこから手を付けていくのがよさそうでしょうか。

後藤：私は企業から始めるべきだと思います。企業がスキルを中心に据えた文化に変わっていくと、それに合わせて政策を追いつかせようという動きが出てくるし、逆に言うと企業が変わらなければ政策にも反映されないと思います。そして企業の文化が変わっていくと、個人もそこに合わせてアップデートされていくでしょう。子育て等の諸事情でリスキリングが難しい人もいる中で、個人に対して、「スキルベース組織にな

るのであなたは自分でリスキリングしてください」というのは少しおかしいと思っていて、そこは毎日決まった働く時間の中で企業の側がアップデートを促していく土壌を作っていかなければ、個人には伝わっていかないと思います。

水野：日本でスキルベースの人材マネジメントが普及するには、より親和性が高いジョブ型人事制度への移行は１つのきっかけになり得ると思います。一方で、ジョブ型人事制度を採用していない企業も多くあると思いますが、そのような企業におけるスキルベースでの人材マネジメントの普及についてはどのようにお考えでしょうか。

後藤：究極的にはジョブ型を経ずにスキルベース組織、スキルベースの人材マネジメントに移行することは不可能ではないと思います。ただし、企業が経営目標・事業目標の達成、そして必要な変革に向けた一定のプラン、戦略を具体化しており、そのためにどのようなスキルが必要になるのか等を明確に持っているというのがその条件になると見ています。

■ 日本企業が抱えるスキルに関する多種多様な課題

水野：クライアント企業からよく耳にする課題をご紹介いただけますか。

後藤：まずジャパン・リスキリング・イニシアチブとしてお客様からいただく課題は大きく３つに分類できます。１つ目は、日本の伝統的な企業からのご依頼が多いのですが、自発的な学びの促進ができないという課題です。２つ目は、リスキリングを成功させる上で重要となる配置転換がうまくできないという課題です。従業員が、自分がやりたくないポジションへの配置転換を拒否する事例が最近トレンドになっていて、どのように対処したらよいか、というものです。３つ目が、これも伝統的な日本企業に多いですが、経営陣にデジタルトランスフォーメーションやリスキリングへの関心と理解が十分でなく、人事部や現場が関心を持っていても、会社のトップが動かないという課題です。

次にSkyHiveに直接お問い合わせが来るものとして圧倒的に多いの

が、先進的なグローバル企業が、スキルベース人材マネジメントの導入を検討中だが、今からジョブ型を導入するのでは間に合わない、どうしたらよいか、というものです。また、先ほど触れたグランドデザインなきPoCというキーワードと関連する話として、HRテックを各部署でグランドデザインがないままバラバラに利用しており、HRテックの機能上のオーバーラップや無駄な支出が多くなり、これらをうまく一元管理したいという話の延長上でSkyHiveにご相談が来ることもあります。他には、製造業においてスキルの可視化ができておらず、既存のエクセルでのスキル管理では限界があるので、何とか効率よくスキル管理できないかというご相談ももちろんあります。最後に、デジタルやDXが重要だということは理解しているが、何から始めたらいいかわからない、デジタル分野での新規事業創出もやりたいが、従業員が現状どんなスキル、どんな関心を持っているのかわからないので、その棚卸しをしたいということでSkyHiveに話が来ることもあります。

■ リアルタイムの労働市場情報から作成した動的なスキル情報を提供する「人材マネジメントシステムのOS」として

水野：そのような課題に対して、どのような解決の方向性があるのでしょうか。

後藤：AIを活用することで、効率化、自動化を進めていくというのが、SkyHiveを活用いただく際の1つの大きな方向性です。加えて、人事の分野は構造化・整理されたデータをあまり持てていない場合が多いですが、SkyHiveが保持する膨大なデータを活用していただくことで課題を解決するという方向性もあります。他には、内部労働市場の活性化とリスキリングを通じた社内の労働異動を進めましょうというアプローチもあります。

水野：社内人材の流動化というのは、1つの大きな潮流だと思います。SkyHiveとして具体的にどのようなサービスを提供しているのでしょうか。

後藤：SkyHiveのサービスにおける最も大きな特徴は、世界中のリアルタイムのLMI(Labor Market Intelligence)、つまり労働市場情報を、ひたすら取得し続けており、それをフルに活用している点です。このLMIのデータ量は1日当たり約28テラバイトにおよび、これは他の企業とは異なるユニークな特徴といえます。さらに、クライアントが使用している採用・給与といった種々のHRテクノロジープラットフォームにSkyHiveを導入することでOSのような役割を果たし、リアルタイムの労働市場情報を他のサービス上で活用することができるようになります。つまり、クライアントが保持する既存のプラットフォームに対して、SkyHiveが大元のスキルエンジンとなってリアルタイムの労働使用情報を提供していくことで、お客様から見ると、点在しているバラバラなHRシステムを、スキルを軸として統合する役割を担っています。これが我々のポジショニングです。

水野：労働市場情報（LMI）とは、例えばどういうものを指すのでしょうか。

後藤：LMIには本当にあらゆる情報が含まれます。例えば従業員の職務経歴書やレジュメ、LinkedInのオンラインプロファイル、企業が出しているジョブディスクリプション、Indeedのようなジョブボード、政府の経済データ、企業の決算レポート、ホワイトペーパーなどです。また、Udemy等のオンライン講座のシラバスはスキル情報を多分に含んでいますが、それもLMIとして整理されます。

　他にも、面白いものだと特許の情報も取り込んでいます。どういうことかというと、ある特許を取得している会社があれば、その特許の関連技術が今後発展していく可能性があるということになるので、将来発生するスキルを前もって予測することができるのです。こういったLMIを全てSkyHiveに取り込んで、量子労働分析と呼ばれる非常に細かいレベルの労働市場情報の取得・分析を行っています。

水野：LMIを各種HRテクノロジープラットフォームに提供してOSのような役割を果たすということでしたが、このOSのような役割という点

図9-9 SkyHive画面イメージ

出典：SkyHive社資料

について、もう少しお聞かせいただけますか。

後藤：世の中にはSAP SuccessFactors、Workdayといった様々なHRテクノロジープラットフォームがあるわけですが、SkyHiveはそれらの土台になるレイヤーに位置付けられ、1つ上のレイヤーである各種HRテクノロジープラットフォームに対して、労働市場情報を取り込んで構築したジョブアーキテクチャの提供やスキルの可視化した結果を提供することを、"スキルエンジンの役割となる"、あるいは、"OSとして機能する"という言葉で表現しています。実際にはSAP SuccessFactorsやWorkdayにも近しいスキル管理機能があるわけですが、それらは基本的にはスキル情報を静的データとして管理し、従業員の方の自己入力で対応している一方で、繰り返しになりますが、我々はLMIのリアルタイムの変動を含めて動的に管理でき、HRISのスキル情報を拡張できる点が差別化ポイントになると思います。

水野：ありがとうございます。それらを踏まえたSkyHiveの提供価値について、改めてお伺いできますでしょうか。

後藤：我々は主に次の4つのサービスを提供します。まずはジョブアー

図9-10 SkyHiveのサービス

出典：SkyHive社資料

キテクチャやスキル・オントロジーの構築といったスキルエンジン機能を提供し、これからお客様の会社にはどんなスキルが必要になるのかという将来設計を支援するサービスです。次に、社内にどんなスキルがあるのか、スキルインベントリを作成してスキルを可視化します。それによって、必要なスキルと現状のスキルのギャップが明らかになるので、ギャップに対してどう対処するのか、戦略的なワークフォースプランニング（要員計画）のサポートをします。その際に外部労働市場と内部労働市場のバランスをとる、すなわちここは即戦力人材を社外から獲得する、ここは社内の人員のリスキリングで対応する、といった具合です。最後に、そのスキルギャップに対して外部の学習講座や社内の研修システムをスキルを軸にして紐付けを行い、学習プランをAIで作成するサービスです。このようにリスキリングのプロセスをSkyHiveのプラットフォームを活用し、ワンストップでご支援することが可能となります。他にも、社内人材の中からその人にとって最適なメンターをアサインする機能もあります。これは個人の経歴やスキル情報を把握していることによって可能になります。

■ 異なるステークホルダーが連携し、プロジェクトベースで
リスキリングを推進するエコシステムの構築に向けて

水野：今後SkyHiveのサービスがどのように進化していくのか、そのロードマップをお伺いできますでしょうか。

後藤：SkyHiveの現在のサービスには、B to Bで提供している「SkyHiveエンタープライズ」という基幹商品と、SkyHiveのAPIを提供して他のプラットフォーム上で使っていただくPaaSのサービスがあります。加えて、「スキルパスポート」というB to G to Cのサービスがありましたが、つい先日このサービスのアップデートが決まり、より大きな「スキルパスポートHives」という構想を実現していくというビジョンがあります。

まずスキルパスポートとは、ビズリーチのような外部の転職サービスの募集ポジションに必要なスキルと、自分自身の保有スキルとのギャップを比較し、どのスキルが足りないかを可視化し、スキルパスポート上で紐づけられているどの学習講座でそのスキルを取得できるかを提示するサービスです。このスキルパスポートの顧客は国・政府が多く、EU、UAE、ニューヨーク市などと契約しており、主な目的としては就業支援、失業者対策等の支援となります。

この度、そこからさらに進化させたスキルパスポートHivesの構想では、我々が労働市場の4象限と呼ぶ①従業員、②教育者（大学や学習講座など）、③政府、④企業の4つのステークホルダーに対して、プロジェクトベースでリスキリングを行っていく、という世界観を目指しています。

例えば、ヨーロッパにおいて内燃機関の車から再生エネルギーを活用するEVへの転換を目指した時に、企業側の取り組みだけでは実現できず、政策を変えていく必要性や、EVについて必要な知識・スキルを提供できる教育者が存在する必要があるということなどから想像できるように、各ステークホルダーが連携してエコシステムとして機能する世界観です。

水野：SkyHiveエンタープライズとPaaSのサービスは4象限のうち企業を主な対象にしていますが、スキルパスポートHivesではこれら4象限全てにアプローチし、エコシステムの形成そのものをサービスとして提供していくということですね。

後藤：おっしゃる通りです。B to G to Cコンセプトは、これらステークホルダー全員が、このスキルパスポートHivesを活用してリスキリングを相互作用的に加速していく、というものです。このサービスは25年春にローンチを予定していて、スキルベースの人材マネジメントをもう一段レベルアップさせうるプラットフォームの実現を見据えています。

■ インタビュイー　プロフィール

後藤宗明
一般社団法人ジャパン・リスキリング・イニシアチブ代表理事
SkyHive日本代表
早稲田大学卒業後、1995年に富士銀行（現みずほ銀行）入行。複数のテックスタートアップで事業開発を経験後、AIスタートアップにてAI研修の企画運営を担当。2021年より現職、政府、自治体向けの政策提言および企業向けのリスキリング導入支援を行う。著書『自分のスキルをアップデートし続ける リスキリング』がイノベーター部門賞を受賞。

スキル管理を通じて
日本の製造業を人材の面から強くする

株式会社Skillnote

■ 競争力の源泉である"人"の
  スキルを可視化することで製造業を支援

EY高柳：御社のスキルマネジメントのための製品は、対象業界として製造業にフォーカスされていると思いますが、そのような製造業特化の製品を開発した背景には、どのようなお考えがあったのでしょうか？

山川：自分自身が製造業、素材メーカーの出身で、半導体業界に深く関わっていました。この業界は各社の浮き沈みが激しく、会社の1事業単位でも成功・失敗の明暗がはっきりとわかれる業界でした。当時実感したのは、会社や事業の成否をわける競争力の源泉は"よい人材がいるかどうか"だということです。そこで、製造業の人々の働き方を支える仕事をしたいと思い立ち、起業しました。そういう経緯もあり、起業当初から製造業にフォーカスしたサービスを提供しています。

高柳：現在の御社の顧客はほとんどが製造業なのでしょうか？

山川：はい。製造業が約8割を占めています。プラントエンジニアリング、インフラ産業、設備工事などの製造業の周辺領域のお客様も多くいらっしゃいます。

高柳：製造業の現場で働く方のスキルの可視化が御社の製品のベースにあると思いますが、顧客企業は各社で事業内容が異なり、従業員が持つスキルの内容も異なると思います。その中で、汎用的なスキルディクショナリーをお持ちということなのでしょうか？

山川：スキルディクショナリーの汎用化には挑戦しようとしていますが、

Skillnote山川隆史氏（左）とEY高柳圭介

本当に現場で必要とされる粒度でスキルを汎用化するのは難しいのが現状です。例えば製造現場においては、"この設備を使ってこの素材を加工して、この部品を製造するスキル"というレベルでの細かい粒度のスキル管理が必要となるからです。しかし、そういったスキルを抽象化することで、一定程度の共通化が可能なスキルについては共通化をしています。また、目的に応じて細かいスキルが必要になる場合は、詳細かつ厳密なスキル管理をできるようにしています。

高柳：御社の製品は、製造業以外でも比較的近縁の業界では活用いただけるのではと思いますが、その点はいかがでしょうか？

山川：そうですね。例えば、物流業界の中でも製造業に近いところ、医薬品メーカーから小分けや梱包を請け負っている企業などで活用いただいていまして、そういった周辺領域・周辺業界に拡大していくことはあり得ます。ただ、軸としては製造業に置いて、製造業の考え方をそのまま使えるのであれば活用いただく、というスタンスを取っています。

■ 製造業のスキルを現場レベルの細かい粒度で管理し会社全体で一元化

高柳：御社の製品の特徴を教えていただけますか？

図9-11　スキルマップ画面の例

	山田和弘	橋口拓也	宮川純一	松田仁美	森下建司	竹下治郎	上杉貴利也	水口直道	矢島輝	佐竹穂乃佳	合田由奈
∨ 製造部											
∨ 共通											
∨ ス 図面の読み取り …	2³	4	4	4	4	4	1	1	3	1	3
条件 教 図面読み取り講習 (Lv.1 …	●	●	●	●	●	●			●		●
ス 測定器の取扱い …	3	4	4	4	4	4	2	1	3	2	2
∨ ス 製品理解 …	4	4	4	4	4	4	1	1²	1¹	1	
条件 教 製品A (Lv.1) …	●	●	●	●	●	●	●	●	●		
条件 教 製品B (Lv.2) …	●	●	●	●	●	●		●			
条件 教 製品C (Lv.3) …	●	●	●	●	●	●					
条件 教 製品D (Lv.4) …	●	●	●	●	●	●					

出典：Skillnote社資料

山川：一番の特徴は、部門や工程ごとに詳細な専門スキルを厳密に管理できる点だと思います。会社側の視点では、会社の事業全体で横串を通してスキル管理を行える点も特徴です。

高柳：会社によっては、スキルの伸長を昇級・昇格・処遇にも反映しているのでしょうか？

山川：そういう会社もないわけではないですが、なかなか難しいのが実情です。特に現場や事業部では、業務や作業に紐づくスキルが多く、それらは1つのスキルではなく、複数のスキルを組み合わせて業務に取り組んでいます。さらに同じスキルであっても製品や工程、または上長によって評価基準が異なることがあります。スキルの伸長をそのまま昇級などに当てはめることは難しく、このあたりの制度設計は慎重に取り組むべきものと考えています。

高柳：同じスキルでも人によってレベルに違いがあると思います。どの

ようにスキルのレベルを認定してデータとしてシステムに入力し可視化するのでしょうか？

山川：スキルの数も多いので、ざっくりとしたレベル認定をしている場合も多いです。また、誰が評価するかによってレベルの付け方にブレがあるのも事実です。しかし、会社にとって非常に重要なコアスキルについては、"この部品に対するこの作業をこの精度で行うことができれば認定する"というような厳密な定義に基づいて認定し、期限がすぎると失効するため再試験を受けてもらうといった運用を行っています。

高柳：ここ数年で生成AI技術を使ってスキルを自動的に可視化・タグ付けするサービスが増えてきていますが、そういったサービスと、御社が思い描いているスキルマネジメントとは少し毛色が異なるものと理解しています。御社はそういった機能について検討されていますか？

山川：はい。検討は進めています。我々の顧客の中でも数万人規模の大手企業だと、全事業部のスキル数の合計が何万という膨大な数になるケースもあります。しかし、よく見てみると同じようなスキルを別の名前で呼んでいるだけの場合も多々あります。そういったスキルを統合して類似スキルを1つのスキルにまとめることはAIの得意分野だと思うので、この部分にはAIを活用していくことを目指しています。

高柳：数千、数万ものスキルを持つ会社がそれらのスキルを定期的にアップデートする際には膨大な工数を要すると思いますが、スキルのメンテナンスに関して御社としてできることはありますか？

山川：スキルが最新の状態となるように、メンテナンスを行うことを「鮮度管理」と呼んでいます。弊社の製品を活用いただいている会社では、各スキル領域に知見があり、そのメンテナンスを適切に行うことができる方に、権限を付与して定期的に更新作業をしてもらう、という方法をとることが多いです。将来的にはスキルをこのように更新してはどうか、というレコメンドのようなこともできるとよいと考えていますが、人の手で更新しているというのが現状です。

高柳：そういった鮮度管理は、多くの顧客企業でタイムリーに行うこと

図9-12 スキルデータのライフサイクル

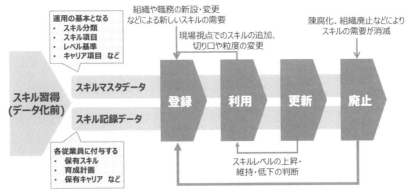

出典：Skillnote社資料

ができているのでしょうか？

山川：実際には少々怪しいケースもあります。ですが、製造工程が新しくなった場合には、最初に作業標準が作成され、そこに記載されている作業項目からスキル項目が生成されるので、製造工程の刷新を伴う場合であればメンテナンスも実施されることが多いと言えるでしょう。現状社内にはないが今後取り入れる必要があるスキルについては、市場にある汎用的なスキルを参考にしてスキル項目として追加する、ということもテクノロジーを駆使して効率よくできるようになるとよいかもしれません。

高柳：スキルディクショナリーの管理を専門に担当する組織・チームを設置する、ということはあり得るのでしょうか？

山川：それに近いことを行っている会社は実際に存在しています。スキルディクショナリーの管理だけの専門組織ではないですが、人材育成委員会という組織を技術領域毎に設置している大手企業があります。つまり、機械系、制御系といった技術領域毎に人材育成委員会が設置され、彼らがスキルの鮮度管理を行うということです。

高柳：各現場のスキル管理、人材管理はその組織が担い、人事は彼らとうまく連携しながら人材育成や配置を行うということでしょうか？

山川：それが本来のあるべき姿ですが、事業部門と人事部との連携はまだまだ弱い会社が多い印象です。スキルマネジメントの実施は、人材マネジメント観点からの要請だけでなく品質マネジメント観点からの要請もあります。本気で人材マネジメントに活用している会社もあれば、ISO9001などの品質マネジメントシステム規格の監査に対応することを目的にスキルマネジメントをしている会社もあり、比率としては概ね半々程度です。本気で人材マネジメントに活用しようとしている会社では、細かいスキル単位できっちりと管理し、多能工化や戦略的な人材配置にも活用しようと真剣に取り組んでいらっしゃいます。

高柳：御社の製品を導入されていない会社では、未だに現場でExcelなどを使ったスキル管理をしていて、データ活用などはほとんどできていないところも多いということですね。

山川：はい。スキル管理についてはISO監査対応のタイミングで情報を集めて、その場しのぎ的に対応している会社もまだまだ多いと思われます。

■ AI技術を活用した機能拡張を行い
　将来的にはサプライチェーン全体に対する支援を目指す

高柳：10年、20年後を見据えた時に、製造業のスキル管理がどう変わっていくとお考えでしょうか。また、それに合わせて御社の製品をどのように進化させようとしているのでしょうか？

山川：製造業は事業毎の縦割り組織が多いので、事業間で横串を通して会社全体でスキルを一元化し、事業部を跨いだ人の異動、ローテーションをサポートする機能を発展させたいと思っています。さらに、10年、20年の長期スパンでは、特定の1社だけではないサプライチェーン全体を通して、スキルを共通言語とした人材の融通やマネジメントができるようになるビジョンを描いています。日本の製造業は1つの企業単体で成り立っているわけではないので、産業全体でスキルをベースにした人材マネジメントを行い、人材の過不足を補い合わなければ、産業とし

て成り立たなくなる時代が来ると思います。さらに、そこにAI技術を活用することで、「このスキルを持っているならば、周辺領域のこの業務も担当できる可能性がある」ということを予測することも可能かもしれません。

高柳：近い将来、御社の製品を使って産業内を横断するような多能工化を促進していきたいということでしょうか？

山川：おっしゃる通りです。エンジニアのスキルとは、何か資格を獲得すればそのスキルを習得できるという類のものではなく、様々な領域での実践的な経験が有機的に繋がって形成されていくものだと思っています。ですから、ある職種でA領域を経験した後、違う職種でB領域を経験してもらうことで、より高度な新しいスキルを習得してもらう、というようなパスが見えてくれば、人材の育成にもこれまで以上の幅が出てくるといった側面もあると考えています。

高柳：そのような多能工化が進むと、今後は各個人に1つのキャリアパスしか存在しないということではなく、獲得したスキルや経験に応じて様々なキャリアパスが見えるようになる、ということでしょうか？

山川：まさにそうなると思っています。そこにはリスキリングも関係してきて、時代と共に陳腐化するスキル、新しく生まれるスキルがあるので、リスキリングをしていきながら複数のキャリアを描くことが製造現場におけるスタンダードになるかもしれません。

高柳：そういう世界を見据えた時に、テクノロジーの文脈で、何か新しい機能を追加しようということは考えていらっしゃいますか？

山川：これまでに少し話してきたように、製造業においてはスキルデータが膨大にあるものの、活用が十分になされてきませんでした。しかしながら、テクノロジーの進歩により、そういった膨大なデータの可視化や分析、さらには、そこから示唆を導き出すということが容易にできるようになってきました。今後はAIを活用することで、「こういうことを実現するためのスキルセットを持った人をピックアップしてほしい」と自然言語で入力して探索したり、受注計画・設備投資計画に人材のスキ

ル計画を掛け合わせることで自動的に要員計画を作成したり、不良品データと製造を担当するチームのスキルデータから、どういうチーム構成の時に不良品が出にくいかを分析する、といったことができないかと考えています。

高柳：組織で働くにはチームワークも重要であるため、スキルだけでは測れない人間性のような部分も重要視して可視化していく時代が来るような気がしています。それについてはどうお考えでしょうか？

山川：人間性の部分も非常に重要になっていくと思います。モチベーション調査の結果のデータ等も他のデータと組み合わせると何か示唆が得られるかもしれません。

高柳：先ほどスキルの共通言語化が進むというお話がありましたが、スキルを共通言語化するということは、一般的に言うとスキルの粒度を上げて汎用化するということでしょうか？

山川：そうですね。人事の目線からすると粒度を細かくすることになりますが、現場の目線からすると粒度を粗くすることになります。その中で、ちょうどいい粒度を見つけていく、というイメージです。

■ 関係者を巻き込み導入の目的を浸透させることが成功の秘訣

高柳：これまで御社の製品を導入されてきた会社において、導入が上手くいった会社、いかなかった会社があったかと思いますが、その違いは何に起因しているのでしょうか？

山川：導入する企業には、導入を推進していく責任者の方が必要になります。その方が、社内の多くの方を巻き込みながら、導入の意義や目的を説明し、浸透させることを忍耐強く続けていくことが重要です。そういった取り組みがない場合、導入しても目的が果たされないままになってしまう危険性があります。

高柳：会社によって導入の目的は様々かもしれませんが、単純にISOへの対応のためというのではなく、人材育成や会社の競争力向上に繋がる

というストーリーを描くことも必要ということでしょうか？

山川：おっしゃる通りで、ISO対応のためという目的では前向きな動機付けにはならないことが多いです。スキルを獲得すること自体が評価されるようになる、次回の異動の際に希望が叶うチャンスができる、会社全体の配置の最適化がしやすくなる、といったタレントマネジメント上の効果を生み出すことを目的として設定されることが多いです。

高柳：御社のプラットフォーム内で蓄積されたスキルデータが、実際にタレントマネジメントにおいてうまく活用された事例にはどのようなものがありますか？

山川：例えば製造現場にて、欠員を補充する際にスキルに基づいて人材を探すことで、現場レベルでスピーディーに候補者を探せるようになりました。また、人を育てるという観点では、次にどういうスキルを獲得すればよいのかが明確になることで、人材育成が活性化したという事例もあります。

高柳：御社のサービスを導入する際に、事前にこういう準備があると導入が楽になる、より効果が出やすくなる、ということは何かありますか？

山川：先ほどお話しした導入推進の責任者を置く、目的を明確に設定するということ以外では、スキルマネジメントの取り組みを社内の何らかの業務上の運用に組み込んでいく、ということができるとよいと思います。

逆に言うと、実際の業務上の運用に組み込まれていない場合、スキルを棚卸しして終わりになり、うまく活用されないままになってしまうケースがあります。そういった課題に対しては製造業一般で通用する定型のアプローチ方法がありまして、現状の業務フローをヒアリングし、今回のシステムに置き換えることでどの手順がどのように変わるのかをアドバイスすることが可能です。

■ 技能者と技術者の学習意欲向上のためには両者の特性に応じた個別アプローチが必要

高柳：従業員がスキルのレベルを上げる、違うスキルを学ぶことのインセンティブをどうやって持たせるのがよいでしょうか。スキルの高低を処遇に直結させる会社が少ない中で、新しいスキルを現場の人が学ぶ意欲はどうすれば高められるでしょうか？

山川：「技能者」と呼ばれる製造現場の人と、「技術者」と呼ばれるエンジニアの人で、それぞれ違う方針が必要になると考えます。

まず技能者に対しては、スキルをもっと直接的に報酬に連動させる必要があるでしょう。例えば、溶接の作業が高精度でできるというスキルは業務上の成果として直接目に見える部分ですので、スキルと報酬を連動させる制度設計は可能ですし、それによって技能者の意欲向上に繋がると思います。

次に技術者に対しては、長期スパンでの成長のキャリアパスを示す必要があるでしょう。近年、今の場所にいても自分が成長できるのか不安だという理由で若手技術者があっさりと退職してしまう事例をよく聞きます。彼らに対して、短期的にこのスキルを身につけましょうと言うのではなく、10年後にどういうキャリアパスがあるのかを複数提示して、そのためにどういうステップで何のスキルを獲得していけばいいのかを示すことで、自分のキャリア実現のためのスキル獲得に向けた強いモチベーションになると考えます。

また、最近では東京大学大学院経済学研究科准教授の大木清弘先生と早稲田大学ビジネス・ファイナンス研究センター研究院教授の藤本隆宏先生が「ライトブルー人材」を提唱しています。これは、簡単にご紹介すると、製造現場で働く技能者が技術者化する、また、技術者が技能者化していくことだと捉えています。例えば、製造現場の課題を解決しようとしても、現場の課題を知らないことには解決しようがありません。技能者の方々はその現場における課題を熟知しているので、彼らにデジ

タル技術やデータ分析の活用方法といった技術者的な素養を習得いただくことで、より実践的な問題解決ができるのでは、と期待されています。それによって製造現場の人にとってもキャリアの選択肢が広がる、給与が上昇するといったポジティブな影響が多く、スキル獲得の強いモチベーションになるでしょう。

高柳：なるほど。技術と現場の両方を理解し、かつ現場の人と共通言語で会話をすることのできる人材は、どの会社でも重宝されると思います。とても面白いアイデアですね。

■ スモールスタートで成功体験を積み重ねることが一番の近道

高柳：御社のようなスキルテックをこれから活用していこうとする企業の方々に向けてメッセージをお願いします。

山川：一言で言うと、迷うよりもまずは一度始めてみることが大切だと思います。導入前に課題や運用フロー、スキル体系を検討して準備しても100%万全を期すことはできなくて、結局導入してみるまで何が本当の課題かわからないことが多いのです。導入前に完璧な準備を目指すのではなくて、6割の完成度でもひとまず導入してみる、という姿勢をお勧めします。

高柳：よくわかります。実際、6割の状態でも開始できない背景には、どういう要因があるのでしょうか？

山川：ステークホルダーが多い場合は、関係者への説明がいろいろ面倒であったり、もし梯子を外されたらという懸念だったり、ある程度成功の確度を高めた上で開始したいという心情などが要因なのかもしれません。

高柳：なるべく万全な準備をした上で導入したい気持ちも理解できるものの、ある程度で区切りをつけて早期に導入を進めることが結果的に成功の近道になるのでは、というのは非常に意味のあるメッセージだと思います。我々も企業の様々なトランスフォーメーションを支援する中で、

"スモールスタート"の重要性を訴えることが多いのですが、スキルテックの活用においても同じことが言えるということですね。

■ インタビュイー　プロフィール

山川隆史
株式会社Skillnote　代表取締役
1972年、三重県生まれ。早稲田大学理工学部卒業後、信越化学工業株式会社に入社。電子材料事業本部で半導体用材料のビジネス開発や市場開拓などに従事し、10年間にわたりグローバル企業とのプロジェクトに参画。2006年に製造業の人材育成を支援する会社を創業、2016年に株式会社Skillnoteを設立。著書に『つくる人がいきるスキルマネジメント』(東洋経済新報社)がある。

ビズリーチで培ったノウハウを活かしタレントマネジメントの未来を創る

株式会社ビズリーチ

■ 人とポジションの高精度マッチングという「攻め」、離職防止という「守り」の両面で解決策を提案

EY高柳：最初に、御社が製品をもって解決したい、お客様の課題を教えていただけますか？

小出：人財活用プラットフォーム「HRMOSシリーズ」は、当社が転職サイト「ビズリーチ」を運営していたことから、もともと採用管理システムの領域からスタートしたプロダクトです。様々なサービスがあるタレントマネジメントシステムの領域においても、当社だからこそ提供できるHRMOSの価値を磨き上げる必要がありました。そこで、大手企業50〜60社の人事の方々に対して、困りごとや課題感、特にシステムに関してのニーズをヒアリングしました。その結果、情報の一元化はできているが、人員配置に活用できるデータがない、といった悩みや、離職率が年々増加しているといった課題を多く耳にしました。

高柳：そのような課題に対し、どのような解決策を提示したのでしょうか？

小出：解決策の方向として、「攻め」と「守り」、大きく2つのベクトルがあると考えています。

まず、「攻め」の要素でいくと、適材適所かつスピーディーな人材配置の実現に向け、ポジションと人材を高精度でマッチングさせることです。どんな大手企業であっても、M&Aや新規事業投資の際、成功の鍵となる人材を見つけ出し配置する必要があります。できるだけスピー

ビズリーチ小出 毅氏（右）との対談風景

ディーに、そのポジションに合う人材を探すとなった場合、シニアメンバーとしてアサインすべき数名程度は候補が簡単に浮かぶものの、ジュニアメンバーとしてアサインする人員はそう簡単に浮かばないことが多いです。そのようなケースではデータを活用した候補者検索・配置が必要になってきます。もちろん最終的には人の判断でアサインを決定することになるでしょうが、そのポジションに求められるスキル、経験といった点でマッチする人をアサインするためには、スキルデータの活用が1つの解決策となるでしょう。

　次に「守り」という要素でいうと、離職率の増加に対し、人を社内に留めるための施策です。例えば1万人規模の会社の離職率がたった1％だとしても、その1％に当たる100名を中途採用で補うには、多大な工数、コストが必要となるわけで、各社、離職防止に対しては強い問題意識を持たれています。

　離職者に離職理由を聞くと、大きく2つにわかれるそうです。1つは別の会社のほうがやりたいことができるから、もう1つは社内でやりたいことができるポジションがあっても異動できないと思ったから、という理由です。

高柳：昨今、多くの会社で社内公募や社内FAといった仕組みを導入さ

れています。こういった仕組みに対し、社員は、「ハードルが高い」という印象を持たれているのでしょうか？

小出：その通りです。かなり強い意志を持っていないと、自らがやりたいポジションへの異動は叶わない、というイメージがありますよね。また、そもそも社内公募の制度があるということ自体を知らない社員も多いようです。誰しもが主体的なキャリア形成を求めるようになった昨今、転職サイトや転職エージェントに登録すれば、次から次にスカウトメールが届く、求人情報を教えてくれるため、"社内"より"社外"のほうがハードルが低いのでは、と感じるのは仕方ありません。

人事部として「（社外に目を向けなくても）社内であなたの目指すキャリアを叶えられる」というメッセージを社員に伝えていくことも大事です。しかし、根本的な問題は、ポジションに求められるスキル・経験と社員が持っているスキル・経験をデータベースとして構築できていないために、双方をうまくマッチングすることができないことにあり、この問題に対し、弊社が提供する製品が解決の一手になるのではないかと考えております。

■ 転職のノウハウを生かし
　社内向けJDの構築とマッチングを支援

高柳：スキル起点の人材マネジメントを支援する御社の製品の概要や特長を教えていただけますか？

小出：「社内版ビズリーチ」という、社内の各ポジションに求められるスキルと、各社員のスキルを可視化し、そのマッチングをサポートする製品です。社内ポジションへ人を配置する際のプロセスは中途採用のプロセスと同じだと考えました。各社にヒアリングを行った際に、社内のポジションと社員情報のデータベース化ができたら理想的だ、ということには非常に同意していただけました。ただ、中途採用市場における個人の情報は、各個人に書いていただいている職務経歴書を基に作られているわけですが、企業内で中途採用時と同じような職務経歴書を作成し

図9-13　社内版ビズリーチ

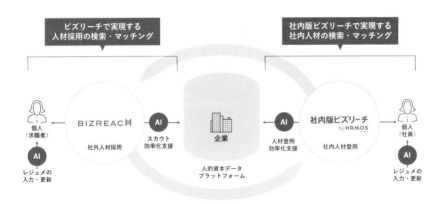

出典：ビズリーチ社資料

ていただくとなると、社員に自主的に作成してもらえないのではないか、十分な内容のものを作成できないのではないか、といった課題が出てきました。

高柳：様々な企業が、ジョブ型への移行の中でジョブディスクリプション（以下、「JD」）を作っていますが、実際にきちんとJDを作りきれている企業は多くないと思います。

小出：そうですね。「JDを作成している」という企業の話をお聞きしていても、残念ながら中身の妥当性まで担保されているケースは少ない印象でした。例えば、JDの内容が「何でもできるスーパーマン」になってしまっていたり、逆に「明るく元気さえあれば」、という程度の内容になってしまったり、というケースが多く見受けられました。適切に整理できているとしても、コンサル会社が入っていたりして、自社でできている企業は少ないようです。また、JDは時代や組織戦略と共に常に変化していくので、適切に更新していけるかという点も大切になってきます。

高柳：もともと御社が持っていた膨大な求人に関するデータベースを活

図9-14 転職市場基準の「社内レジュメ」と「社内ポジション要件」を自動生成

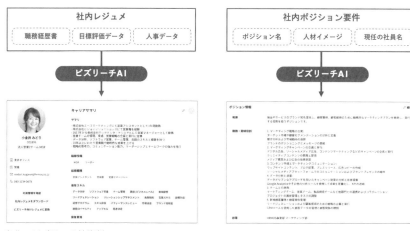

出典：ビズリーチ社資料

かし、AIを組み合わせることで、社内のポジションと社員個々人の見える化、さらにマッチングまでできたら理想ということですね。

小出：日系大手企業の人事・採用に関わる責任者の方と共に開発・検証を行ったところ、実現可能性が高いことがわかりました。JDの内容の妥当性については、弊社がこれまで蓄積してきた膨大なデータや、求人票の作成を含めて、長年、生業としてやってきた弊社のノウハウにAIを活用することで、スピーディーなJD生成が可能です。

また、社員に十分な内容の職務経歴書を書いてもらうことがハードルだとお話ししましたが、職務経歴書を書くことによる社員側のメリットを訴求することで解決を図りました。例えば、職務経歴書の内容に応じて、スキル・経験とマッチする社内ポジションの募集案内が、勤怠入力の際のポップアップやスカウトメールの形で届く、というものです。これによって、社員に「自分のスキル・経験は社内の別の場所でも生かせる」という気づきを与えることで、彼らの自律的なキャリア形成に対する支援にも繋がります。社員に社内にあるキャリアの選択肢と可能性を提示することによって離職率を低減し、先ほどの「守り」にも貢献でき

図9-15 社内人材と社内ポジションのデータベースの構築・維持を容易に実現

出典：ビズリーチ社資料

ると考えます。

高柳：実際に募集されているポジションに社員の方が応募するとなった時に、1つの会社の中でも部署やポジションによって人気、不人気があると思うのですが、人気の部署やポジションだけに人が集中してしまう、という課題はないのでしょうか？

小出：ありますね。社内における人材の流動性が非常に高い状態になった場合、今後も維持すべき根幹の事業から、成功するかもわからない、けれどもワクワクするような新規事業に人が流れ、会社の屋台骨が揺らぐ可能性がある、といった問題や、必ずしも全員の希望を叶えられるわけではないといった問題が、各社悩まれるポイントだと思います。特に前者に関しては、社員の希望と、会社としての人材配置に関する判断とのバランスをいかにしてとっていくか、ということが論点になると思います。

高柳：社内の人材の流動性を高めよう、自律的なキャリア形成を後押ししようとすればするほど、顕著に出てきてしまう問題ですね。

小出：あくまで個人的な見解ですが、今後5〜10年のスパンで見ると、

図9-16　人事・事業部門による活用イメージ

社内公募や社内ダイレクトリクルーティングを活性化し、これまでになかった社内の人材マッチングを実現

出典：ビズリーチ社資料

社内にやりたいことがなければ社外に行く、といった流動化の波は止められないと思います。それに対応するためには、組織一つひとつが、社内外に対して魅力的な組織であり続けるということが求められます。つまり、内部労働市場からも外部労働市場からも選ばれるような組織にならなければいけないわけです。そして、選ばれる組織になるためには、現場レベルで上司と部下が普段から密にコミュニケーションをとり、何か悩みがあったら気軽に相談できるような信頼関係を構築していく努力は必須になってくると思います。

高柳：「内部と外部の労働市場をシームレスに繋ぐ」というのも、御社の製品における圧倒的な強みだと思いますが、外部から人を確保することの難易度が内部での人員異動と同じくらいになると、人材の確保はもう少し簡単になるかもしれませんね。

小出：社内に人が不足しているポジションがあった際に、内部人材の育成と異動によってカバーするのか、外部から確保しやすいポジションなので外部人材から採用するのか、社内外の両方の視点を持って検討する

姿勢は、今後ますます必要になると考えます。その際、「社内版ビズリーチ」が社内外を繋ぐプラットフォームとなることを目指しています。

■ データ化とマッチング精度の向上を目指すと共に社内外の労働市場間の垣根を取り払う

高柳：今後、新しく拡張・開発をしていくべきとお考えの機能はありますか？

小出：大きくは次の2つです。1つ目は、社員のデータベース化とポジションマッチングの精度向上、2つ目は、外部労働市場の相場感を社内に取り入れることです。

前者については、特に自然言語での検索をブラッシュアップしていきたいと考えています。例えば、「○○ができる人」や、「□□さん（前任者）みたいな人」といった検索です。機能としては、ビズリーチで提供しているレベルのスカウト活動を、社内で実施できるものをご提供しようと思っています。

後者については、「外部労働市場の相場」、つまり、ある人を外部から採用する場合の年収相場や、転職市場で需要が高まっているポジションといったようなデータを整備・提供していくことを考えています。

図9-17 社員の目線からの活用イメージ

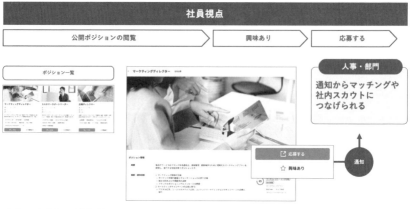

出典：ビズリーチ社資料

高柳：報酬も含め、御社が持つ膨大なデータから、適切なデータを抽出して提示していくということですね。

小出：おっしゃる通りです。ビズリーチには、求人情報に加えてそのポジションごとの膨大な報酬データがあります。例えば、ある社員について、転職市場でどの程度の報酬で、どれくらい需要が高い人材であるのか、といった情報も提供することが可能なので、「この人は外部に流出してしまう可能性があります」といったアラートはもちろん、このようなデータをいかに有益な形で提供するか、といった部分をより磨き上げていきたいと考えているところです。

高柳：退職されると損失が大きい人、例えば労働市場でいう報酬が高い人というのは、特定のスキルに関して高い値段がついていると考えています。今後のスキルベースという視点で言うと、個々のスキルに金額の札がつく、という考え方はフィットするし、また社内でも本来的にはそうなっていくべきという考え方もあるかと思います。これについて、社内で、何かしらのスキルを獲得したら報酬が上がるなど、スキルと報酬が完全に連動する世界観はイメージされていますか？

小出：個人として市場価値の高いスキルを持っているが、現ポジションの役割はそれほどのスキルを必要としていない、となった時に、ポジションとしての報酬は安いけれど、スキルが高いので報酬をたくさん支払います、といった企業はなかなか出てこないのではないでしょうか。やはり今あるスキルに対し相応のポジション・役割を提供していく、ということは、企業側にとっても必要になってくると思います。

高柳：企業の理想論としては、その人のスキルを100％活かせる環境を作ることですよね。そこに対してマッチング精度が高くなれば、会社全体としての人材価値の総量は大きくなる、という話ですね。

小出：中途採用においては、あるポジションに必要とされているスキルを持った人であれば、相応の報酬を支払ってでも来てもらいたいという考え方は当たり前です。これは、社内においても同じ考え方であるべきだと思います。

■ 人間性や資質を
どう把握しマッチングするか

高柳：御社の製品は、スキルをベースに人やポジションを可視化してマッチングしていくというものだと思いますが、実際にマッチングを考える際にはスキルだけでなく人間性や資質といった部分も重要なのではないかと思います。このような点は、御社のビジネスの中でどのように扱っていくのでしょうか？

小出：中途採用時の職務経歴書でも、志向性、価値観、タイプといった項目は入力必須ではないですし、現状それほど重視されていない領域ですが、我々もそこは磨いていかなければならないと考えている部分です。最近ですと、MBTI診断（16タイプの性格診断）やFFS理論（5つの因子に基づく思考行動特性分析の理論）に基づく診断などの多様なツールや考え方がありますが、そういったものも含め上長や組織の考え方に合致した人をマッチングするということが求められていると認識しています。中途採用の場合は、面談・面接といったところでカバーしていますが、社内の配置・転換の際には、あまり面談などは行われず、人事や現場が決めているというケースが多いのが実情ではないでしょうか。将来的には、本人の志向性、価値観や特性が本当にそのポジションにマッチしているのか、という点についても、やはりデータを用いてマッチング度合いを算出できるようにしていきたいですし、その手段に関しては我々としてもまだ大きな課題として向き合う必要があると考えています。

高柳：我々も、スキルや経験はもちろんですが、それ以外の部分でのマッチングも非常に重要視しています。そうなった時に、AIに頼りきるというのも正直怖いです。AIに任せる部分と、人間が判断する部分というのが、うまくハイブリッドになるのが理想的ですよね。

小出：はい。育成の観点で言うと、過去のデータに頼るだけでなく、本人の成長意欲を買うという風潮も、残っていくべきだと思います。「社内版ビズリーチ」を使えば、頭の中になかった候補者を見つけられる、

マッチング率の高い候補者がわかる、といったメリットはありますが、育成や挑戦といった観点から、本人の意志などを踏まえて、最後は人が決めていく、というのは依然として大事なポイントであると思います。今後、志向性、価値観も含めた候補者の提案をシステムで行う、という時代もそう遠くないとは思いますが、まずはスキル・経験の可視化を進めることで、これまでの勘や脳内データベースに頼った配置より格段に精度が上がります。

■ AIが主流の時代になっても人と人のコミュニケーションは不可欠

高柳：人事の領域で、テクノロジー、特にAIの活用となると社員からの抵抗感もそれなりにあるのではないかと思います。将来的にますますAI技術が発達して、それが異動や配置、育成により直接的に使われるようになった時に、何が起こるか、といったイメージはありますか？

小出：近年、特に若い世代にとって、転職に対するハードルは非常に低くなっていると考えます。週末に、すぐに転職サービスに登録でき、スカウトが届けば、「ちょっと面談してみようかな」、といったように、気軽に転職活動ができる時代となりました。そのような中で、会社側として離職を防ぐために、一人ひとりが将来的にどのようなことをやりたくなるか、また転職する可能性があるか、といったことが、AIを使って把握できる時代が来るかもしれません。しかし、一人ひとりの志向性を診断する適性検査や、価値観に関するアンケートを通して取得できるような感情や意志のようなものは、日に日に変化していきます。これを常にキャッチし続けることには、やはり限界があると思います。そのような部分は、何かあったら上司や人事に相談してみよう、といった、いわゆる「人間関係」の強さで補うことが求められるのではないでしょうか。

高柳：会社で少し人間関係に問題があった、その時にタイミングよく転職サイトからオファーが来た、といったシチュエーションになれば、衝動的に転職できてしまいますよね。離職を防ぐには、AIが進化すれば

するほど、現場のコミュニケーションであるとか、上司部下、同僚との関係性といったものの重要性が増すということですね。

■ 人事の未来を見据え、スキルをベースとしたより高度なタレントマネジメントに取り組んでいく

高柳：最後にスキルテックをこれから活用しようとする企業様に向けて、メッセージをお願いします。

小出：事業や人事の本質的な課題を解決するためには、ポジションや個人のスキルの可視化が、もっと高いレベルでできるようになっていくことが不可欠だと考えています。もちろん、各社独自にスキルを定義し、そのスキルを用いてポジションや社員の可視化を行っていく、という選択もあると思いますし、一方で、ベースとなるスキルディクショナリーを外部労働市場に合わせていく、というやり方もあります。我々は、今後、内部と外部の垣根はどんどんなくなっていくと考えています。既に採用という意味での競争相手は、同業だけではなくなって来ていますし、外部労働市場というのが、日本国内だけではなくなる時代が来るかもしれません。社内外に選ばれ続ける会社、社員に対しよりよい機会を提供し続ける会社になっていくためには、もちろんコミュニケーションも大事にしつつ、システムで担える部分はどんどん活用していく、といったところが重要になるのではないでしょうか。5～10年後には、競合がどう変わっていくのか、人材獲得競争やマーケットの動向はどうなっていくのか。未来を見据えた時に、その中で自社はどういう会社であるべきなのか、人材戦略はどのような思想に基づくべきなのかを考え、そのための取り組みを今から始めていくことが人事に求められていることだと思うので、ぜひご一緒できたらうれしいです。

高柳：もちろん各企業には、それぞれの独自性・独自スキルといったものもたくさんあるわけですが、それを細部に至るまで定義し、その全てを可視化しようとすると、時間がかかりすぎてしまいますよね。70～80点でもよいので、まずはできるところから見える化をして、次のス

テージに進んでいこう、という発想なのでしょうか？

小出：おっしゃる通りです。もちろん、狭い領域で高度な専門性が求められる職種に対してスキルの見える化をする場合には、必ずしも外部労働市場と合わせる必要はなく、自社独自の方法で時間をかけて行うということでもよいと思います。ですが、多くのポジションで雇用の流動化が進んでいるので、そういったポジションに関しては外部労働市場の定義を活用してスキルの見える化やポジションと人材のマッチングを行っていくこともあるのではないか、と思っています。

■インタビュイー　プロフィール

小出 毅

株式会社ビズリーチ　執行役員　HRMOS事業部 事業部長

慶應義塾大学経済学部卒業後、2003年、ヤフー株式会社に入社しインターネット広告商品企画に従事。2005年、株式会社リクルートに入社。2013年には新卒領域の営業部門長に就任し、営業戦略立案・組織設計・商品開発に従事。2016年、株式会社ビズリーチ入社。「ビズリーチ・キャンパス」を展開する新卒事業部の事業部長などを務め、2022年8月、HRMOS事業部事業部長に就任。2024年2月より現職。

日本企業のイノベーション創出目的でスキルおよびKnowWho情報を可視化・利活用

Beatrust株式会社

■ パーソナリティ、スキル、経験をタグ付けし組織内の繋がりを強化

EY山本：最初に御社と「Beatrust」についてご紹介をお願いします。

原：Beatrust社は2020年に創業したスタートアップです。以前Googleの同じチームで働いていた久米と2人で共同創業した会社です。プロダクトとしてのBeatrustは、タレントコラボレーション、いわゆる組織開発ツールで、人と人との繋がりを強めてよりイノベーションを活発にするためのツールです。我々は個と個を繋ぐデジタルプラットフォームと呼んでいます。従来は経営者目線のプロダクトがほとんどで、社員＝個にフォーカスしたツールがなかったため、我々で新規開拓しようと思い立ちました。現在は30社、4万人以上のユーザーにお使いいただいております。

山本：人と人との繋がりの部分に課題認識を持っていたことが、製品開発をしようと思ったきっかけなのでしょうか？

原：そもそもは、Google時代に日本のイノベーションを活性化するプロジェクトをリードしていた経験がきっかけになっています。そのプロジェクトを通して、どのようにイノベーションを起こすかが日本の大企業の共通課題だと認識しました。Googleはグローバルで12万人の社員がおり、組織も細分化されていました。通常そういう組織は"大企業化"してしまい、新しい発想が生まれにくくなりますが、Googleはそこを非常にうまくやっていました。組織が大きくてもコミュニケーションが

Beatrust原 邦雄氏（左）とEY山本 剛の対談での１コマ

オープンで、コラボレーションによってみんなが助け合う精神や「10X思考」（Google社の思考法で、10倍の成果を目指すこと）、失敗も承認するといった制度が整備され、風土・文化・制度がうまくマッチしていました。イノベーションを支えるデジタルインフラも内製化されていました。日本の大企業の風土を変えるのは大変ですが、風土・文化を変える後押しをするデジタルインフラを提供することはできるのではと思ったことがきっかけです。Googleは「多様な人材の自律的な協業」を掲げ、ボトムアップ型のイノベーションを起こしています。自律的な協業にあたっては協働するパートナーが必要ですが、その際に人が可視化されているとパートナーを探しやすくなります。イノベーションは化学反応なので、いろんなアイデアを持っている人が繋がる仕組みが必要で、各自が属人的にやっているだけではうまくいきません。そこから人の可視化するサービスの着想を得ました。

山本：Beatrustはどういう機能を具備しているのでしょうか？

原：メインの「People」という機能は、社内LinkedInのようなイメージで、社員のプロファイルをネットワーキングしていて、社内にどのような人がいるかを社員間で検索できる機能です。人の情報の可視化の仕方が我々の強みであり、名前・タイトル・業務内容などの基本情報に加え

て、①特技・得意なこと（スキル・経験）②趣味・興味のあること③自分について（出身地・家族構成・性格・思想等）の3つに分類される種々のタグをつけることで可視化しています。プレゼンスキルやPM経験といったスキルや経験に関するタグだけでなく、パーソナリティや家族構成、出身大学といった個人に関する幅広い情報をタグとして登録できるという部分が特色です。

現在の導入事例では、タグの3分類の登録数の比率としては、趣味・興味に関するものが比較的多くなっています。登録しているスキルの客観性を裏付けるための工夫としては、他の社員が自分のプロフィールページを閲覧した際、タグ付けされているスキルに納得感があれば「いいね！」(プラス１) ボタンを押すことで、客観性・確からしさが保証され、スコアが上昇するという仕組みになっています。また「ピアタグ」という機能では、他の社員から自分宛にスキルのタグが送られてきて、自分でも納得感があればスキルのタグとして登録することができます。

山本：仕事に直結するスキル・経験情報だけでなく、パーソナリティ情報を管理されているのが他の製品と違うユニークな点ですね。確かにはじめて仕事をする仲間について趣味や家族構成などを知っていると最初の糸口として話がしやすくなるのは想像できますね。ユーザーはBeatrust上で何か発信したり、他のユーザーにメッセージを送るようなSNSに近い使い方になるのでしょうか？

原：あくまで人を知ることが目的の製品であり、コミュニケーション機能はあまり多くはありません。人と人が繋がるきっかけ作りのような使い方を期待しています。ただBeatrustの「Ask」の機能では社内の人に向けて質問を投げかけることができます。例えばデジタルマーケティングのアメリカの最新トレンドを知りたい時は、デジタルマーケティングのキーワードで社員を探すとシステム内でマッチングを行い、適切な人にDM形式で質問を送ってくれます。忙しい中で社内全体に対して質問をしても誰も回答してくれないことがよくありますが、バイネームで質問が届くことで回答してもらえる期待値が高まります。回答者にとって

図9-18 Beatrust

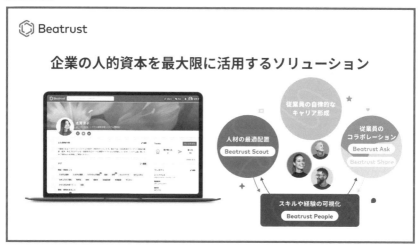

出典：Beatrust社資料

も自分が知っている内容であり、回答可能であるということが、回答率を高めることに貢献しています。

■ オープンなカルチャーがある企業には
風土改革の効果的な後押しとなる

山本：既に30社、4万人以上のBeatrustユーザーがいる中、うまく使いこなせている会社に共通するカルチャーや導入アプローチはありますか。

原：スキルベースのソリューションは、先月（2024年11月）リリースしたばかりなので、タレントコラボレーションの事例に基づいてご紹介します。一番大事な要因は、トップが働き方を変えたいという意思・イメージ・ビジョンなどを明確に持っていることです。加えて、会社の素地としてオープンなマインド、フラットなコミュニケーションスタイルがあると、導入後の活性化も早くなります。逆に、過度な忖度があるような文化だとなかなか難しいです。

山本：ツールによって会社のカルチャーそのものから変革するというよ

りは、カルチャー変革の土台がある会社に対してツールが変革の後押しをするということですよね。

原：おっしゃる通りです。

山本：Beatrustをよく利用する業種、親和性の高い業種はありますか？

原：現在のユーザーは製造業の比率が高いです。日本にそもそも製造業が多いこともありますが、ものづくりをしているのでイノベーションの必要性が高く、社内の化学反応といった部分にも力を入れていることも要因の1つでしょう。金融業界では、メガバンクではまだ導入企業はありませんが、大手の外資系生命保険会社のような、何かに特化した企業で、知見共有のために使っていただいています。他にも、不動産会社、コンサルティング会社など、幅広い業種で導入いただいています。

■ 幅広いスキルが必要なメンバーシップ型の日系企業に効果的なAIを活用したスキル管理手法

山本：スキル管理において、ユーザーの日系企業ならではの困難やチャレンジはありますか？

原：業種にもよります。狭い領域を深く扱う業界では、必要なスキル自体は明確になっていることが多いです。

　一方でメンバーシップ型の働き方、つまりジョブローテーションで複数部署を経験していく会社では、必要なスキルが幅広く定義も難しいケースが多いです。日系企業はどちらかというと後者の企業の比率が高いです。

　具体例として、ある商社で財務業務に必要なスキルの棚卸しをされた際、Excelを使って膨大な時間を投下して、スキルの分析・定義づけを行ったものの、現場からは納得感がなかなか得られませんでした。また、各自のコンピテンシーを自己申告してもらおうとしても、その必要性が感じられず、業務負荷がかかるため、現場の反発があったと聞いています。このように、スキル管理に関しては苦労している企業、同じような課題を抱えている企業が多いです。

山本：具体例で挙げていただいたように、Beatrustを導入しようとする企業に何かしらスキル管理を行った成果物があった場合、その成果物を活用してスキル管理をしていくのがよいのか、それとも完全にゼロベースでスキル管理していくのがよいのか、どちらでしょうか？　細かすぎるスキル管理をしていた場合、それを引き継いで今後も細かくスキルを管理していく必要があるのでしょうか？

原：結論から言うと、既にあるスキル情報は活用してスキルデータに統合することが可能です。仮にスキルの粒度が揃っていなくとも、生成AIで取り込んだ際には全てスキルとして把握することができます。

山本：似たような2つのスキルが、生成AIで処理した結果マージされることもありますか？　また、その結果として社内の人から見ても納得感があるような形でスキルが収斂され、洗練されていくということですか？

原：おっしゃる通りです。

山本：時間の経過と共にあるスキルが分化・他スキルと統合されるような動きが世の中一般の流れとしてあった際に、Beatrustのほうでもスキルをアップデートしてくれるのでしょうか？

原：はい。常に新しいデータをベースに検索し、新しいスキルが生まれたらそれをキャッチアップしながら推論していきます。それがAI活用の大きなメリットであり、自分たちでメンテナンスすることは不要です。

山本：データとしては、Googleで検索して出てくるような、世の中にあるありとあらゆる情報をソースにして、生成AIが社員のスキルを可視化するサポートをしていくということですか？

原：おっしゃる通りです。

山本：人事がやりたいスキル管理と、現場がやりたいスキル管理に、スキルの粒度の相違はあるのでしょうか？

原：我々のプロダクトは、自己開示・社内全体に対してオープンというポリシーが基本になります。一方、経営者のニーズとしては、人事評価のようなセンシティブな情報も含めて分析したいことが多いです。しか

図9-19 人材・スキル検索画面の例

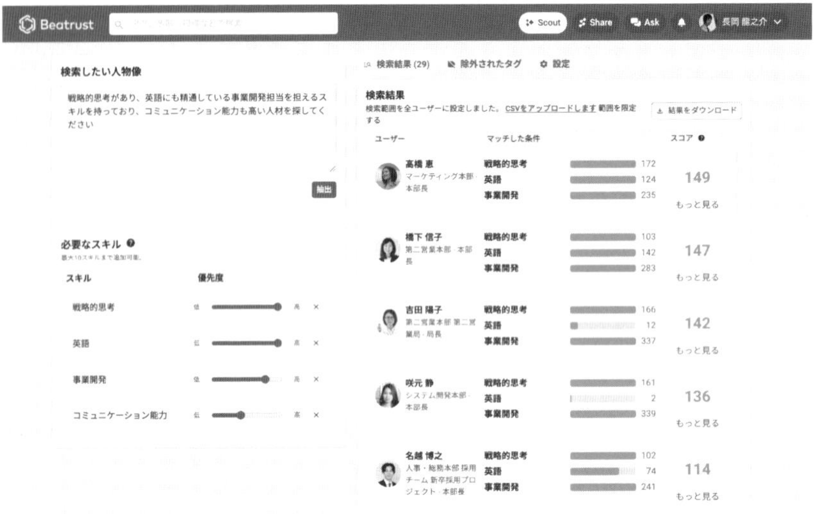

出典：Beatrust社資料

し、センシティブな情報は社内全体に対してオープンにすることはできないので、そういう場合に備えて情報開示範囲が異なる2種類のレイヤーを作り、片方は社内全体に対して開示し、もう一方では人事や経営者、管理職といった人だけが閲覧できる、という運用を検討しています。

山本：現在スキルに関する情報を管理していない企業が、クイックにスキル管理を導入するためのアプローチなどはありますか。

原：スキル情報の取得と管理に関しては、人事が持っているスキルの情報が少ない、社員のスキル情報の鮮度を保つことも難しいといった課題があります。その課題を克服するためのアプローチ方法としては、一定期間のTeamsや議事録などのコミュニケーション履歴を全てデータとして生成AIに取り込み、使用されているターミノロジーやその使用頻度に基づき、ある人がどのスキルに興味を持っているか、習得しようとしているか推測して抽出する、といったことも可能です。

■ スキルマスタは作成不要
　個社ごとの作成やメンテナンスも不要

山本：多くの日系企業ではスキルマスタを作成するのに苦労されているケースが多いです。必要なスキルが日々変化していく時代に、基本的に自社オリジナルのスキルマスタを手間暇かけて作成してメンテナンスし続けるべきものではないと考えていますが、Beatrustでは個社のスキルマスタをどういう仕組みで作り上げていくのでしょうか？

原：ジョブやプロジェクトに対して必要なスキル構成と、それを満たす理想の候補者の特定という面では、完全に生成AIによるマッチングに一任していて、スキルマスタは作成していません。

　各個人の保有するスキルの特定という面では、各自のCV（経歴書）やプロジェクトヒストリーなどの経歴を言語化したものを生成AIで取り込むことでスキルを抽出することが可能と考えています。通常、日本の中堅社員の方は自分のレジュメすら書いたことのない人が多いため、自分の持っているスキルを特定しアピールするのは得意ではないことが多いです。ただ経験としては様々な経験をしてきているはずで、それはすなわちスキルを持っているということです。そういった経験の情報を活用すれば生成AIでスキルを特定することが可能です。

■ スキルのレベル感は他者評価や経験年数を考慮して数値化し
　納得感のある正確性を確保

山本：先ほど少し触れておられましたが、一般的に日本人はスキルを自己申告することが得意ではないと言われます。社員がスキルを自発的に公開するための工夫をしている会社はありますか。

原：導入がうまくいくパターンのベースにあるのは、社内の人をお互いよく知らないので、コミュニケーション活性化のためにもっとお互いを開示していこうという雰囲気です。若手はSNS慣れもあり開示に積極的ですが、トップが自ら開示して下に示していくことも非常に大事なので、

それも合わせてやっていくのがよいでしょう。

　もう1つ、スキルの開示がスムーズに進む事例に共通する要素としては、実際に業務課題に紐づいていることも挙げられます。例として、ある製薬会社では営業のスキルセットが可視化されておらず、ある担当者は製品Aに対する知識はあるが新製品Bの知識はないということがありました。そういう場合、新製品Bの知識がある社内の人に聞くのが一番手っ取り早いですが、誰が知識を持っているのかがすぐに特定できない場合が多く、それはひいては商談のロストに繋がってしまいます。このように実際のケースとしてスキル申告の必要性を実感できると、必要性に腹落ちして導入がスムーズにいくことが多いです。

山本：営業に求められる知識が1人の知識では足りないというような課題は、昔からあったのか、取り扱い製品数の増加や人材の流動性の増大による有識者の流出といった近年の動向によって新しく生じたのか、どちらの傾向が近いでしょうか。

原：後者のイメージです。昔は属人的な社内の繋がりで、いわゆるよろず相談屋のような人に相談していたものですが、それではなかなかスケールしません。プロダクトもどんどん進化しているし、その知識もつけないといけません。人材の流動性の増大によって各社中途社員が増加していますが、中途社員は社内の誰がその知識を持っているのか全くわからないので、上司などの身近な人に頼るしかありません。そういった新しい時代背景から新たな課題が生まれているのではないでしょうか。

山本：スキルのレベル感の正確性はどのように担保するのでしょうか？同じスキルでも本来の習熟度とその自己認識に個人間で差異があるケースもあると思います。申請する際に同レベルの習熟度の人に同一のレベルで申請させることは難しいのではないでしょうか？

原：そこは難しい部分です。いろいろな会合で有識者と話をしていますが、皆さん概ね同じようなやり方で対応していて、1つの方法は、自分のスキルがいくつかの段階のうちどの段階に当てはまるのかを自己申告するというやり方です。場合によっては上司が自己申告の内容に修正を

加えて調整することもあります。もう1つは物理的な経験年数で判断する方法です。つまり、あるロールで何年の経験があるかを確認して、例えば3年よりも5年の経験がある人のほうがより高度なスキルを持っているとみなす、というやり方です。方法としてはこれら2つくらいしかないようです。ただ、実際にはスキルのコンピテンシーよりも、コラボレーションスタイルや信頼関係のほうがチームフォーミングには重要になると思われます。大企業に入る人は一定のスキルは所持していることが多いことも踏まえると、コミュニケーション力やチームワーク力といったパワースキルの可視化も重要です。

　Beatrustではその部分も反映するため、人から送られてきたエンドースメント（賞賛・支持）やタグの情報をうまくアルゴリズムに組み込んでいくことで、パワースキルも考慮した人のマッチングができると考えています。スキルのレベルを判定する上では、自分が「このスキルを持っている」とタグ付けたスキルに他者からの支持があるかどうか、自分で付けたスキルのタグなのか人から送られてきたそれなのかといった情報に基づいて点数の重み付けを調整するといった方式を取っています。

山本：そのようなスキルの点数の重み付けに関して、裏側の加点アルゴリズムはユーザー企業ごとに設定していますか？

原：ユーザー毎にアルゴリズムを設定するのではなく、同一ルールに基づいて設定しています。具体的なイメージとしては、個人のプロファイルを確認し、年数が長いほど、タイトルが上位なほどスキルのスコアリングを高くするといったアルゴリズムを作成することで調整しています。

山本：スキルのスコアリング結果には、ユーザーも納得していますか？同様のスキルを近いレベルで持つ人を比較した際に、他者から客観的に見て納得する差異が出ているのでしょうか？

原：パワースキルは定量的に評価することが本来難しいこともあり、100％正確にはできません。ただ総合的に判断すると概ね相違ないというレベルであれば8、9割程度の人には納得していただけています。ツー

ルで人材とポジションのマッチ度を算出する際も、スコアが最も高い人がベストな人材である可能性があるというだけで、その人が必ず一番マッチする人であることを保証しているというわけではありません。ツールで算出したマッチ度によって対象者を10人に絞ることによって、何も絞り込まれていない100人の人から選ぶよりも効率的にマッチングする、というような使い方を想定しています。

山本：Beatrustのユーザー企業はどのような企業が多いでしょうか？プロジェクト型の働き方が得意ではない日系企業が多い印象がありますが、そういった企業にもプロジェクト型の働き方を促進するためのツールとしても活用されていますか？

原：コンサルティング会社やSIerといった、スキルに基づいて人をアサインしプロジェクト型の働き方をする会社は特に親和性は高いでしょう。しかし、一般的な日本企業も事業戦略と人事戦略を連動させようとする中で、必要なスキルの可視化ができていなければ、どの人材をアサインするか決めることができないので、スキルに基づく適所適材分析のニーズが高まっていると言えます。スキルを高めるために人材の流動性も高めるべく社内公募や社内副業といった取り組みを推進する中でも、人とポジションをスキルベースでマッチングしなければ公募による異動は活性化しませんし、異動後のミスマッチも起きやすくなってしまうため、その領域でも利用可能です。

■ スキルベースの考え方は
今後の日本に必須

山本：今後、日本企業はスキルに関してどういう方向に向かっていくとお考えでしょうか。

原：スキルベース組織に向かっていくことは必須だと思います。人材難・採用難の状況の中で、社内の人材リソースを最大化しうまく活用することが重要です。今後のプロジェクトに必要なスキルがダイナミックに変わっていく中、あるポジションに必要なスキルを100％満たす人は社内

にいない場合が多く、採用しようとしても尚更難しいでしょう。プロジェクトに必要なスキルの塊からスキルを分解して、各自ができるところをやっていくという方向性になると思います。アメリカでも昔はジョブがあってスキルがありましたが、今はこういうスキルを持っている人が集まっているからこういうジョブ、プロジェクトができるという考え方になっていると感じますし、その流れは日本にもいずれ来ると思われます。社員の視点でも、成長意欲の高い社員は、自分がスキルをつけていくことで自己成長するという達成感が得られますし、結果マーケットバリューも高まり、エンゲージメントの向上に繋がり、それによって定着率も高まると考えられます。つまりスキルベースの組織が活性化すれば、社員と企業が持続的にWin-Winな状態を作れるということです。

■ 様々なHRテックの強い部分を掛け合わせ 1つのタレントインテリジェンスプラットフォームへ

山本：いわゆる人事基幹システムやタレントマネジメントモジュールとの機能的な棲み分けやデータ連携は、どのような構成がベストだとお考えですか。ユーザーとしてはどのようにBeatrustと使い分けると効果が出るのでしょうか？

原：アメリカでも様々なHRテックツールが登場していますが、結局1つのソリューションだけではすべてをカバーすることはできない現状があります。各ソリューションの強い部分を掛け合わせて1つのタレントインテリジェンスプラットフォームとして利用しているのです。我々もその考え方に則っています。例えば人事評価、後継者計画、人材ポートフォリオ管理といった領域では、既に世の中に優れたツールがあるため、我々は今からタレントマネジメントツールを作る必要はないと考えます。我々の強みはあくまでスキル可視化・マッチングで、それが裏側で風土改革や組織改善に繋がっていくという独特のユニークなポジションがあるので、他のツールと積極的に連携していく戦略を描いています。例えばSAP SuccessFactorsから組織データと従業員データをもらう、

Beatrustで抽出されたスキルデータをWorkdayに返すなど、Win-Winに連携していけると考えています。

山本：SAP SuccessFactorsでも、人事や経営者が従業員を検索することはあるかと思いますが、そこにBeatrustを組み込むような連携の仕方も考えていますか？　もしくは完全に別システムとして、それぞれを使う時にはそれぞれにアクセスするという使い方をイメージしていますか？

原：今の時点ではタレントマネジメントツールとは深くシステム連携するというイメージはなく、顧客企業のニーズに応じてAPI連携を開発する方針です。他のSaaS製品との連携という意味では、コミュニケーションツールとの連携は既に実施しています。既にリリースしている機能では、Microsoft Teamsとの連携を行っています。UIの中に組み込んでいるので、Teams ユーザーはシームレスにBeatrustをご利用いただけます。

山本：Beatrustにはこの先、どのような機能を入れていく予定でしょうか？

原：直近でリリースしたのは、「Scout（スカウト）」と「Tag Extraction（タグ抽出機能）」の機能です。スカウトは経営者や管理職の方が職に必要な人を探すためのソリューションです。その次に開発中なのは個にフォーカスしたソリューションであり、現在「キャリア」というサービスを開発中です。この機能では、その人のスキル・経験から、今後どういうキャリアがあり得るかをレコメンドします。社内公募や社内FA制度などの取り組みを始めても、そういった社内のオープンポジションになかなか手が挙がらないという話をよく聞きますが、その要因は、自分がどこに向いていて何ができるのかが自分自身わからないことでしょう。また、アサインする側もされる側も十分にセッションが行えておらず、トランスファーした時にミスマッチが起き、結局定着せずに元のポジションに戻ることも多いと聞きます。そうなってしまうと会社としても本人にとってもかなりのコストになりますので、そうならないようにこの領域で支援できればと考えています。

山本：職種をレコメンドするアルゴリズムは、どのように構築している

のでしょうか？

原：スカウトの機能と逆の発想と思ってもらうとわかりやすいでしょう。簡単に言えば、そのロールに対して求められるスキルを持った人をマッチさせるのではなく、その人の持つスキルからマッチ度の高いプロジェクトをリストアップするというイメージです。人とプロジェクトのマッチングにおいては、人間関係も大きい論点になります。マネージャーやチームメンバーとのケミストリーは重要であるものの、1時間程度の簡単な面談だけでアサインが決まることも多いです。その部分もBeatrustでそのプロジェクトの担当マネージャーを調べるとその人の様々な情報が載っているため、参考にすることができます。リリースは2025年の前半〜半ばを目標にしています。

山本：それらの機能は顧客からのリクエストがあり開発したのでしょうか。それとも、Beatrust社としてこのようなサービスを作りたいという思いが先にあったのでしょうか？

原：両方です。キャリアの機能に関して言えば、顧客からの需要は大きいものがありました。自律的なキャリア形成が推奨されているものの、うまくできていない人も多く、そこには何かボトルネックがあるはずだと思いました。Beatrust社としてテクノロジーを活用して、そこの課題解決にチャレンジしようとしています。

山本：既存のユーザーにも、キャリアの機能を使いたい顧客は多いということでしょうか。

原：そうですね。ただ、この機能を利用するにもデータが必要になるので、スキルを抽出したり基幹システムからデータの連携をしたりといったデータ作りからまずはやっていく必要があります。

山本：その他に開発を検討している機能はありますか？

原：キャリア機能で提案されたポジションに、自分が興味を持っているポジションがないということもあり得ます。その場合、そのポジションに就くにはどのようなスキルのギャップがあり、そのギャップを埋めるためにどういうトレーニングが必要なのかをLMS（学習管理システム）と

連携して提案する、というシナリオも考えています。また、人それぞれにその人にとってメンターとなるような、理想のキャリアを歩んでいる人がいると思います。そういう、自分にとってのロールモデルを探しやすくする、繋がれる機能も開発したいと思っています。

山本：Beatrustの導入が決まる際には、解決の期限が決まっている具体的な課題を解決するために導入の話がスタートするのか、明確な期限が決まってはいない課題（風土改革等）に対して、急ぎではないが今のうちに解決しておこう、ということで導入の話が始まるのか、どちらが多いでしょうか。

原：知見共有が十分にできておらずこの課題を解決しなければビジネスに勝てないという場合であれば、何かしらの打開策を打ち出す緊急性が高いので、早急に導入の決断をして進めていくという場合もあります。風土改革や組織開発がメインの導入目的であるケースでも、そのクリティカル（重要・緊急）度合いによっては速やかに導入が進みます。

具体例として、ある不動産会社では社内に明らかなジェネレーションギャップや若手とシニア層のコミュニケーションの断絶があり、社内の雰囲気が悪く会社のもともとあったよい文化が損なわれ始めていたため、社長自らプロジェクトをドライブされ、積極的に導入を進められました。

■ 導入は約1カ月で可能だが
　定着に向けては継続的な取り組みが必要

山本：導入するためにかかる期間はどのくらいですか？

原：セットアップは1カ月程度です。そこから先の導入支援はずっと続けていきます。ツールを導入するだけでは人の行動は変わりません。心理的安全性を高め自己開示を進めるために、ワークショップなどのチェンジマネジメントのための活動をサポートしていきます。体系化されたメニューに基づいてやっていくというよりは、ツール起点でワークショップを開催し、どういう思想で何を目的としてこのツールを導入し

たのかを社員に腹落ちしてもらうようにしています。心理的安全性を高めるために、管理職の人に自ら自己開示、タグ付けを実践してもらうこともあります。そうすることで、部下にとっても部長について新たな発見があり、会話が生まれ、活用が進んでいくようになります。そういったことを一度ではなく何度も繰り返しやっていきます。

　大事なのはKPIを作ることです。通常の風土改革ではKPIを設定しにくいですが、Beatrustのツールがあることで、例えば他部署の人のプロフィールにアクセスした回数、Askの質問への回答数、登録しているタグの数など種々のKPIが作れます。スキルの可視化は3カ月くらいかけてやっていきます。

山本：従業員への公開前に準備を進めるのか、それとも先に公開してから徐々にスキルを登録していくのか、どちらでしょうか？

原：両方あります。やや極端な例ですが、人事主導の場合、社員に開示しないこともあります。その場合、人事の持つデータのみでデータを抽出してマッチングすることになります。理想としては全体に開示し、タレントコラボレーションツールを導入しながら、データソースから新しい情報を抽出してタグとしてアップデートし続けるのがベストです。

山本：全体に開示しないとなると、従業員が能動的に、そして定期的にスキルをアップデートするようなサイクルを作り出すのは難しいのではないでしょうか。

原：もちろん全体に開示したほうがベターではあります。ただそれが様々な事情から難しい企業では、それに代わる新たな情報ソースを持ってくる必要があります。

山本：一方でスキル管理とは少し異なりますが、ジョブ型マネジメントを導入し、社内のポジションを公開して誰でも応募できるようにしたのになかなか人の流動性が上がってこないという悩みも、ある企業で聞きました。人事や経営陣だけがオープンになってもカルチャーの問題は解決しないのでしょうか。

原：オープンポジションに手が挙がらないのは心理的安全性が確保され

ていないことが要因だと考えています。形式上では社内公募をやっていても、実績として結果に出てこないのは、元のポジションの上司との人間関係や風土の問題が根底にあります。ただ、そうした風土は今後変わっていくはずです。その際のインセンティブは、自己開示によってチャンスが回ってくるという成功体験です。動機付け、自己開示のメリットがあれば人はやってくれます。そういうチャンスもテクノロジーによって出てくるでしょうし、Beatrustがそれを後押しできるツールとなることを期待しています。

山本：Beatrustがよくある HRテクノロジーとは一線を画しており、社内のタレントを可視化してコミュニケーションを活性化させ、イノベーションやコラボレーションを促進させるためのツールであることが理解できました。またコミュニケーションという点に重きを置いているところから、仕事に関係した情報だけでなくパーソナリティ情報までをも取り込むところが非常にユニークな製品だと感じました。

■ インタビュイー　プロフィール

原　邦雄
Beatrust株式会社 共同創業者 & CEO
慶應義塾大学卒業後、1983年住友商事入社。1989年米国コロンビア大学MBA取得。1992年ソフトバンクで事業開発に従事し、1996年からシリコンバレーに拠点を移し、シリコングラフィックスで市場開発に携わった後、現地でコンサルティング会社を起業。2006年に帰国後にデジタルマーケティングのスタートアップ企業を起業、その後、2009年日本マイクロソフト広告営業日本代表を経て、2012年グーグルに入社。執行役員として広告営業を統括後、2020年3月にBeatrustを共同創業し、企業の人的資本を最大限に活用するためのソリューション「Beatrust」を提供。

謝辞

　EYのグローバル組織・人材領域に関する専門家集団である旧ピープル・アドバイザリー・サービスは2024年1月の世界的な組織変更（グローバルモビリティ機能を税理士法人側に再編）の結果、現在はコンサルティング組織下でピープル・コンサルティングという新組織名となり、世界で約8,000名、日本で300名規模を擁しながら、幅広い組織・人材に関する課題解決のご支援をクライアントサービスとして行っている。日本でのエミネンス活動として、2021年に『HRDXの教科書』（日本能率協会マネジメントセンター）、2023年に『人的資本経営と情報開示』（EY新日本有限責任監査法人との共著、清文社）、そして2025年に本書を日本能率協会マネジメントセンターから出版できたことは、組織の成長と人材の多様性を自ら再確認できるよい機会をいただいたと改めて各関係者に紙面をお借りして、御礼を申し上げたい。

　まずは先進企業事例インタビューおよびスキルテック企業事例インタビューに応じてくださった皆様がいなければ、本書の構成は成り立たなかった。本書の趣旨に快く賛同していただき、多忙な年末の時期に取材に応じてくださった皆様のおかげで空理空論ではなく、実際の取り組みの知恵や工夫という部分を読者にご紹介することができたことに最大限の感謝を申し上げます。

　我々が所属するEYストラテジー・アンド・コンサルティング株式会社は既に国内で4,000名を超える大規模な組織に短期間で成長している。いつもピープル・コンサルティングの新しいチャレンジを見守ってくれている代表取締役社長の近藤聡さん、コンサルティングリーダーの吉川聡さんに改めて感謝申し上げます。

次に執筆に直接関与したメンバーおよびご家族の負荷は大変であったと思うし、やりきっていただいたことに感謝申し上げます。出版スケジュールから本書の推敲および最終化は年末年始休暇の時期に限られており、大事なプライベートの時間を削っての取り組みであったが、無事出版されたことで一緒に喜びを分かち合うことができ、申し訳ない気持ちと節目を乗り越えたことで安堵した気持ちが混在しているのが正直な気持ちだ。加えて、本書籍のプロジェクトメンバーとしては、自身の執筆章に加えて海外マーケット調査および私と一緒に全体のレビューに参加してくれたインテリジェンス ユニットの吉田瑞咲さん、同様に執筆者でありながら事務局運営をリードしてくれた井上知幸さん、日々のタスクマネジメントを推進したマネジメントサポートチームの河合理恵さん、山下愛絵さん、校正や取材調整を進めたBrand, Marketing and Communicationsの福原ゆり子さん、三宅彰子さん、飯野能理子さん、石川貴章さん、秘書の皆さん、インタビュー取材を一緒に進めた小林大さん、豊田康宏さん、満行和弥さん、井手華子さん、渕上泰志さん、社内のスキルベース組織への移行トライアルプロジェクトでMy Carrer Hubの導入推進に関与した本多宏充さん、木村遥介さん、安藤健吾さん、蔡琳凌さんらが執筆者と同様に大活躍し、誰もが協力的で献身的な動きをしていただいたことで、何とかタイトなスケジュールを完遂できた。
　最後に株式会社日本能率協会マネジメントセンター、ラーニングパブリッシング本部出版部出版コンテンツ開発センターの宮川敬子さんに特別な感謝を申し上げたい。宮川さんが月刊誌『人材教育』に従事されていたことからの古いご縁があり、そのご縁がスキルベース書籍の企画立案に繋がり、本書の企画初期段階から出版に至る最後まで伴走支援いただいたことが大変心強く、ありがたかった。

　なお、EYは「Building a better working world」（より良い社会の構築を目指して）というパーパスステートメントを掲げている。グローバルプロフェッショナルファームとしてはじめてパーパスを掲げたパーパスド

リブンなファームである。その精神に則り、本書の印税はすべて公益社団法人チャンス・フォー・チルドレン（代表理事　今井悠介氏、奥野 慧氏）に寄付することにした。主に経済的な理由によって塾、予備校、習い事、スポーツ活動、文化活動などの学校外教育を受けることができない子どもたちに学校外教育の機会を作ることを目的に設立された公益法人である。我々のピープル・コンサルティングは執筆者の1人である高柳圭介さんを中心に「EY Ripples」というプロボノ活動を通じて、同法人の人事制度設計などをかつてご支援しており、私自身も2人の子どもを持つ親としてその活動に大いに感銘を受けており、毎年微力ながら個人的に寄付を続けている団体である。ぜひこれをご縁に読者の皆様にはその活動を広く知ってもらい、子どもたちへの教育格差をなくすための支援の輪が広がることも期待したい。

　本書は海外、とりわけ米国を中心に活発な取り組みとなっているスキルを起点にした新たな人材マネジメント手法、いわゆるスキルベース組織の考え方や実践について、グローバルトレンドの紹介のみならず、日系企業の先進事例紹介や具体的な適用方法、海外との違いや留意点も含めて新たな示唆を中心に記載していくことを心掛けた。

　日本市場において、本格的なスキルベース組織に関する書籍は本書が最初になると自負しているが、本書を手に取られた読者や企業の組織・人事や経営企画、事業部門にとって、このスキルベースという真新しいお題に対して、少しでも実務上で役立つものになっていれば望外の喜びである。

2025年春　東京にて
執筆者代表、監修者　鵜澤　慎一郎

参考文献

第1章

World Economic Forum (2024). "Putting Skills First: Opportunities for Building Efficient and Equitable Labour Markets".
https://www.weforum.org/publications/putting-skills-first-opportunities-for-building-efficient-and-equitable-labour-markets/

Mercer "Creating a common language of skills in a skills-based world"
https://www.mercer.com/en-nz/insights/talent-and-transformation/skill-based-talent-management/first-steps-to-a-skills-based-career-framework/

Frischmann Ryan M. (2020). "Skills Based Approach: A methodology for lifelong Learning".

冨山和彦 (2024)『ホワイトカラー消滅: 私たちは働き方をどう変えるべきか』NHK出版

第2章

Lawler E., Ledford Gerald E., (1992). "A skill-based approach to human resource management". *CEO Publication* G92-15(218)

Lawler E. (1993) "From Job-Based to Competency-Based Organizations," *CEO Publication* G93-8(228).

World Economic Forum (2024). "Putting Skills First: Opportunities for Building Efficient and Equitable Labour Markets".
https://www.weforum.org/publications/putting-skills-first-opportunities-for-building-efficient-and-equitable-labour-markets/

第4章

1　スキルベース採用とは

リクルートワークス研究所 (2023)「海外のスキルベース採用—潜在デジタル人材を発掘し、即戦力人材に—」
https://www.works-i.com/research/labour/report/skills-based2023.html

UNITED STATES DEPARTMENT OF LABOR, UNITED STATES DEPARTMENT OF COMMERCE (2024). "SKILLS-FIRST HIRING STARTER KIT A guide for hiring better, faster."

経済産業省 (2021)「第1回　デジタル時代の人材政策に関する検討会　我が国におけるIT人材の動向」
https://www.meti.go.jp/shingikai/mono_info_service/digital_jinzai/pdf/001_s01_00.pdf

IPA　独立行政法人情報処理推進機構 (2023)『DX白書』
https://www.ipa.go.jp/publish/wp-dx/dx-2023.html

Harvard Business School, THE burningglass INSTITUTE (2024). "Skills-Based Hiring: The Long Road from Pronouncements to Practice".
https://www.burningglassinstitute.org/research/skills-based-hiring-2024

2　スキルベースのキャリア開発・能力開発とは
Roslansky Ryan (2021). "You Need a Skills-Based Approach to Hiring and Developing Talent". *Harvard Business Review*.
https://hbr.org/2021/06/you-need-a-skills-based-approach-to-hiring-and-developing-talent
Salesforce. org (2020). "Linking Skills-Based Learning to Career Opportunities"., *Harvard Business Review*
https://hbr.org/sponsored/2020/08/linking-skills-based-learning-to-career-opportunities
McKinsey & Company (2022). "Taking a skills-based approach to building the future workforce".

4　スキルベース報酬制度における認識すべき課題
楠田 丘（1989）『職能資格制度　賃金ガイドシリーズ４』産業労働調査所

第 5 章
ジョン・P・コッター（2022）『Change 組織はなぜ変われないのか』ダイヤモンド社
宇田川元一（2024）『企業変革のジレンマ』日本経済新聞出版
柴田彰（2019）『VUCA 変化の時代を生き抜く７つの条件』日本経済新聞出版
新しい資本主義実現会議（2023）「三位一体の労働市場改革の指針」
　https://www.cas.go.jp/jp/seisaku/atarashii_sihonsyugi/pdf/roudousijou.pdf

第 6 章
EY 2023 Work Reimagined Survey「働き方再考に関するグローバル意識調査2023」
　労使の意識ギャップを埋めるために企業がやるべきこととは
　https://www.ey.com/ja_jp/insights/workforce/work-reimagined-survey

第 7 章
European Union. (2013). "DIGCOMP - A framework for developing and understanding digital competence in Europe."
https://op.europa.eu/en/publication-detail/-/publication/a410aad4-10bf-4d25-8c5a-8646fe4101f1/language-en
Taleb Nassim N. (2012). "Antifragile: How to Live in a World We Don't Understand", *Allen Lane*

執筆者紹介

EY Asia-Pacific 兼
EY Japan　ピープル・コンサルティング　リーダー

鵜澤慎一郎

全体監修、および執筆
執筆担当ページ：第1章、第8章（ソニー、KDDI、富士フイルムホールディングス、テルモ）

EYのAsia-Pacificエリアとジャパンリージョンのピープル・コンサルティングリーダーを務める。事業会社およびコンサルティング会社で25年以上の人事変革経験を持ち、専門領域は人事戦略策定、HRトランスフォーメーション、チェンジマネジメント、デジタル人事。グローバルトップコンサルティングファームのHR Transformation 事業責任者やアジアパシフィック7カ国のHRコンサルティング推進責任者経験を経て、2017年4月より現職。主な共著に『HRDXの教科書―デジタル時代の人事戦略』（日本能率協会マネジメントセンター）、『人的資本経営と情報開示　先進事例と実践』（清文社）等がある。

EY Japan
ピープル・コンサルティング
インテリジェンス ユニット　シニアマネージャー

吉田瑞咲

執筆担当ページ
第2章、第7章

外資系戦略ファーム等を経て、現在はピープル・コンサルティングに所属、リサーチ組織をリード。戦略および人事領域のコンサルティングを数多く手がけ、デジタルやアナリティクスの知見から各種プロジェクトへの支援を行う。EYも含め15年以上のコンサルティング実績を有しており、人事データを活用した新しい人事機能の構築支援経験やデジタルコンテストの受賞歴を複数持つ。

EY Japan
ピープル・コンサルティング　パートナー

高柳圭介

執筆担当ページ
第3章、第9章（Skillnote、ビズリーチ）

IT系・他Big4系コンサルティングファームを経て、現在はピープル・コンサルティングにてOWT（Organization and Workforce Transformation）チームの共同責任者を務める。人的資本価値の最大化をテーマとした幅広いプロジェクト経験を持つ。専門領域は、人材戦略、タレントマネジメント、要員・人件費適正化、人材育成など。2024年から青山学院大学大学院国際マネジメント研究科にて非常勤講師を務める。

EY Japan
ピープル・コンサルティング　ディレクター
坂本行平

執筆担当ページ
第3章

IT企業、外資系コンサルティングファームを経て、現在はピープル・コンサルティングのOWT（Organization and Workforce Transformation）チームにて組織・人材変革のコンサルティングを担当。専門領域は、人材戦略策定、人事制度設計、タレントマネジメント、HRIS構想、人事業務改革（機能配置設計、BPR・BPO）など。近年は人材ポートフォリオを起点として、クライアントの事業戦略と連動した長期人材戦略策定を中心に活動。

EY Japan
ピープル・コンサルティング　パートナー
田隝政芳

執筆担当ページ
第4章（採用、キャリア開発・能力開発）、第8章（SMBC日興証券）

金融機関向け組織・人材・人事コンサルティングのリーダー。OWT（Organization and Workforce Transformation）に所属。約20年の組織・人材・人事コンサルティング経験を持つ。変革・改革の成否の鍵を握るのは「人材」との考えの下、タレントマネジメントをはじめ、組織・人材・人事に係る戦略・計画策定から施策具体化・実行・モニタリングまで、実現性を担保しながらプロジェクトをリードしてきた経験を多数有する。近年は、主に金融機関におけるDX推進に向けた組織変革、IT人材・DX人材強化の支援に注力。

EY Japan
ピープル・コンサルティング　ディレクター
井上知幸

執筆担当ページ
第4章（採用）

大手人材サービス企業、外資系コンサルティングファームを経て現職。組織・人材領域のビジネス・コンサルティングにおいて20年以上の経験を有する。
OWT（Organization and Workforce Transformation）チームにて、組織設計、人材戦略策定、人材マネジメントプロセス強化、タレントマネジメント、人事制度策定、人事組織のトランスフォーメーション等、組織・人材に関わる多岐にわたる支援に従事。近年は、金融機関およびIT/DX部門のクライアントの組織・人材強化プロジェクトを多数リードしている。

EY Japan
ピープル・コンサルティング　シニアマネージャー
平野駿介

執筆担当ページ
第4章（採用、キャリア・能力開発）

米国の人材紹介会社、外資系コンサルティング会社を経て現職。OWT（Organization and Workforce Transformation）チームにて、金融機関、組織・人材・人事、グローバルをテーマに、業務改革や組織変革、カルチャー変革等のプロジェクトに従事。近年は、グローバルタレントマネジメント、後継者計画や組織・人材・人事に係る戦略策定、戦略的要員計画（Strategic Workforce Planning）に注力している。

EY Japan
ピープル・コンサルティング　シニアマネージャー
木村遥介

執筆担当ページ
第4章（キャリア・能力開発）

外資系コンサルティングファームを経て現職。15年以上のコンサルティング経験にて、官民双方のクライアントに対する、戦略策定、システム構想策定・構築支援、BPOセンター設立・運営、AIを含むデジタル技術を用いたBPRなどの実績を有する。現在はピープル・コンサルティングのOWT（Organization and Workforce Transformation）チームにて、主に金融機関に対する、戦略的要員計画（SWP）、人的資本経営・情報開示、タレントマネジメント、人材育成、人事業務改革（BPR・BPO）などに係る支援に従事。

EY Japan
ピープル・コンサルティング　ディレクター
上野　晃

執筆担当ページ
第4章（配置・人事異動〈人材マッチング〉）、第8章（ローソン）

事業会社人事、日系コンサルティング会社を経て、現在はピープル・コンサルティングにてR&T（Reward and Transaction）チームにて人事制度設計、運用定着支援を担当。専門領域は人事制度設計・導入、役員報酬設計としつつ、人事戦略と人材マネジメント全体との連動性や「ストーリー」の重要性を踏まえタレントマネジメント、人材育成など幅広く支援。

EY Japan
ピープル・コンサルティング　パートナー
桑原由紀子

執筆担当ページ
第4章（報酬制度）

事業会社、総合系コンサルティングファームを経て現職。組織・人事コンサルティングの分野で約20年の経験を持つ。EY Japanのピープル・コンサルティングにおけるリワード＆トランザクション分野をリードする。
ダイバーシティ、エクイティ＆インクルーシブネス（DE&I）推進支援、Well-being推進支援、人事制度構築・導入支援、役員報酬設計支援、役員サクセッションプラン策定支援、M&A/組織再編時の人事領域統合支援等、組織・人事に関するコンサルティングを幅広い業種で手掛けている。

EY Japan
ピープル・コンサルティング　シニアマネージャー
中村雅世

執筆担当ページ
第5章、第6章

国内および外資のIT、製薬、保険、消費財、電機等の業界で、グローバルタレントマネジメント、人材開発、ワークスタイル変革、人事業務アウトソーシング、People Experienceチームにて従業員エンゲージメント分析、システム導入や組織統合でのチェンジマネジメント、DE&I施策検討等の幅広いコンサルティング経験を有する。経営学（技術経営）修士。

EY Japan
ピープル・コンサルティング　パートナー
オニール エリカ　（Erica O'Neill）

執筆担当ページ
第6章

25年以上のビジネスコンサルティング経験を持ち、現在はピープル・コンサルティングのPeople Experienceチームをリード。企業変革を通じた問題解決を専門とし、人を中心に据えたアプローチ（humans@centre）と企業文化の重要性を推進しながら、クライアントのビジネス変革を支援。米国と英国で教育を受け、北米、欧州、中国などでプロフェッショナルな実務経験を積む。オックスフォード大学でStrategy and Innovationのディプロマを修了。理学修士号と文学士号も有する。

EY Japan
ピープル・コンサルティング　パートナー
野村有司

執筆担当ページ
第 8 章（ニューホライズンコレクティブ）

約20年にわたって組織・人事に関するコンサルティングの経験を持ち、EY Japanのピープル・コンサルティングにおけるリワード＆トランザクション分野を率いる。経営者報酬、組織再編における組織・人事課題、M&AにおけるHRトランザクション支援の経験が豊富。そのほか、人的資本価値に関連した事業戦略に連動した人事戦略の設計、人的資本の可視化、事業再構築局面における雇用調整支援など、幅広い問題解決を提供している。主な著書に『HRDXの教科書 － デジタル時代の人事戦略』（日本能率協会マネジメントセンター：共著）、『人的資本経営と情報開示　先進事例と実践』（清文社：共著）がある。

EY Japan
ピープル・コンサルティング　パートナー
本多宏充

執筆担当ページ
第 9 章（SAPジャパン）

大手情報会社人事部、大手コンサルティングファームを経て、現在は、ピープル・コンサルティングにてHRT（HR Transformation）領域におけるコンサルティングを担当。人材管理、勤怠管理、給与管理からタレントマネジメントに至る、人事領域全般におけるシステム構築プロジェクトマネジメントとして、20年以上の経験を持つ。特に、SAP SuccessFactorsなどのグローバルタレントマネジメントシステムの導入を通じて、顧客のグローバル展開を促進する人事基盤構築を数多く支援している。

EY Asia-Pacific 兼 EY Japan ピープル・コンサルティング
HRトランスフォーメーションリーダー　パートナー
田口陽一

執筆担当ページ
第 9 章（LG CNS）

テクノロジーを活用したトランスフォーメーションの遂行業務において、25年以上の経験を有する。主にCloud HRテクノロジーを用いたHRトランスフォーメーションのサポートを担当。加えて、ITライフサイクル全般（企画・導入・運用保守）、グローバル領域におけるプロジェクトマネジメントおよびプロジェクトマネジメントオフィス（PMO）、グローバルパッケージベンダーとの協働推進および市場開拓のサポートに従事する。

EY Japan
ピープル・コンサルティング　パートナー
水野昭徳

執筆担当ページ
第9章（SkyHive）

外資系コンサルティングファームを経て、現在はピープル・コンサルティングにてOWT（Organization and Workforce Transformation）チームの共同責任者を務める。戦略・人事・人材・組織コンサルタントとして25年以上の経験を持つ。様々なクライアントに対し、DX支援、HRアナリティクス、企業風土変革、グローバルタレントマネジメント、テクノロジープラットフォームの構想・導入、人事業務の効率化・高度化、組織設計、人材育成など、幅広いプロジェクトをリードしてきた経験を有する。

EY Japan
ピープル・コンサルティング　パートナー
山本　剛

執筆担当ページ
第9章（Beatrust）

IT系・他Big4系コンサルティングファームを経て、現在はピープル・コンサルティングHRT（HR Transformation）チームでSAP SuccessFactorsを中心としたクラウドHRソリューションビジネスのリーダーを務める。専門領域は、HRテクノロジー、HRターゲットオペレーティングモデル、HRサービスデリバリーモデルなど。組織・人事領域を中心に幅広いプロジェクト経験を有する。

ジョブ型人材マネジメントのその先へ
スキルベース組織の教科書

2025年5月10日　初版第1刷発行

著　者——EY Japan ピープル・コンサルティング
監　修——鵜澤 慎一郎　　©2025 EY Strategy and Consulting Co., Ltd.
発行者——張　士洛
発行所——日本能率協会マネジメントセンター
〒103-6009 東京都中央区日本橋2-7-1 東京日本橋タワー
TEL 03(6362)4339(編集)／03(6362)4558(販売)
FAX 03(3272)8127(編集・販売)
https://www.jmam.co.jp/

装　　丁——Izumiya（岩泉卓屋）
本文デザイン・DTP——株式会社 RUHIA
印　　刷——広研印刷株式会社
製　　本——東京美術紙工協業組合

本書の内容の一部または全部を無断で複写複製（コピー）することは、法律で認められた場合を除き、著作者および出版者の権利の侵害となりますので、あらかじめ小社あて許諾を求めてください。

ISBN 978-4-8005-9319-1　C2034
落丁・乱丁はおとりかえします。
PRINTED IN JAPAN